山西省 2023 年出版物重点选题资助项目
山西省社科院（省政府发展研究中心）创新工程资助出版项目

山西
巩固拓展脱贫攻坚成果
政策研究

SHANXI
GONGGUTUOZHAN TUOPINGONGJIAN CHENGGUO
ZHENGCEYANJIU

贾步云　著

山西出版传媒集团　山西人民出版社

图书在版编目（CIP）数据

山西巩固拓展脱贫攻坚成果政策研究 / 贾步云著. —
太原：山西人民出版社，2024.8
ISBN 978-7-203-13246-2

Ⅰ. ①山… Ⅱ. ①贾… Ⅲ. ①扶贫—政策—研究—
山西 Ⅳ. ①F127.25

中国国家版本馆CIP数据核字（2024）第072944号

山西巩固拓展脱贫攻坚成果政策研究

著　　者：贾步云
责任编辑：赵晓丽　赵　璐
复　　审：高　雷
终　　审：武　静
装帧设计：谢　成

出 版 者：山西出版传媒集团·山西人民出版社
地　　址：太原市建设南路21号
邮　　编：030012
发行营销：0351—4922220　4955996　4956039　4922127（传真）
天猫官网：https://sxrmcbs.tmall.com　电话：0351—4922159
E - m a i l：sxskcb@163.com　发行部
　　　　　　sxskcb@126.com　总编室
网　　址：www.sxskcb.com

经 销 者：山西出版传媒集团·山西人民出版社
承 印 厂：山西出版传媒集团·山西人民印刷有限责任公司

开　　本：890mm×1240mm　1/32
印　　张：11.5
字　　数：330千字
版　　次：2024年8月　第1版
印　　次：2024年8月　第1次印刷
书　　号：ISBN 978-7-203-13246-2
定　　价：86.00元

如有印装质量问题请与本社联系调换

巩固拓展脱贫攻坚成果
推动山西乡村全面振兴
（代序）

脱贫摘帽不是终点，而是新生活、新奋斗的起点。巩固拓展脱贫攻坚成果是推进乡村全面振兴的重要前提和基础。新时代新征程，山西要深入贯彻落实习近平总书记关于巩固拓展脱贫攻坚成果的重要讲话重要指示精神，认真贯彻落实习近平总书记对山西工作的重要讲话重要指示精神，持续巩固拓展脱贫攻坚成果，积极探索推进乡村全面振兴的有效路径，加快推进脱贫地区乡村产业、人才、文化、生态、组织的全面振兴，为全省高质量发展奠定坚实基础。

巩固拓展脱贫攻坚成果，守牢不发生规模性返贫底线。巩固拓展脱贫攻坚成果是推进乡村全面振兴的底线任务。山西要坚持"守底线、增动力、促振兴"协同推进，聚焦增强脱贫地区和脱贫群众内生发展动力，确保不发生规模性返贫。一是加强防止返贫监测帮扶。运用农户自主申报、基层干部排查、部门筛查预警、舆情信访研判等方式，强化日常排查和集中排查，及时发现存在返贫致贫风险的农户并识别纳入监测对象，做到应纳尽纳。加力推动风险消除，采取针对性帮扶措施，对有劳动能力的监测户针对性落实开发式帮扶措施；对没有劳动能力的监测户做好兜底保障；对"三保障"和饮水安全存在问题的及时发现及时解决；对因灾因意外事故存在返贫风险的农户，符合政策规定的可先行落实帮扶措施，确保应扶尽扶。二是持续增强内生发展动力。实施产业帮扶带动工程，按照"巩固一批、升级一批、盘活一批、调整一批"的要求，分类推进帮扶产业发展。鼓励支持各地探索建立以奖代补、以效定补等机制，建立完善联农带农利益联结机制，激发脱贫群众依靠自身力量发展的志气心气底气。持续抓好就地就近就业和有组织劳务输出，深入推进防止返贫就业攻坚行动，支持就业帮扶车间健康发展，统筹用好乡村公益性岗位、以工代赈等吸纳就业渠道。三是积极拓展增收致富渠道。因地制宜发展集聚度高、辐射带动能力强、就业包容量大的特色产业，吸纳更多的脱贫群众，提高务工就业收入。激活农村集体产权、土地承包经营权、闲置宅基地等资产的变现能力，有效增加脱贫群众的转移性收入和财产性收入。

发展壮大乡村特色产业，做好"土特产"大文章。产业振兴是乡村振兴的重中之重。山西山多地少、地貌多元、气候多样，这种独特的资源禀赋决定了山西农业的出路在于"特"和"优"。山西要深入实施农业"特""优"战略，发展农产品精深加工产业集群，着力打造农业现代化产业体系。一是发展乡村优势特色产业。立足地区资源禀赋和历史传承，持续开发优势特色农业资源，以发展有机旱作农业和杂粮产业为重点，选育和引进优良品种，扩大良种种植的覆盖面，集中建设一批具有区域特色的农业产业园区。重点培育和扶持农业产业化龙头企业，带动特色产业延链补链强链。突出农产品精深加工，积极创建农业产业化联合体，组建优势产业集群联盟，提升产业集群的质量效益，促进产业集群提档升级。加快构建农业领域现代化产业体系、高标准市场体系，全链条推动农业"特""优"发展。二是加快产业园区提质增效。充分发挥各类开发区、产业集聚区、农民工返乡创业园等平台优势，以城镇聚集现代服务业，以产业园区聚集工业产业，以农业园区聚集现代农业，引导重大项目、优势产业、高端人才向平台集中，构建"创业苗圃+孵化器+加速器+产业园"的双创全链条培育体系。三是推动农村产业融合发展。坚持以"农头工尾"为抓手，依托数字信息技术推动农业生产经营模式转变，培育农产品加工业集群，发展农资供应、技术集成、仓储物流、农产品营销等农业生产性服务业；坚持以历史文化名村、传统村落、红色乡村等为重点，培育文化体验、休闲度假、特色民宿、养生养老等休闲服务业，实现乡村产业的延伸发展，开辟农民就业增收的新渠道。

促进城乡深度融合，推进以县城为重要载体的新型城镇化建设。县城是新型城镇化建设的重要战略支点，是城乡社会经济联系的关键枢纽。山西要在充分尊重县城发展规律的基础上，统筹城乡生产、生活、生态、安全的需要，推动城乡之间公共资源均衡配置和生产要素自由流动，推动城市基础设施和公共服务向农村延伸，全力打造一批高质量发展、高水平开放、高品质生活的县城城镇化新样板。一是加快推动城乡基础设施互联互通。促进农村基础设施建设提档升级，重点完善农村交通运输、饮水、物流、清洁能源等传统基础设施向自然村延伸覆盖。完善城乡基础设施统一规划、统一建设、统一管护机制，推动城乡客运、供水、能源、环卫、物流等一体化发展。二是持续推进城乡基本公共服务均等化。多渠道增加农村教育、文化、医疗、养老等公共服务供给，加快城乡学校共同体、紧密型县域医疗卫生共同体、县乡村衔接的三级养老服务网络等建设，促进优质公共服务资源下沉，促进城乡公共服务资源开放共享，提高农村基本公共服务水平。三是统筹推进数字乡村与智慧城市发展。充分发挥智慧城市对数字乡村建设的带动引领作用，强化对数字乡村建设的信息化人才、技术、产业和资源支撑。加快5G、物联网、人工智能等新一代信息技术与乡村发展深度融合，推动农村新型基础设施建设，加强数字信息技术在乡村治理、公共服务等领域的广泛应用，持续推动乡村建设数字化转型。

深化农村改革，充分激发农业农村发展动力和活力。改革是农业农村发展的不竭动力。山西要坚持以处理好农民与土地的关系为主线，聚焦促进小农户和现代农业发展有机衔接，持续深化重点领域改革，为乡村振兴提供不竭动力和活力。一是深化农村土地制度改革。积极稳妥推进第二轮土地承包到期后再延长30年整县整乡试点、农村宅基地制度改革试点、农村集体经营性建设用地入市试点，赋予农民更加充分的财产权益。二是深化农村集体产权制度改革。持续实施村级集体经济壮大提质行动，鼓励探索资源发包、物业出租、居间服务、资产参股等多样化途径。加强农村集体资产监管，健全农村集体资产监管长效机制，推广应用农村产权流转交易平台和农村集体"三资"管理监测平台，持续推动农村资源资产公开公正流转交易和集体资产监管制度化、规范化、信息化。三是创新现代农业经营方式。实施以家庭农场和农民合作社为重点的新型农业经营主体提升行动，以家庭农场为基础组建农民合作社，增强服务带动小农户能力。持续开展示范社、示范场创建，组建行业协会或联盟，提升抵御风险能力。因地制宜发展土地流转型和服务带动型等多种形式适度规模经营。深化农业生产托管服务，壮大农村集体经济组织，强化农业社会化服务协会、联盟、服务中心等平台建设，加快完善农业社会化服务体系。

　　加强和改进乡村治理，不断提升基层治理效能。乡村治理现代化是实现国家治理体系和治理能力现代化的重要内容，是推进乡村全面振兴、实现农业农村现代化的重要保障。山西要深入学习借鉴新时代"枫桥经验"，立足乡村发展实际，持续推进乡村治理体系和治理能力建设，努力开辟一条具有山西特色的乡村善治之路。一是坚持党的全面领导，充分发挥好基层党组织战斗堡垒作用。各级党组织要始终将党管农村工作要求贯穿于乡村治理体系建设全过程，要总揽全局、协调各方，宣传和执行好新时代党的路线方针政策，并将乡村治理工作列入年度考核，层层压实责任。要深入实施农村"带头人"队伍提升行动，选优配强支部书记，建好农村党员队伍，做好凝聚民心、发动群众、引领发展的各项工作，发挥好基层党组织的战斗堡垒作用。二是深化自治法治德治，不断强化乡村治理体系治理能力建设。深化村民自治管理，完善村民代表会议制度，强化村务监督机构，落实群众知情权、参与权、表达权、监督权，实现民主决策与民主监督的有机统一。推进法治乡村建设，加强农村普法教育，提高农村干部群众的依法治事、依法管事、依法办事能力。完善依法维权和矛盾调处机制，全面提升网格化管理、精细化服务、信息化支撑的能力和水平。深入推进平安乡村建设，健全农村扫黑除恶常态化机制，持续提升农民群众的获得感、幸福感、安全感。加强村民德治教育，深入发掘中华优秀传统文化所蕴含的思想观念、人文精神和道德规范，引导农民群众崇德向善、孝老爱亲、重义守信、勤俭持家，促进乡村社会长治久安、文明和谐。三是协同多元支持力量，稳步推动乡村健康文明和谐有序发展。发挥农村合作组织作用，带动农民发展特色优势产业，壮大农村集体经济。发挥农村群团组织作用，团结组织好乡村青年，引导优秀乡村青年人才带领农民群众干事创业、勤劳致富。发挥农村社会组织作用，丰富农民群众喜闻乐见的文体娱乐活动，推进农村移风易俗，弘扬健康向上、文明和谐的农村新风尚。

贾步雲

2024年6月

目
录

CONTENTS

总报告

山西巩固拓展脱贫

攻坚成果政策研究

贫困是人类社会的顽疾，是全世界面临的共同挑战。贫困及其伴生的饥饿、疾病、社会冲突等一系列难题，严重阻碍人类对美好生活的追求。消除贫困是人类梦寐以求的理想，人类发展史就是与贫困不懈斗争的历史。

我国是拥有14亿人口、世界上最大的发展中国家，基础差、底子薄，发展不平衡，贫困规模之大、贫困分布之广、贫困程度之深世所罕见，贫困治理难度超乎想象。100年来，中国共产党坚持把为中国人民谋幸福、为中华民族谋复兴作为初心使命，团结带领全国各族人民为消除绝对贫困和保障改善民生孜孜以求、不懈奋斗。特别是党的十八大以来，以习近平同志为核心的党中央,，坚持把人民对美好生活的向往作为奋斗目标，把贫困人口全部脱贫作为全面建成小康社会、实现第一个百年奋斗目标的底线任务和标志性指标，将脱贫攻坚纳入"五位一体"总体布局和"四个全面"战略布局，并庄严承诺到2020年现行标准下农村贫困人口实现脱贫、贫困县全部摘帽、解决区域性整体贫困，坚决打赢打好脱贫攻坚战。8年来，党中央把脱贫攻坚摆在治国理政的突出位置，把脱贫攻坚作为全面建成小康社会的底线任务，组织开展了声势浩大的脱贫攻坚人民战争，攻克了一个又一个贫中之贫、坚中之坚，脱贫攻坚取得了重大历史性成就。现行标准下9899万农村贫困人口全部脱贫，832个贫困县全部摘帽，12.8万个贫困村全部出列，区域性整体贫困得到解决，完成了消除绝对贫困的艰巨任务，创造了彪炳史册的人间奇迹。

山西是全国扶贫开发重点省份、著名革命老区，是全国脱贫攻坚的重要战场。全国14个集中连片特困地区中，山西有吕梁山、燕山—太行山2个；全省117个县（市、区）中，有36个国定贫困县、22个省定贫困县。党的十八大以来，山西省委、省政府坚决贯彻落实习近平总书记关于扶贫工作的重要论述和对山西工作的重要讲话重要指示精神，始终把脱贫攻坚作为"十三五"头等大事和第一民生工程，高位推动、持续发力，重点工程布局、专项行动推进、政策机制保障、各方合力攻坚，全省脱贫攻坚取得重大成就。现行标准下329万农村建档立卡贫困户全部出列，58个国定、省定贫困县全部摘帽，7993个贫困村全部退出，书写了减贫奇迹的精彩山西篇章。

一、习近平总书记关于扶贫工作的重要论述

党的十八大以来，以习近平同志为核心的党中央站在全面建成小康社会、实现中华民族伟大复兴中国梦的战略高度，把脱贫攻坚摆在治国理政的突出位置，从目标、路径、政策、机制、责任等方面作出一系列重大决策部署，提出了一系列新理念新思想新观点，集中体现了新时代我国对脱贫攻坚的理论创新和实践创新，推动中国减贫事业取得重大历史性成就。习近平总书记关于扶贫工作的重要论述，是习近平新时代中国特色社会主义思想的重要组成部分，是马克思主义反贫困理论中国化的最新成果，是打赢脱贫攻坚战、全面建成小康社会的根本遵循和行动指南，为全球贫困治理提出了中国方案、贡献出中国智慧。

（一）关于扶贫工作的重大意义和战略要求

习近平总书记站在践行党的初心使命、实现中华民族伟大复兴的战略高度，深刻阐释了扶贫工作在党和国家事业发展中的重要意义和战略要求。一是做好扶贫工作是党的重要使命和庄严承诺。比如，"消除贫困、改善民生、实现共同富裕，是社会主义的本质要求"，

"全面建成小康社会，最艰巨最繁重的任务在农村，特别是在贫困地区。没有农村的小康，特别是没有贫困地区的小康，就没有全面建成小康社会"，"到2020年稳定实现扶贫对象不愁吃、不愁穿，保障其义务教育、基本医疗、住房，是中央确定的目标"，"农村贫困人口如期脱贫、贫困县全部摘帽、解决区域性整体贫困，是全面建成小康社会的底线任务，是我们作出的庄严承诺"等等。二是做好扶贫工作是各级党委政府的中心工作和重点任务。比如，"各级党委和政府要高度重视扶贫开发工作，把扶贫开发列入重要议事日程，把帮助困难群众特别是革命老区、贫困地区的困难群众脱贫致富列入重要议事日程，摆在更加突出的位置"，"中共中央、国务院主要负责统筹制定脱贫攻坚大政方针，出台重大政策举措，规划重大工程项目，统筹协调全局性重大问题、全国性共性问题，考核省级党委和政府扶贫开发工作成效。省级党委和政府对辖区内脱贫攻坚工作负总责，抓好目标确定、项目下达、资金投放、组织动员、监督考核等工作，确保辖区内贫困人口如期全部脱贫、贫困县如期全部摘帽。市（地、州、盟）党委和政府要做好上下衔接、域内协调、督促检查工作，把精力集中在贫困县如期摘帽上。县级党委和政府承担主体责任，县委书记和县长是第一责任人，做好精准识别、进度安排、项目落地、资金使用、人力调配、推进实施等工作"等等。三是做好扶贫工作是共建人类命运共同体的重要内容。比如，"我们积极开展国际减贫合作，履行减贫国际责任，为发展中国家提供力所能及的帮助，做世界减贫事业的有力推动者。纵览古今、环顾全球，没有哪一个国家能在这么短的时间内实现几亿人脱贫，这个成绩属于中国，也属于世界，为推动构建人类命运共同体贡献了中国力量"，"消除贫困是人类的共同使命。

中国在致力于自身消除贫困的同时，始终积极开展南南合作，力所能及向其他发展中国家提供不附加任何政治条件的援助，支持和帮助广大发展中国家特别是最不发达国家消除贫困"等等。

（二）关于扶贫工作的精准方略和脱贫实效

精准扶贫、精准脱贫是新时期扶贫工作的基本方略。扶贫开发贵在精准，重在精准，成败之举在于精准，必须牢牢把握"精准"这个核心。一是在精准施策上出实招。比如，"要做到六个精准，即扶持对象精准、项目安排精准、资金使用精准、措施到户精准、因村派人（第一书记）精准、脱贫成效精准"，"我们坚持分类施策，因人因地施策，通过扶持生产和就业发展一批，通过易地搬迁安置一批，通过生态保护脱贫一批，通过教育扶贫脱贫一批，通过低保政策兜底一批"等等。二是在精准推进上下实功。比如，"各地和有关部门要对扶贫政策进行科学分类，制定精准扶贫的具体操作办法，该精准到户的一定要精准到户，该精准到群体的一定要精准到群体"，"要紧盯扶贫对象，实行动态管理，应该退出的及时销号，符合条件的及时纳入，定期开展回头看活动，既不要漏掉真正的贫困人口，也不能把非贫困人口纳入扶贫对象"等等。三是在精准落地上见实效。比如，"打好脱贫攻坚战，关键是聚焦再聚焦、精准再精准，采取更加集中的支持、更加有力的举措、更加精细的工作，瞄准特定贫困群众精准帮扶"，"如何巩固脱贫成效，实现脱贫效果的可持续性，是打好脱贫攻坚战必须正视和解决好的重要问题"等等。

（三）关于打赢脱贫攻坚战的组织保障和战略支撑

扶贫工作必须坚持因地制宜、科学规划，分类指导、因势利导，坚持专项扶贫、行业扶贫、社会扶贫"三位一体"大扶贫格局。

一是坚持党的领导，强化组织保证。比如，"脱贫攻坚，加强领导是根本。必须坚持发挥各级党委总揽全局、协调各方的作用，落实脱贫攻坚一把手负责制，省市县乡村五级书记一起抓，为脱贫攻坚提供坚强政治保障"，"扶贫开发，要给钱给物，更要建个好支部。要把扶贫开发同基层组织建设有机结合起来，抓好以村党组织为核心的村级组织配套建设，选好配强村级领导班子，鼓励和选派思想好、作风正、能力强、愿意为群众服务的优秀年轻干部、退伍军人、高校毕业生到贫困村工作，落实好向贫困地区村党组织选派第一书记举措，真正把基层党组织建设成带领群众脱贫致富的坚强战斗堡垒"等等。

二是坚持加大投入，强化资金支持。比如，"要加大中央和省级财政扶贫投入，坚持政府投入在扶贫工作中的主体和主导作用，增加金融资金对扶贫开发的投放，吸引社会资金参与扶贫开发"，"要发挥政府投入的主体和主导作用，发挥金融资金的引导和协同作用。新增脱贫攻坚资金主要用于深度贫困地区，新增脱贫攻坚项目主要布局于深度贫困地区，新增脱贫攻坚举措主要集中于深度贫困地区"等等。

三是坚持社会动员，凝聚各方力量。比如，"切实强化社会合力。扶贫开发是全党全社会的共同责任，要动员和凝聚全社会力量广泛参与。要坚持专项扶贫、行业扶贫、社会扶贫等多方力量、多种举措有机结合和互为支撑的'三位一体'大扶贫格局，强化举措，扩大成果。要健全东西部协作、党政机关定点扶贫机制，各部门要积极完成所承担的定点扶贫任务，东部地区要加大对西部地区的帮扶力度，国有企业要承担更多扶贫开发任务。要广泛调动社会各界参与扶贫开发的积极性，鼓励、支持、帮助各类非公有制企业、社会组织、个人自愿采取包干方式参与扶贫"，"脱贫致富不仅仅是贫困地区的事，也是全社会的事。要更加广泛、更加有效地动员和凝聚各方面力量。要强化东西部扶贫协作。东部地区不仅要帮钱帮物，更要推动产业层面合作，推动东部地区人才、资金、技术向贫困地区流动，实现双方共赢。不仅要推动省级层面协作，而且要推动市县层面协作"等等。

四是坚持从严要求，促进真抓实干。比如，"要建立年度脱贫攻坚报告和督查制度，加强督查问责，把导向立起来，让规矩严起来。对落实不力的部门和地区，由国务院扶贫开发领导小组向中共中央、国务院报告并提出责任追究建议。对未完成年度减贫任务的省（区、市），要对党政主要负责同志进行约谈，省对市地、市地对县、县对乡镇、乡镇对村都要实行这样的督查问责办法，形成五级书记抓扶贫、全党动员促攻坚的局面"，"攻坚战就要用攻坚战的办法打，关键在准、实两个字。只有打得准，发出的力才能到位；只有干得实，打得准才能有力有效。首先，领导工作要实，做到谋划实、推进实、作风实，求真务实，真抓实干。其次，任务责任要实，做到分工实、责任实、追责实，分工明确，责任明确，履责激励，失责追究。再次，资金保障要实，做到投入实、资金实、到位实，精打细算，用活用好，用在关键，用出效益。最后，督查验收要实，做到制度实、规则实、监督实，加强检查，严格验收，既不拖延，也不虚报"等等。

五是坚持群众主体，激发内生动力。比如，"坚持群众主体，激发内生动力。脱贫攻坚，群众动力是基础。必须坚持依靠人民群众，充分调动贫困群众积极性、主动性、创造性，坚持扶贫和扶志、扶智相结合，正确处理外部帮扶和贫困群众自身努力关系，培育贫困群众依靠自力更生实现脱贫致富意识，培养贫困群众发展生产和务工经商技能，组织、引导、支持贫困群众靠自己辛勤劳动实现脱贫致富，用人民群众的内生动力支撑脱贫攻坚","贫困群众既是脱贫攻坚的对象,更是脱贫致富的主体。要加强扶贫同扶志、扶智相结合,激发贫困群众积极性和主动性,激励和引导他们靠自己的努力改变命运,使脱贫具有可持续的内生动力。要改进帮扶方式,多采取以工代赈、生产奖补、劳务补助等方式,组织动员贫困群众参与帮扶项目实施,提倡多劳多得,不要包办代替和简单发钱发物。要加强教育引导,各地要办好各种类型的农民夜校、讲习所,通过常态化宣讲和物质奖励、精神鼓励等形式,促进群众比学赶超,提振精气神。要发挥村规民约作用,推广扶贫理事会、道德评议会、红白理事会等做法,通过多种渠道,教育和引导贫困群众改变陈规陋习、树立文明新风。这也有利于减轻群众负担。要加强典型示范引领,总结推广脱贫典型,用身边人、身边事示范带动,营造勤劳致富、光荣脱贫氛围"等等。

二、山西扶贫发展的主要历程

改革开放以来,党和政府始终把消除贫困、改善民生、实现共同富裕作为根本目标,始终坚持以人民为中心的发展理念,充分发挥政治优势和制度优势,组织实施了大规模减贫战略,成功打赢了一场消除贫困、实现总体小康的攻坚战,走出了一条具有中国特色的减贫之路,谱写了人类反贫困历史上的辉煌篇章。山西认真贯彻中共中央、国务院决策部署,根据不同历史阶段的贫困特征,制定减贫目标、明确重点任务,以不获全胜、决不收兵的坚定意志和战天斗地、不怕牺牲的拼搏精神,向绝对贫困发起总攻,书写了减贫奇迹的精彩山西篇章。

第一阶段(1978—1985年):体制改革推动扶贫阶段

1978年12月召开的党的十一届三中全会,重新确立了实事求是的思想路线，党和政府的工作重心转移到了以经济建设为中心、努力加快社会主义现代化建设的轨道上来，我国进入社会主义现代化建设新时期。中共中央和国务院对农业农村进行了重大的经济体制性改革，制定出台了《中共中央加快农业发展的若干历史问题的决定》《关于进一步加强和完善农业生产责任制的几个问题》《关于进一步活跃农村经济的十项政策》《关于帮助贫困地区尽快改变面貌的通知》等一系列重要文件，极大地调动了广大农民发展生产、摆脱贫困的积极性。

山西作为全国集中连片的贫困地区，省委、省政府对贫困问题尤为重视。1983年初，召开了全省山区建设工作会议，研究部署山区建设工作，推出了扶持山区发展的一系列政策措施。比如，着力改善山区交通、电力、人畜饮水、卫生、文化、广播等基础设施；帮助山区兴办县级骨干企业，改善贫困县财政收入状况，增加对山区乡镇补贴力度；制定全面开发山区的战略方针，要求从实际出发，因地制宜，发挥当地资源优势，大力发展林业、畜牧业、采矿业和多种经营业态。1984年，认真落实中央文件精神，制定了《关于帮助贫困地区尽快改变面貌的实施方案》，开始集中力量解决连片贫困问题。省委、省政府组织大批干部，深入调查研究，划定了贫困县，在广泛调查研究的基础上，明确提出"七五"期间扶贫工作的基本目标和重点任务，力求解决大多数贫困地区人民的温饱问题。但是，就总的情况来看，当时的扶贫工作还没有系统化、体制化，扶贫的效果还不理想。由于历史的原因，当时的农村和农民的贫困状况难以在短期内改变，而这一时期山西整体经济状况处于较低水平，党和政府没有足够的能力对贫困人口展开大规模扶贫救助，只能通过小规模的救济型的"输血"扶贫方式加以帮扶。

第二阶段（1986—1993年）：大规模开发式扶贫阶段

随着改革开放的不断深入，我国开始建立社会主义市场经济体制，国家的扶贫方式也随之发生改变，进入了有组织有计划的扶贫开发阶段。1986年5月，国务院决定成立贫困地区经济开发领导小组，专门负责起草、规划、统筹全国农村扶贫工作，办公室设在农牧渔业部。领导小组第一次全会上，确立了区域扶贫和开发式扶贫的基本方针。

为了贯彻落实开发式扶贫要求，山西按1985年农民人均纯收入计算，一般地区人均纯收入200元以下、革命老区人均纯收入250元以下的县，为享受国家扶贫专项贴息贷款扶持的国定贫困县。"七五"期间全省划定扶持的贫困县共有35个，其中14个为国定贫困县、21个为省定贫困县，贫困县数居全国第10位。这个阶段，贫困地区的基础设施建设取得重大进展，交通闭塞、饮水困难的窘迫状况有了较大改善；绿色开发建设迈出可喜步伐，农产品产量、人均占有量实现较快增长；乡镇企业迅速崛起，非农产业发展较快，贫困地区农村产业结构有所改善；文化教育事业得到初步加强，科技推广、智力开发备受青睐，贫困地区落后的生产方式、生活习俗和精神文明状态受到很大冲击，贫困发生率有所下降。

第三阶段（1994—2000年）："八七"扶贫攻坚阶段

1994年3月，《国家八七扶贫攻坚计划》正式颁布实施。这是我国首个系统化、规范化、专业化的扶贫开发国家战略，提出从1994年到2000年，集中人力、物力、财力，动员社会各界力量，力争用7年左右的时间，基本解决全国农村8000万贫困人口的温饱问题。

为全面贯彻"八七"计划，山西省委、省政府先后制定了《山西省1994年—2000年扶贫攻坚方案》和《关于"九五"期间实现扶贫目标的实施意见》，划定了攻坚区，明确了攻坚对象。1994年，对国定贫困县又进行了重新核定。这次核定规定，在已定的国定贫困县中，1992年农民人均纯收入不超过700元的继续保留，其他的县农民人均纯收入低于400元的则划为国定贫困县。根据这个规定，又有4个县由省定贫困县转为国定贫困县。这次调整，全省贫困县总数仍为50个，但国定贫困县增为35个，省定贫困县降到15个。1995年，离石在办理县改市的过程中，又由国定贫困县转为省定贫困县。1995年底，全省50个贫困县中，34个为国定贫困县、16个为省定贫困县。这一时期，山西强化扶贫攻坚责任，推行扶贫开发分级负责制，持续增大扶贫资金投入力度，积极动员社会各方力量参与扶贫开发工作，同时根据省情制定了一系列优惠政策，包括免征农业税、减免工商税、免派国库券、减少集体提留、减免中小学生杂费等，减少贫困家庭负担。在此基础上，进一步完善帮扶措施，推进扶贫攻坚行动。比如，对贫困户免除粮食定购任务；对到户的种养业扶贫资金，实行信用贷款，不搞担保、抵押，适当延长使用期限；按照中央规定，对贫困县新办企业和发达地区到贫困地区兴办的企业，在3年内免征所得税；对贫困村党支部书记误工补贴由财政给予适当补助；逐步加大对贫困地区财政转移支付的力度。

第四阶段（2001—2012年）：综合扶贫开发阶段

实施《国家八七扶贫攻坚计划》以来，我国的农村贫困问题得到有效缓解，贫困人口大幅减少，农村贫困人口的温饱问题基本解决。2001年6月，国务院发布《中国农村扶贫开发纲要（2001—2010）》，明确提出了21世纪前10年扶贫开发的奋斗目标、基本方针、内容途径、政策措施等。2011年12月，中共中央、国务院发布了《中国农村扶贫开发纲要（2011—2020年）》，对21世纪第二个10年扶贫工作从目标任务、对象范围、专项扶贫、行业扶贫、社会扶贫、国际合作、政策保障、组织领导等方面作出明确规定，有力地指导和推进了综合扶贫开发工作。

这一阶段，山西坚决贯彻落实中共中央、国务院扶贫开发工作要求，确立以解决剩余贫困人口温饱和实现稳定脱贫为目标，以增加贫困人口收入和改善生态环境为主攻方向，以"四大扶贫增收工程"（旱作节水增收工程、种草养畜增收工程、农产品加工增收工程、移民开发增收工程）为载体，深入推进农村扶贫工作，取得了显著成绩。"十一五"时期，开展了大规模扶贫开发工作。一是整村推进。省级投入财政扶贫资金18.7亿元，扶持6667个贫困村实施以培育特色优势产业、改善生产生活条件、增强自我发展能力为主要内容的整村推进规划，受益贫困人口220万以上。二是易地扶贫搬迁。省级投入易地扶贫搬迁资金12.17亿元，人均补助标准从2500元逐步提高到5000元，通过建设移民新村、小村并大村、分散迁移、城镇安置等方式，帮助4291个自然村的7.3万户28万贫困人口迁出山庄窝铺，80%以上的移民群众稳定解决温饱进而逐步实现脱贫致富。三是产业扶贫。为各级扶贫龙头企业的43.38亿元贷款安排贴息资金1.31亿元，通过扶持龙头企业在贫困地区建设原料生产基地和吸纳贫困劳动力就业，带动数十万贫困户生产增收。四是劳动力转移培训。瞄准贫困地区农村困难家庭初、高中毕业后未升学的"两后生"，组织开展劳动力转移培训为主要内容的"雨露计划"，帮助其掌握技能、更新观念、转移就业、增加收入。五是教育扶贫。2009年开始，启动教育扶贫工作，采取扶贫助学的办法，资助考入大学、中专技校和普通高中的贫困地区农村困难家庭学生完成学业。六是片区开发。2010年，启动实施以产业开发为核心的片区开发重大举措。瞄准集中连片的贫困乡村，找准区域比较优势，扶持发展设施农业、经济林、特色农业和种养业园区等规模化产业开发基地，形成能够辐射带动区域内多数贫困群众生产增收的特色优势产业。七是机关单位定点扶贫。每年抽调省、市、县三级近两万名机关单位干部，深入贫困乡村开展定点扶贫，年均投入帮扶资金、物资折款5亿元以上。八是领导干部包村增收活动。围绕帮助低收入村实现农民收入翻番，2009年开始，省委组织6000多名领导干部每人包扶一个行政建制的贫困村，以发展"一村一品"为核心任务，采取多种方式帮助包扶村群众生产增收。九是社会扶贫。不断拓宽社会扶贫合作领域，争取各类爱心慈善组织支持，在贫困地区连续组织实施了人畜饮水、节水灌溉、中低产田改造、敬老院建设和庭院养殖、沼气等多项工程。

第五阶段（2013—2020年）：精准扶贫、精准脱贫，打赢脱贫攻坚战阶段

党的十八大以来，以习近平同志为核心的党中央始终把脱贫攻坚摆到治国理政突出位置，纳入"五位一体"总体布局和"四个全面"战略布局，创造性地提出并实施精准扶贫、精准脱贫基本方略，要求做到扶持对象、项目安排、资金使用、措施到户、因村派人、脱贫成效"六个精准"，重点实施发展生产、易地搬迁、生态补偿、发展教育、社会保障兜底"五个一批"，彻底解决好扶持谁、谁来扶、怎么扶、如何退、如何稳"五个问题"，组织开展了声势浩大的脱贫攻坚人民战争，攻克了一个又一个贫中之贫、坚中之坚，历史性地解决了绝对贫困问题，为全球减贫事业发展和人类发展进步作出了重大贡献。

山西省委、省政府深入学习贯彻习近平总书记关于扶贫工作重要论述和对山西工作的重要讲话重要指示精神，紧密结合省情特点和贫困地区实际，深入落实精准方略，重点工程布局，专项行动推进，政策机制保障，各方合力攻坚。一是坚持党对脱贫攻坚的集中统一领导，强化"省负总责、市县抓落实"的工作机制，形成五级书记抓扶贫、全党动员促攻坚的强大合力。二是坚持把精准要求贯穿识贫扶贫脱贫全过程，把扶贫视角聚焦到户、定位到人，因村因户因人施策，因贫困原因施策，因贫困类型施策，对症下药、精准滴灌、靶向治疗。三是坚持问题导向，追根溯源研究问题，抓住症结整改问题，从严从实解决问题，以问题的真改实改带动整体工作的全面提升。四是坚持发挥政府投入的主体和主导作用、金融资金的引导和协同作用、社会投入的补充和辅助作用。五是广泛动员各方力量参与，构建起政府、市场、社会互动，专项扶贫、行业扶贫、社会扶贫联动的"三位一体"大格局。

第六阶段（2021年至今）：巩固拓展脱贫攻坚成果同乡村振兴有效衔接阶段

2021年2月，习近平总书记在全国脱贫攻坚总结表彰大会上明确指出，脱贫攻坚战的全面胜利，标志着我们党在团结带领人民创造美好生活、实现共同富裕的道路上迈出了坚实的一大步。同时，脱贫摘帽不是终点，而是新生活、新奋斗的起点。解决发展不平衡不充分问题、缩小城乡区域发展差距、实现人的全面发展和全体人民共同富裕，仍然任重道远。我们没有任何理由骄傲自满、松劲歇脚，必须乘势而上、再接再厉、接续奋斗。"胜非其难也，持之者其难也。"我们要切实做好巩固拓展脱贫攻坚成果同乡村振兴有效衔接各项工作，让脱贫基础更加稳固、成效可持续。对易返贫致贫人口要加强监测，做到早发现、早干预、早帮扶。对脱贫地区产业要长期培育和支持，促进内生可持续发展。对易地扶贫搬迁群众要搞好后续扶持，多渠道促进就业，强化社会管理，促进社会融入。对脱贫县要扶上马送一程，设立过渡期，保持主要帮扶政策总体稳定。要坚持和完善驻村第一书记和工作队、东西部协作、对口支援、社会帮扶等制度，并根据形势和任务变化进行完善。党中央决定，适时组织开展巩固拓展脱贫攻坚成果后评估工作，压紧压实各级党委和政府巩固脱贫攻坚成果责任，坚决守住不发生规模性返贫的底线。这一重要指示为我们巩固拓展脱贫攻坚成果同乡村振兴有效衔接指明了前进方向、提供了根本遵循。

2021年是山西巩固拓展脱贫攻坚成果、有效衔接乡村振兴的起步之年。在省委、省政府的坚强领导下，坚持以巩固成果为基础、有效衔接为依托、防止规模性返贫为关键，巩固拓展脱贫攻坚成果、有效衔接乡村振兴各项工作开局良好。召开全省脱贫攻坚总结表彰暨乡村振兴推进大会，做好收官总结宣传。制定方案、出台规划，完善顶层设计。优化调整"四个不摘"政策，完善"责任、政策、帮扶、监管"四大体系，及时跟进出台贯彻落实意见，形成了相对完善的政策制度体系。省委、省政府主要领导带头，36名省领导联系脱贫县、帮扶示范村。强化任务考核，把巩固拓展脱贫攻坚成果纳入市县党政领导班子和领导干部推进乡村振兴战略实绩考核范围，科学设置考核指标，确保责任、政策、工作落实。

三、山西脱贫攻坚的显著成效

山西是全国脱贫攻坚的重要战场。党的十八大以来，山西省委、省政府坚决贯彻落实习近平总书记关于扶贫工作的重要论述和对山西工作的重要讲话重要指示精神，始终把脱贫攻坚作为头等大事和第一民生工程，大力弘扬太行精神（吕梁精神），深入实施精准扶贫、精准脱贫基本方略，苦干实干、攻坚克难，奋力蹚出了具有中国特色、山西特点的减贫之路。

（一）农村贫困人口和地区如期全部脱贫

在以习近平同志为核心的党中央坚强领导下，在全省各级党委政府、扶贫干部、广大群众、社会各界共同努力下，山西如期兑现了脱贫攻坚"军令状"，交出了满意答卷。2020年现行标准下329万农村贫困人口全部脱贫，58个贫困县全部摘帽，7993个贫困村全部出列，历史性解决了绝对贫困和区域性整体贫困问题。

（二）农村贫困人口的收入水平明显提高

2016年，山西贫困地区农村居民人均可支配收入为6623元，增幅高出全省平均水平2.4个百分点，比2012年增加了2656元，增长67%，年均增长13.7%。2017年，山西贫困地区农村居民人均可支配收入7330元，比上年增加707元，增长10.7%，增速比全国农村居民人均可支配收入高出0.2个百分点，比全省高出3.7个百分点。2018年，山西贫困地区农村居民人均可支配收入为8250元，比上年增加920元，增长12.6%，比全省农村居民人均可支配收入增速高出3.7个百分点。2019年，山西贫困地区农民人均可支配收入达到9379元，比上年增长13.6%。2020年，山西贫困地区农村居民人均可支配收入10352元，比上年增长10.4%。

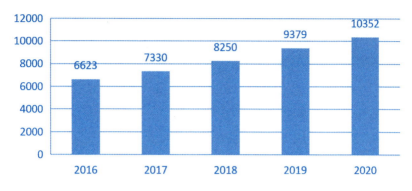

图1　2016—2020年山西贫困地区农民可支配收入　（单位：元）

数据来源：历年《山西省统计年鉴》

（三）农村贫困地区的特色产业蓬勃兴起

山西积极培育发展杂粮、果业、蔬菜、中药材、畜牧、农产品加工、乡村旅游等七大特色扶贫产业，58个贫困县发展特色产业扶贫基地10141个，7993个贫困村全部确立了"五有"产业扶贫机制，参与扶贫的龙头企业1563个、合作社43689个，所有贫困县均培育了2~3项脱贫主导产业。培训贫困村致富带头人3.56万人、贫困人口150余万人次，有劳动能力的贫困人口均掌握了1~2项产业技能，有127.7万贫困人口主要靠特色产业带动增收脱贫。

（四）农村贫困地区的落后面貌根本改变

近年来，各级财政扶贫投入1200多亿元，组织实施产业就业、基础设施、公共服务、综合保障等扶贫项目9.8万多个，贫困地区基础支撑能力得到明显提高。一是基础设施明显改善。具备条件的建制村全部铺通硬化路、开通客车，全部贫困村实现动力电和宽带全覆盖。新建、改造农村饮水安全工程1.8万处，解决了181.5万贫困人口的饮水安全问题。完成农村危房改造33.37万户，搬迁建档立卡贫困人口36.2万，同步搬迁11万人，总规模排全国第九位。二是基本公共服务水平提升。义务教育阶段学校"全面改薄"7835所，新建改建村卫生所1.3万所，健康扶贫"三保险三救助"惠及贫困人口203.96万人次，贫困人口住院综合保障比例接近90%。三是生态修复治理成效显著。全省58个贫困县组建造林扶贫合作社3378个，吸纳贫困社员7万余人，累计完成造林1300万亩、退耕还林473万亩。

（五）农村贫困地区的治理能力持续提升

山西通过持续抓党建促脱贫攻坚，整顿软弱涣散贫困村党组织，选优配强、集中轮训贫困村党组织书记，实施农村本土人才回归工程，培育创业致富带头人，基层党组织战斗力明显增强。9.6万驻村队员、1.96万农村第一书记奋战在驻村帮扶第一线，同贫困群众想在一起干在一起，带动干部作风大转变。深化扶贫扶志、开展感恩奋进教育，98%的脱贫村创建"三零"村达标，党群干群关系更加紧密，党在农村执政基础更加牢固。

· 专　栏 ·

我国脱贫攻坚的重大历史性成就

八年来，党中央把脱贫攻坚摆在治国理政的突出位置，把脱贫攻坚作为全面建成小康社会的底线任务，组织开展了声势浩大的脱贫攻坚人民战争。党和人民披荆斩棘、栉风沐雨，发扬钉钉子精神，敢于啃硬骨头，攻克了一个又一个贫中之贫、坚中之坚，脱贫攻坚取得了重大历史性成就。

——农村贫困人口全部脱贫，为实现全面建成小康社会目标任务作出了关键性贡献。党的十八大以来，平均每年1000多万人脱贫，相当于一个中等国家的人口脱贫。贫困人口收入水平显著提高，全部实现"两不愁三保障"，脱贫群众不愁吃、不愁穿，义务教育、基本医疗、住房安全有保障，饮水安全也都有了保障。2000多万贫困患者得到分类救治，曾经被病魔困扰的家庭挺起了生活的脊梁。近2000万贫困群众享受低保和特困救助供养，2400多万困难和重度残疾人拿到了生活和护理补贴。110多万贫困群众当上护林员，守护绿水青山，换来了金山银山。无论是雪域高原、戈壁沙漠，还是悬崖绝壁、大石山区，脱贫攻坚的阳光照耀到了每一个角落，无数人的命运因此而改变，无数人的梦想因此而实现，无数人的幸福因此而成就！

——脱贫地区经济社会发展大踏步赶上来，整体面貌发生历史性巨变。贫困地区发展步伐显著加快，经济实力不断增强，基础设施建设突飞猛进，社会事业长足进步，行路难、吃水难、用电难、通信难、上学难、就医难等问题得到历史性解决。义务教育阶段建档立卡贫困家庭辍学学生实现动态清零。具备条件的乡镇和建制村全部通硬化路、通客车、通邮路。新改建农村公路110万公里，新增铁路里程3.5万公里。贫困地区农网供电可靠率达到99%，大电网覆盖范围内贫困村通动力电比例达到100%，贫困村通光纤和4G比例均超过98%。790万户2568万贫困群众的危房得到改造，累计建成集中安置区3.5万个、安置住房266万套，960多万人"挪穷窝"，摆脱了闭塞和落后，搬入了新家园。许多乡亲告别溜索桥，天堑变成了通途；告别苦咸水，喝上了清洁水；告别四面漏风的泥草屋，住上了宽敞明亮的砖瓦房。千百万贫困家庭的孩子享受到更公平的教育机会，孩子们告别了天天跋山涉水上学，实现了住学校、吃食堂。28个人口较少民族全部整族脱贫，一些新中国成立后"一步跨千年"进入社会主义社会的"直过民族"，又实现了从贫穷落后到全面小康的第二次历史性跨越。所有深度贫困地区的最后堡垒被全部攻克。脱贫地区处处呈现山乡巨变、山河锦绣的时代画卷！

——脱贫群众精神风貌焕然一新，增添了自立自强的信心勇气。脱贫攻坚，取得了物质上的累累硕果，也取得了精神上的累累硕果。广大脱贫群众激发了奋发向上的精气神，社会主义核心价值观得到广泛传播，文明新风得到广泛弘扬，艰苦奋斗、苦干实干、用自己的双手创造幸福生活的精神在广大贫困地区蔚然成风。带领乡亲们历时7年在绝壁上凿出一条通向外界道路的重庆市巫山县竹贤乡下庄村党支部书记毛相林说："山凿一尺宽一尺，路修一丈长一丈，就算我们这代人穷十年苦十年，也一定要让下辈人过上好日子。"身残志坚的云南省昆明市东川区乌龙镇坪子村芭蕉菁小组村民张顺东说："我们虽然残疾了，但我们精神上不残，我们还有脑还有手，去想去做。"贫困群众的精神世界在脱贫攻坚中得到充实和升华，信心更坚、脑子更活、心气更足，发生了从内而外的深刻改变！

——党群干群关系明显改善，党在农村的执政基础更加牢固。各级党组织和广大共产党员坚决响应党中央号召，以热血赴使命、以行动践诺言，在脱贫攻坚这个没有硝烟的战场上呕心沥血、建功立业。广大扶贫干部舍小家为大家，同贫困群众结对子、认亲戚，常年加班加点、任劳任怨，困难面前豁得出，关键时候顶得上，把心血和汗水洒遍千山万水、千家万户。他们爬过最高的山，走过最险的路，去过最偏远的村寨，住过最穷的人家，哪里有需要，他们就战斗在哪里。有的村干部说："只要我还干得动，我都永远为村里的老百姓做事！带上我们村的老百姓，过上更美好的生活。""我是一个共产党员，我必须带领群众，拔掉老百姓的穷根。"基层党组织充分发挥战斗堡垒作用，在抓党建促脱贫中得到锻造，凝聚力、战斗力不断增强，基层治理能力明显提升。贫困地区广大群众听党话、感党恩、跟党走，都说"党员带头上、我们跟着干、脱贫有盼头"，"我们爱挂国旗，因为国旗最吉祥"，"吃水不忘挖井人，脱贫不忘共产党"，党群关系、干群关系得到极大巩固和发展！

——创造了减贫治理的中国样本，为全球减贫事业作出了重大贡献。摆脱贫困一直是困扰全球发展和治理的突出难题。改革开放以来，按照现行贫困标准计算，我国7.7亿农村贫困人口摆脱贫困；按照世界银行国际贫困标准，我国减贫人口占同期全球减贫人口70%以上。特别是在全球贫困状况依然严峻、一些国家贫富分化加剧的背景下，我国提前10年实现《联合国2030年可持续发展议程》减贫目标，赢得国际社会广泛赞誉。我们积极开展国际减贫合作，履行减贫国际责任，为发展中国家提供力所能及的帮助，做世界减贫事业的有力推动者。纵览古今、环顾全球，没有哪一个国家能在这么短的时间内实现几亿人脱贫，这个成绩属于中国，也属于世界，为推动构建人类命运共同体贡献了中国力量！

资料来源：摘自习近平总书记《在全国脱贫攻坚总结表彰大会上的讲话》

四、山西脱贫攻坚的经验做法

脱贫攻坚战打响以来，山西认真贯彻落实中共中央、国务院重大决策部署，结合省情、把握规律，制定和出台一系列政策举措，构建了一整套行之有效的政策体系、工作体系、制度体系，为圆满完成脱贫攻坚、实现全面小康提供了坚实保障。

（一）完善体制机制，构建责任落实体系

坚决落实"省负总责"要求，省委书记、省长带头"双签"责任书，联系贫困县、帮扶贫困村、遍访贫困对象。建立完善责任、政策、工作、投入、帮扶、社会动员、监督和考核等制度体系。保持贫困县党政正职稳定，实施最严格的考核评估。省委组建督导组，明责赋权，跟踪督导。开展脱贫攻坚专项巡视和"回头看"全覆盖。综合运用通报、督导、现场、案例四种方法推动落实，对重点县、难点问题挂牌督战，对重要工作专项督查，保持了五级书记抓扶贫、全党动员促攻坚的强劲态势。

（二）坚持精准理念，推进识贫帮贫脱贫

围绕扶持谁、谁来扶、怎么扶、如何退，建立扶贫对象建档立卡数据库，确保靶向精准；建立资金工程项目库，确保抓手精准；建立帮扶措施政策库，确保施策精准；建立专家库，确保保障精准。扶真贫，系好精准扶贫第一粒纽扣。严格贫困人口识别程序，开展建档立卡"回头看"、大数据核查比对，实施动态管理常态化，建立完善防止返贫监测和动态帮扶机制。真扶贫，对症施策精准落实帮扶举措。有劳动能力的开发式帮扶，带动有志想做、有事可做、有技会做、有钱能做、有人帮做；无劳动能力的保障性兜底，保障老有所养、学有

所教、病有所医、居有所安、难有所帮。真脱贫，确保脱贫退出标准质量不降低。实施滚动脱贫规划，出台贫困退出办法，逐年确定省级脱贫标准指导线，严把退出程序的规范性、标准的准确性和结果的真实性，分年度积极稳妥有序退出。做到扶贫工作务实、脱贫过程扎实、脱贫结果真实。

（三）统筹资金项目，开展重点专项行动

整村搬迁"六环联动"。精准识别对象、新区安置配套、产业就业保障、社区治理跟进、旧村拆除复垦、生态修复整治"六环联动、闭环推进"，整村搬迁3365个深度贫困村，建成集中安置区1122个，彻底改变了36.2万贫困人口、11万同步搬迁人口生存发展条件。生态扶贫"互促双赢"。联动实施退耕还林奖补、造林绿化务工、森林管护就业、经济林提质增效和林产业综合增收"五大项目"，带动52.3万贫困人口增收，在"一个战场"同时打赢了脱贫攻坚和生态治理"两个攻坚战"。产业扶贫"到村到户"。建立贫困村有产业、有带动企业、有合作社，贫困户有项目、有技能的"五有"机制，带动127.7万贫困人口增收。建设光伏扶贫村级电站5479座、集中电站53座，惠及67.42万贫困人口。就业扶贫增技赋能。实施全民技能提升工程，建设"人人持证，技能社会"，以技能提升促进就业增收，带动务工就业89.55万人。社会保障"政策兜底"。健康扶贫"三保险三救助"惠及185.67万人次。农村低保连续五年提标，惠及44.6万贫困人口。率先建立补充养老保险制度。从吕梁山到太行山、从雁门关到黄河畔，到处呈现出山庄窝铺搬出来、陡坡耕地退下来、荒山荒坡绿起来、光伏产业亮起来、电商旅游火起来、转移就业走出来、群众生活好起来的新景象。

（四）突出问题导向，实施补短强弱增效

坚持目标导向、问题导向，以创新办法破解难题。"一县一策"攻坚深度贫困，为10个深度贫困县量身定制共享政策和专享政策，政策、资金、项目和人才力量倾斜支持。集中解决"两不愁三保障"突出问题，控辍保学强化分类施策，基本医疗做好软硬件协同，危房改造注重保质保量，饮水安全突出建管并重，未达标的填平补齐，已达标的巩固提升。"五进九销"深化消费扶贫，规范认定扶贫产品，鼓励进机关、企业、学校、医院和军营，扶贫产品卖出好价钱、农民有了好收成、市民买到好东西、扶贫建立好机制。"四监测六帮扶"防范返贫致贫风险，建立完善防止返贫监测和帮扶机制，明确监测对象、范围、方法、程序，针对性落实产业、就业、兜底、保险、社会和志智帮扶措施。"五个规范"加强扶贫项目资产管理，规范登记、确权、管护、盘活和处置等五个环节，建立起权属明晰、经营高效、管理规范、监管到位的管理机制。锤炼一支生力军，担当重任用心用情用力。把"最能打仗的人"派到攻坚第一线，严格"一村一队、一队三人"派驻要求、"五天四夜"驻村要求，开展村情民意走访、基础工作巩固、政策举措落实、资金项目盘点、内生动力提升和作风问题整治"六大行动"。广大干部真情实感真帮实扶，在脱贫攻坚一线加强思想淬炼、政治历练、实践锻炼、专业训练，走进千家万户，使出千方百计，道尽千言万语，历经千辛万苦，用干部责任感提升群众获得感，用工作精准度提升群众满意度。

（五）发挥制度优势，汇聚扶贫磅礴力量

发挥党的政治优势和社会主义制度优势，持续开展领导联系、单位包村、县际结对、企县合作、专业人才挂职和学校医院对口"六

个帮扶"。统一战线"百千百工程"、工会组织"消费扶贫"、共青团"助学助困、就业创业工程"、妇联"三晋巾帼脱贫行动",汇聚起社会参与的强大合力。扶贫系统勠力奋战、夙夜在公,履行参谋助手、统筹协调、监督管理职能,干得很辛苦、过得很充实、走得很坚定。答好一道加试题,战"疫"战贫交好收官总账。决胜收官遭遇新冠肺炎疫情影响,任务更重,要求更高。对标决战完胜要求,紧盯剩余贫困人口和脱贫不稳定、边缘易致贫"两类户",立足于早、落实于细,争时间抢进度,抓稳岗拓岗、复工复产、产销衔接,对无法离乡、无业可扶、无力脱贫的,"一户一公岗"托底安置,以精准有力的措施,稳住贫困群众增收"基本盘"。

五、山西脱贫攻坚的重要启示

打赢脱贫攻坚战,历史性解决绝对贫困和区域性整体贫困问题,这是百年政党解决千年难题的伟大壮举,彰显了以习近平同志为核心的党中央不忘初心的责任担当和人民至上的使命情怀,彰显了中国共产党的政治优势和中国特色社会主义制度优势。山西脱贫攻坚战取得全面胜利,根本在于习近平总书记扶贫工作重要论述的科学指引,特别是习近平总书记多次考察调研山西,及时为我们掌舵领航、把脉定向;根本在于以习近平同志为核心的党中央坚强领导,始终把脱贫攻坚摆在治国理政的突出位置;根本在于省委、省政府团结带领全省人民大力弘扬太行精神(吕梁精神),尽锐出战、合力攻坚。总结脱贫攻坚的生动实践,给我们留下极为宝贵的精神财富和深刻的经验启示。

(一)坚持党的领导是打赢脱贫攻坚战的根本保证

坚持党对脱贫攻坚的集中统一领导,强化"省负总责、市县抓落实"的工作机制，省委、省政府主要领导牢记领袖嘱托，坚决扛起主体责任，高位推动，持续发力，狠抓落实。省市县层层签订责任书、立下"军令状"，凝聚起了五级书记抓扶贫、全党动员促攻坚的强大合力，为打赢脱贫攻坚战提供了坚强的组织保障。

（二）坚持精准方略是打赢脱贫攻坚战的关键所在

脱贫攻坚贵在精准、重在精准、成败之举在于精准。我们从"扶持谁、谁来扶、怎么扶、如何退"每个环节抓起，把精准要求贯穿识贫帮贫脱贫全过程，把扶贫视角聚焦到户、定位到人，因村因户因人施策，因贫困原因施策，因贫困类型施策，对症下药、精准滴灌、靶向治疗，确保线上数据全面准确，线下工作真实可靠。群众评价这一轮精准扶贫的政策，点到了穴上、帮到了根上、甜到了心上。

（三）坚持问题导向是打赢脱贫攻坚战的重要法宝

问题导向不是一句口号。省委、省政府坚持把问题导向作为重要的思想方法和工作方法，紧盯工作中的痛点、难点、堵点，并以此为改革创新的切入点，破解难题，推动工作。通过进村入户发现问题，追根溯源研究问题，抓住症结整改问题，从严从实解决问题，以问题的真改实改带动整体工作的全面提升，确保了问题解决在决战过程中。

（四）坚持资金投入是打赢脱贫攻坚战的有力支撑

充分发挥政府投入的主体和主导作用，金融资金的引导和协同作用，社会投入的补充和辅助作用。5年来，全省各级累计财政扶贫投入1211.45亿元，统筹整合其他涉农资金296亿元，发放扶贫小额信贷254.7亿元，贫困县城乡建设用地增减挂钩节余指标易地交易资金147.25亿元，定点帮扶230.58亿元，社会扶贫投入58.04亿元，为打赢脱贫攻坚战提供了充足的财力保障。

（五）坚持社会动员是打赢脱贫攻坚战的制度优势

充分发挥党的政治优势和中国特色社会主义的制度优势，广泛动员各方力量参与，党政军民学劲往一处使，东西南北中拧成一股绳，形成了声势浩大的脱贫攻坚人民战争，构建起政府、市场、社会互动，专项扶贫、行业扶贫、社会扶贫联动的"三位一体"大格局。传承守望相助、和衷共济、扶贫济困的传统美德，搭建社会参与平台，形成人人皆愿为、人人皆可为、人人皆能为的浓厚氛围。

（六）坚持求真务实是打赢脱贫攻坚战的重要保障

坚持把全面从严治党要求贯穿脱贫攻坚全过程，建立完善全方位监督体系，实行最严格的考核评估，深入开展扶贫领域腐败和作风问题专项治理，树牢求真导向，立起务实规矩，以严督实查促进实打实干，不搞花拳绣腿，不做表面文章，坚决反对形式主义、官僚主义，确保扶贫工作务实、脱贫过程扎实、脱贫结果真实，确保脱贫质量成色，经得起实践、历史和人民的检验。

六、山西巩固拓展脱贫攻坚成果面临的困难问题

对标国家巩固拓展脱贫攻坚成果要求，山西还存在一些问题和短板，巩固拓展脱贫攻坚成果、全面推进乡村振兴任务还非常艰巨。

一是稳定脱贫基础还不够牢固。一些脱贫地区产业主体培育、就业帮扶支撑不足，部分脱贫劳动力缺乏一技之长，打短工就业不稳定。一些易地搬迁群众缺乏产业就业保障，基础设施和公共服务特别是住房安全、饮水保障和医疗服务供给还存在短板弱项。

二是松劲歇脚的思想有所抬头。打赢脱贫攻坚战后，一些市县乡村产生了麻痹松懈思想，对巩固拓展脱贫攻坚成果重视程度不够、工

作力度减弱。面对新的领域新的任务，多数干部对乡村振兴具体干什么、怎么干，思路还不够清晰，措施办法不多。一些新选派的驻村干部政策吃不透，工作落实不到位。

三是工作体制机制还不够顺畅。各级乡村振兴部门队伍力量不足、缺乏统筹协调推动工作平台，一些市县具体工作由扶贫中心承担，职能衔接不畅，影响工作效率。

七、山西巩固拓展脱贫攻坚成果的政策建议

巩固拓展脱贫攻坚成果是推进乡村全面振兴、实现农业强国的前提和基础。新时代新征程，山西要深入贯彻落实习近平总书记关于巩固拓展脱贫攻坚成果的重要讲话重要指示精神，认真贯彻落实习近平总书记对山西工作的重要讲话重要指示精神，持续巩固拓展脱贫攻坚成果，坚决守牢不发生规模性返贫的底线，为推动乡村全面振兴和经济社会高质量发展提供重要支撑。

（一）完善体制机制，强化防止返贫动态监测

对脱贫不稳定户、边缘易致贫户，以及因病因灾因意外事故等刚性支出较大或收入大幅缩减导致基本生活出现严重困难户，开展定期检查、动态管理，重点监测其收入支出状况、"两不愁三保障"及饮水安全状况，合理确定监测标准。建立健全易返贫致贫人口快速发现、响应和预警机制，分层分类及时纳入帮扶政策范围，实行动态清零。健全防止返贫大数据监测平台，加强相关部门、单位数据共享和对接，充分利用先进技术手段提升监测准确性，加快建立覆盖全省的防止返贫监测信息化系统。进一步健全农户主动申请、部门信息比对、基层干部定期跟踪回访相结合的易返贫致贫人口发现和核查机

制，提升预警信息的推送以及反馈基层核实排查的工作效率。

（二）振兴特色产业，筑牢农村经济发展基石

发展壮大特色产业是山西巩固拓展脱贫攻坚成果、推动乡村全面振兴的根本所在。一是保持资金投入稳定。农业产业投入大、生产周期长、利润回报率低且抗风险能力弱，需要中央和省级财政持续加大投入，形成稳定的投入增长机制，重点支持联农带农产业，补足农业科技、农村基础设施、农产品营销等方面的短板。二是推动产业帮扶提质增效。聚焦小杂粮、草食畜、鲜干果、中药材等特色优势产业，延链补链强链，推进农产品加工产能向县城、中心村镇、易地扶贫搬迁安置区集中集聚，布局建设一批农产品加工园区、帮扶车间。支持发展脱贫人口参与度高的保鲜、贮藏、分级、包装等产地初加工。大力发展农产品精深加工和综合利用加工，推动一二三产业融合发展。三是强化帮扶项目资产后续运营监管。继续对龙头企业、帮扶车间、帮扶农民合作社等，给予项目安排、土地利用、税收优惠等方面的支持。四是完善利益联结机制。对财政资金、帮扶资金支持项目，采取订单生产、托养托管、产品代销、保护价收购、吸纳就业、资产收益等方式，吸引和带动脱贫群众分享更多收益，量化带动脱贫户和监测户劳动力增收的具体指标，确保分红收益及时足额发放到户。按照多干多补、少干少补的原则，鼓励探索建立以奖代补、以效定补等机制，把群众嵌入产业链的各个环节，激发内生动力，鼓励勤劳致富。

（三）加强就业帮扶，增加脱贫人口稳定收入

充分发挥就业帮扶在稳就业防失业、促增收防返贫中的最大效能，千方百计增加就业岗位，保障脱贫人口的收入来源。一是加强劳动力技能培训。开展以就业为导向的订单式职业技能培训，根据有就

业意愿的劳动力培训需求清单，及时组织职业技能培训并严格落实生活费补贴。构建"技能培训+劳务派遣+就业服务"一体化的培训就业新模式，进一步提高劳动力技能培训后的持证率和就业率。二是搭建就业信息平台。全面开展就业信息摸底排查，建立农村劳动力就业信息"一人一档"和用工需求信息库，强化供需信息归集，精准开展岗位推送。用好农民劳务专业合作社、劳务经纪人以及人力资源服务公司等平台载体，常态化为农村劳动力和用人单位搭建供需对接平台，打通就业信息"双向"通道。三是拓宽省外就业渠道。组织开展各类专项就业服务活动，持续深化拓展与京津冀、长三角等地的劳务协作，建优建强省外务工人员工作站，优先为农村劳动力提供有组织劳务输出服务，充分发挥吕梁山护工、榆社古建工匠等特色劳务品牌引领作用，扩大带动就业规模。四是推动就地就近就业。深入挖掘乡村振兴特色产业发展、基础设施建设中的本地岗位供给，充分发挥公益性零工市场县县全覆盖的优势，做好本地岗位推介。强化就业帮扶车间动态管理，协调做好经营指导帮扶，认真落实各类奖补政策，大力支持规范健康发展，提高就业帮扶车间吸纳脱贫劳动力就业能力。

（四）锚定重点领域，提升"两不愁三保障"水平

持续完善"三保障"和饮水安全成果动态化保障机制，是巩固拓展脱贫攻坚成果的重要内容。要持续抓好控辍保学完善落实劝返复学工作机制，健全政府部门、学校、家庭多方联控联保责任制；要严格落实"先诊疗后付费"制度，及时开展监督检查以及"回头看"等专项行动，确保低保对象、特困人员和监测对象医疗保障"一站式"结算；要不断扩大农村住房安全保障范围，将"六类重点对象"以外的一般农户纳入住房安全保障范畴；要推进农村供水一体化，探索整县

域农村供水"公司化"运营管理模式。

（五）聚焦绿色发展，打造生态美丽宜居家园

坚持绿色发展理念，优化脱贫地区农村生产生活生态环境，是建设宜居宜业和美乡村的题中之义。一是推进农村生态修复保护。加强脱贫地区农田建设保护，做好耕地土壤改良、地力培肥和修复治理，强化对耕地数量、质量、生态基础数据的监测，提高耕地资源调控与空间配置能力。统筹推进脱贫地区农村人居环境综合整治，做好山水林田湖草生态保护修复，持续抓好土地绿化、防沙固沙、水土流失治理和生物多样性保护工作，全面提升生态系统碳汇能力。二是强化农村基础设施建设。持续加强脱贫地区"四好"农村公路和旅游公路建设，推进农村电网改造和燃气下乡，加强村级客运站点、文化体育、公共照明等服务设施建设。加快数字乡村建设，推动脱贫地区农村千兆光网、5G、物联网与城镇同步规划建设，推动新一代信息技术与农业生产、农村生活深度融合。三是拓展村庄公共活动空间。探索通过整理改造、开发利用、腾退置换等方式，提高闲置或废弃宅基地资源的利用效率，用于脱贫地区农村公共活动空间建设，进一步丰富当地村民的精神文化生活。

分报告一
山西产业脱贫
政策研究

发展产业是实现贫困人口稳定脱贫的主要途径和长久之策。2018年2月，习近平总书记在打好精准脱贫攻坚战座谈会上深刻指出，发展产业是稳定脱贫的根本之策，但现在大部分地区产业扶贫措施比较重视短平快，考虑长期效益、稳定增收不够，很难做到长期有效。如何巩固脱贫成效，实现脱贫效果的可持续性，是打好脱贫攻坚战必须正视和解决好的重要问题。这一重要指示高屋建瓴、高瞻远瞩，既指明了产业脱贫的重要性，又点出了产业脱贫存在的问题，同时也给今后产业脱贫提出了新的更高要求。

党的十八大特别是2015年中央扶贫开发工作会议以来，山西省委、省政府坚决贯彻习近平总书记扶贫开发重要战略思想和对山西工作的重要讲话重要指示精神，全面落实中央精准扶贫、精准脱贫的决策部署，全省上下以"打不赢脱贫攻坚战就对不起这块红色土地"的态度和决心，高位推动，持续发力，坚持把脱贫攻坚摆在全省工作的突出位置，贫困地区更是以脱贫攻坚统揽当地经济社会发展全局。

一、产业脱贫的政策理论基础

产业脱贫是开发式扶贫中可持续性最强、最具效果的扶贫模式。

（一）文献评述

产业扶贫相关研究主要在四个维度上展开。

一是概念界定。更多是落脚于政策层面，将其作为产业撬动贫困人口再生产方式的总称。政府干预是条件，资源禀赋与市场是产业选择准绳，贫困人口增收是政策目标（汪三贵等，2014；王立剑等，2018）。作为"造血式"扶贫，产业扶贫具有益贫性、精准性、参与性和安全性，更加强调对贫困人口的目标瞄准性和特惠性，更加强调贫困家庭从产业发展中受益（张琦等，2018）。

二是减贫效应。产业扶贫基于产业而非个体的扶持甄别，能保证资本投入的持续性、集中性和盈利可能性，政府、银行、企业等的介入能合理选择产业、突破技术障碍、形成产业融合，从而有利于更好的福利实现和增收效应（Laffont，1991；李志平，2017）。

三是减贫机制。基于利益相关方对土地、资本和劳动力等要素的共同合理配置，产业扶贫成为一种多主体、多要素参与的长效减贫机制，这是基本共识。大多研究基于实证调研，政府、市场主体、基层组织、贫困户等多元参与主体通过利益协同，建立因地制宜的带贫机制，进而构建了产业扶贫的整体路径（李亚丽等，2019）。利益联结机制主要从参与主体、运营方式、功能特点等方面进行总结（茹玉等，2019），如以带动主体为标准（白丽等，2015）、以部门参与为特色（李志萌等，2016）、以帮扶形式为标准（钟昌彪，2016）、政府与市场关系角度的划分（范东君，2016）等，还有学者对资产收益扶贫等机制创新进行专门研究（汪三贵等，2017；施海波等，2019）。

四是实践困境。有些研究还剖析了产业扶贫存在的问题，如政策目标偏离、"精英捕获""弱者吸纳""扶富不扶贫""一次性怪圈""规模化劣势""重产业发展轻扶贫"，并提出了相应的政策建议（梁晨，2015；李博等，2016；邢成举，2017；许汉泽等，2017）。已有研究丰富了产业扶贫及减贫学、福利经济学、发展经济学的研究内容，揭示了贫困与反贫困的本质和规律，也为后续研究提供了有益借鉴。但是，在内容上，虽也有学者对产业扶贫政策进行了回顾和分析（孙久文等，2017；许旭红，2019；吕开宇等，2020），仍缺乏从宏观系统视角对产业扶贫演变路径和经验的总结评估；在实证上，既有研究主要基于某一地区的实地调研，对样本案例进行分析和论证，但缺乏权威、全面的数据支撑，得出的结论也未免囿于地域性和个案性；在机理上，虽然有少量文献剖析了产业扶贫的内在逻辑，但因其内容和实证维度上的缺陷，对产业扶贫整体实施过程缺乏足够的案例支撑和理论解释，也就难以为宏观层面的可推广性提供准确的逻辑判断和现实依据。

（二）政策演进

20世纪80年代，我国基本确立了开发式扶贫的政策框架，进一步突出了以生产力发展带动减贫事业的工作思路，这为产业扶贫的制度体系奠定了坚实基础。进入21世纪以来，我国的产业扶贫呈现出良好发展态势，减贫效果更加突出。2011年，《中国农村扶贫开发纲要（2011—2020年）》正式发布，明确将产业扶贫列为七个专项扶贫的重要内容之一。在2015年出台的《中共中央 国务院关于打赢脱贫攻坚战的决定》和2018年出台的《中共中央 国务院关于打赢脱贫攻坚战三年行动的指导意见》中，将发展产业作为实现贫困人口稳定脱贫的主要途径和长久之策。2021年中央一号文件再次明确，在脱贫攻坚目标任务完成后要持续巩固拓展脱贫攻坚成果，持续加大产业扶持力度，接续推进脱贫地区乡村振兴。

二、山西产业脱贫现状及主要特点

习近平总书记强调，发展产业是实现脱贫的根本之策。要因地制宜，把培育产业作为推动脱贫攻坚的根本出路。新一轮脱贫攻坚启动以来，山西上下凝心聚力，狠抓落实，合力推进"一村一品一主体"，不断完善产业扶贫"五有"机制，脱贫产业快速发展，产销衔接更加紧密，龙头企业带动格局基本形成，为脱贫攻坚决战完胜提供有力产业支撑。全省构建了"东药西薯、南果北杂、中部蔬菜、面上干果牧业乡村游"的脱贫产业格局，培育了杂粮、果业、蔬菜、中药材、畜牧、农产品加工、乡村旅游等七大特色扶贫产业，58个贫困县发展特色产业扶贫基地10141个，7993个贫困村全部确立了"五有"产业扶贫机制，参与扶贫的龙头企业1563个、合作社43689个，所有贫困县均培育了2~3项脱贫主导产业。培训贫困村致富带头人3.56万人、贫困人口150余万人次，有劳动能力的贫困人口均掌握了1~2项产业技能，有127.7万贫困人口主要靠特色产业带动增收脱贫。全省培育形成了一批有价值、能复制、可推广的产业扶贫典型，"五有"机制入选全国产业扶贫十大机制创新典型，云州区"黄花铺出扶贫黄金道"、平顺县"药草飘香富万民"入选全国产业扶贫范例，"三对三扶三分强"扶贫模式入选全国农业企业产业扶贫范例。

·专 栏·

我国产业脱贫成效显著

发展产业是实现稳定脱贫的根本之策，也是增强贫困地区"造血"功能、帮助贫困群众就地就业的长远之计。近年来，农业农村部牵头会同相关部门，认真贯彻习近平总书记重要指示精神，全面落实中央脱贫攻坚决策部署，出台产业扶贫指导意见，坚持规划引领，注重范例推广，强化督促考核，推动各地产业扶贫工作取得了重大成就。

——贫困地区特色产业快速发展。832个贫困县全部编制产业扶贫规划，累计建成种植、养殖、加工等各类产业基地超过30万个，旅游扶贫、光伏扶贫、电商扶贫等新模式新业态加快推进，每个贫困县都形成了2~3个特色鲜明、带贫面广的扶贫主导产业。特别是"三区三州"等深度贫困地区，许多贫困乡村实现了特色产业"从无到有"的历史跨越，涌现出凉山花椒、怒江草果、临夏牛羊、南疆林果、藏区青稞牦牛等一批享誉全国的特色品牌。

——贫困群众收入水平大幅提高。产业扶贫政策已覆盖98%的贫困户，有劳动能力和意愿的贫困群众基本参与到产业扶贫之中。其中，直接参与种植业、养殖业、加工业的贫困户分别为1158万户、935万户、168万户；贫困劳动力在本县内乡村企业、扶贫车间务工的超过1300万人，占务工总人数近一半。在产业扶贫的有力支撑下，贫困户人均纯收入由2015年的3416元，增加到2019年的9808元，年均增长30.2%。

——贫困地区产业发展条件显著改善。扶贫产业的快速发展，为资本、技术、人才等要素进入贫困地区提供了平台载体，也加快推动了交通、物流、通信等配套设施建设。据统计，贫困县累计建成高标准农田2.1亿亩、农产品初加工设施4.3万座，培育市级以上龙头企业1.44万家，发展农民合作社71.9万家，创建各类扶贫产业园2100多个，组建4100多个产业技术专家组，招募4000多名特聘农技员，贫困地区产业发展保障更加有力、后劲明显增强。

——贫困群众自我发展能力明显提升。通过产业扶贫，不仅形成了一系列产业联农带贫的有效模式，也激发了贫困群众不等不靠、自强不息、用勤劳双手改变生活的精神状态，这些都将在今后推进乡村全面振兴中持续发挥作用。依托订单生产、土地流转、生产托管、就地务工、股份合作、资产租赁等方式，72%的贫困户与新型农业经营主体建立了紧密型的利益联结关系。通过产业赋能，70%以上的贫困户接受了生产指导和技术培训，累计培养各类产业致富带头人90多万人，产业扶贫志智双扶成效十分明显。

产业扶贫已经成为覆盖面最广、带动人口最多、可持续性最强的扶贫举措。这些成就的取得，是以习近平同志为核心的党中央科学决策、坚强领导的结果，是贫困群众和广大扶贫干部辛勤努力、不懈奋斗的结果，是全党全社会众志成城、共同努力的结果。

资料来源：摘编自国务院新闻办公室官网

巩固拓展脱贫攻坚成果、实现脱贫攻坚与乡村振兴的有效衔接，归根到底要靠产业支撑。近年来，山西根据贫困户的主观意愿和客观实际，采取"问需式"的方式进行规划，充分尊重贫困户的话语权，并结合贫困乡村的不同区位特点、资源禀赋、产业基础、生产习惯以及市场需求等因素，因村选产业，因户定项目，宜种则种、宜养则养、宜林则林、宜加则加、宜游则游，分类指导、分类施策、项目到户、增收到人，帮助贫困户依托种植、养殖及手工艺等家庭经济项目稳定增收。

（一）产业脱贫施策更加精准

以资源优势为基础，围绕"一县一业""一村一品"的特色产业，针对不同贫困人口实施差异化帮扶，做到精准规划、精准施策。大力扶持贫困户发展特色优势脱贫项目，扶持在贫困村兴办能带动贫困户增收的生产企业、生产基地和农民合作社。驻村工作组和帮扶干部特别是大学生村干部深入脱贫攻坚一线，通过走访调研、广泛征求群众意见建议，及时了解村情民意，找准致贫原因和发展瓶颈，从项目、资金、信息、技术、市场和产业结构调整等方面入手，按照"谁负责帮扶、谁负责规划"的原则，制定贫困户发展规划和年度帮扶计划，持续精准帮扶。

（二）脱贫项目选择更加切实

充分利用贫困山区生物资源丰富、立体农业优势明显的良好条件，围绕规划建设的主导产业，积极推行生态经济种养模式，着力把生态建设、综合治理、农民增收有机结合，采取政府指导、村委会或合作经济组织运作、示范户牵头联户经营等形式，发展核桃、蔬菜、中药材、速生丰产用材林等主导产业。

（三）产业脱贫方式更加科学

在尊重自然规律和经济规律的前提下，坚持以市场为导向、资源为依托、科技为支撑，突出特色，规模发展，着力打造集"产、加、销"为一体的特色产业扶贫体系。积极创新帮扶模式，对既有产业发展愿望，又有产业发展能力的扶贫对象户，在政府的组织和引导下，直接参与区域特色产业开发，并且通过以奖代扶等方式，予以支持。

（四）产业带贫效果更加明显

在带动方式的选择上，培育壮大以农产品加工为主的扶贫龙头企业，围绕优势特色农业产业，在项目立项、启动资金、贴息贷款等方面大力扶持优势特色农产品加工、流通企业，着力打造一批产业关联度大、市场竞争力强、辐射带动面广的产业化扶贫龙头企业，提升"产—加—销""贸—工—农"一体化产业扶贫的层次和水平。大力发展农产品加工业，重点扶持扶贫加工龙头企业，延长产业链，形成特色优势加工基地和扶贫加工产业带，提高企业、基地对农民的吸纳能力。积极引导和扶持农产品加工企业向园区集中，推动产业集聚发展。引导和扶持龙头企业直接投资农村，建立生产基地，增强龙头企业辐射带动功能，带动贫困群众增收致富。

（五）利益联结机制更加完善

依托主导产业，发展以农户为主的各类农民专业合作经济组织、专业协会、社区合作经济组织等，着力提高农民组织化程度。大力发展"公司+专业合作社+农户"的产业化经营模式，建立龙头企业与农户之间的利益联结和风险协调机制，形成规范稳定的合作关系，让农民分享加工、流通环节的利益。大力培育专业市场，以专业市场和流通大户为纽带，把广大农户连接起来，带动或主导生产，引导贫困农户直接进入市场，提高贫困农户组织化程度，推动扶贫产业由"小规模"向"大群体、产业化"转变。

三、山西产业脱贫存在的困难问题

经过多年的努力，山西的产业脱贫攻坚取得了显著成效，带动贫困人口脱贫的效应明显增强，但仍然存在一些问题和困难，亟待解决。

（一）产业发展规模较小，生产链条不长

贫困县虽然已初步形成主导产业雏形，但基地布局仍零星分散，基础设施建设严重滞后，没有形成区域发展、规模发展，产业集中度不高，对扶贫开发、农民增收贡献不高。贫困山区不少特色农产品加工业都存在着发展滞后，产业链条短，附加值低，高附加值产品不多，一些产品仍停留在原料粗加工状态。

（二）产品竞争实力较弱，产品质量不高

贫困山区特色农产品虽然品质好，但缺乏深加工增值，缺少品牌效应带动，宣传、营销等手段跟不上，销售仍以初产品为主，产品在市场上的竞争力低、价格低，与产品本身的质量和品质相比，存在较大差距。

（三）农民组织程度较低，市场风险不小

山西农民人均耕地面积小，生产规模有限，"小生产"与"大市场"难以形成有效对接，致使产业脱贫的市场风险有所增大。贫困山区的农业发展大部分仍处于小规模生产、分散经营的状态，农民专业合作社并没有真正与农民实现合作共赢。一些农业企业与农民联系不紧，带动产业发展的能力也非常有限，农民并没有从加工、销售等延伸的产业链中获取更多的收益。

（四）农民科技素质较差，综合能力不足

农民是发展产业的主体，农民的科技文化素质直接决定着产业发展的水平与效益。从山西第三次全国农业普查数据来看，从事农业生产经营人员的文化程度主要是初中文化程度，占到58.6%，高出全国10.2个百分点；高中或中专文化程度占到9.5%，大专及以上文化程度仅占到1.2%；未上过学或小学文化程度的占到30.7%。在贫困山区，绝大部分有文化、有体力、有能力的青壮年劳动力都选择了外出打工，在村务农人员的科技文化素质偏低、体力偏弱，综合素质不高，致使产业脱贫动力不足，发展缺乏后劲。

（五）配套金融服务较少，农户贷款不易

贫困山区农产品加工龙头企业和农户贷款难度仍然较大，贷款门槛普遍偏高，实际贷款数额与企业和农户贷款期望差距较大。其原因

如下：一是缺少担保，按银行贷款要求必须由1名财政供养人员作担保人或3~5户实行联保；二是缺乏项目，很多农户有贷款意愿但没有具体项目和详细发展计划，银行不予支持；三是银行成本较高，这是造成农民贷款难的核心因素，银行将资金贷给分散的农户，贷款程序不变，无形中加大了银行的资金管理成本，大幅减少了银行利润。

四、国内产业脱贫的经验做法及启示

产业脱贫是精准脱贫的重要内容和关键所在，其核心要义是因地制宜开发当地特色资源，引导和帮扶有劳动能力的贫困人口就业脱贫。近年来，全国各地围绕产业脱贫涌现出了一批先进典型，积累了一些经验启示，值得借鉴和推广。

（一）经验做法

陕西洛川：突出科技支撑，强化标准示范建设。20世纪八九十年代，延安市委、市政府就聘请学士钊、汪景彦、谌有光等十多名全国知名学科专家担任技术顾问，定期开展技术指导，保证了发展初期的高起点。2007年，争取国家苹果产业体系落户延安，11名岗位专家与市县本土1000名专家联姻，常年服务于生产一线，保证生产技术的先进性和服务群众的及时性。2012年，延安市政府与西北农林科技大学签署合作协议，共同建成延安洛川苹果试验站，通过"校地联合、科技支撑、农技服务、人才培养"的产业科技扶贫模式，带动延安现代苹果产业发展。通过调动当地科技人员，探索总结适合延安的苹果栽培技术，实现了技术的本土化。通过制定"无公害和绿色苹果"两个生产技术标准和"延安·洛川苹果"十六个技术规范，实现了生产的有标可依。通过实施"111"百万果农素质提升培训工程（1000名科技人员带动10000名农民技术员辐射1000000名果农），使广大农民和贫困户普遍掌握了增光壮树、沃土肥园、绿色防控、授粉增色等果园管理新技术，实现了每户有一名技术明白人。通过创建标准化示范园区，提升标准化生产水平。目前，已经建成国家级标准果园11个，省级标准果园137个，市级标准化示范区50万亩、示范园226个。通过开展"三品一标"认证和富硒、SOD、贴字等高端功能苹果开发，提升产业水平。2016年，全市苹果产量达到303万吨，产值96亿元，果农人均苹果纯收入达到6713元，洛川、宜川等南部县区果农人均收入突破万元大关，涌现了一批千万元明星村和百万元明星户。

江西赣州：做强做优品牌，建立市场营销体系。通过举办中国赣州脐橙节和赣南脐橙网络博览会，采取"政府搭台、企业运作、合作社参与"的方法，在全国农产品销售中率先实践并多年坚持以一个县对接一个区域的"主销城市"战略，在全国各大、中城市开展宣传、推介、促销活动。积极发展订单农业、社区直销、农超对接、直采直供、代理配送等新型交易方式，建立较为完善覆盖省、市、县三级城市的市场营销网络，做到超市有专柜、批发市场有专区、社区有直销点。按照"生产有记录、流向可追踪、信息可查询、质量可追溯、责任可界定"的要求，初步建立赣南脐橙果品质量安全监控溯源系统。按照"统一品牌、商标各异、注明产地、统一管理"的办法，大力实施赣南脐橙公用品牌与企业品牌相融合的"母子"品牌战略，做大做强做响"赣南脐橙"品牌。2016年赣南脐橙以668.11亿元的品牌价值，连续四年位居全国初级农产品类地理标志产品价值榜榜首。同时，依托市、县、乡三级电商产业园，大力发展"互联网+"网络营销模式，推动了赣南脐橙网络销售和电商企业发展。积极引导贫困户与电商企业线下合作，让贫困户进入电商利益链，真正建立起贫困户与产业发展主体间利益联结机制。探索出"电子商务+创业孵化+贫困户""电商企业+专业合作社或产业基地+贫困户""电商企业+就业岗位+贫困户"等电商扶贫新模式。2016年在淘宝、天猫等平台上赣南脐橙销售店铺达到12684家，年销售量达26.6万吨，占总产量的24.6%；电商交易额达27.3亿元，同比增长112.5%。线上交易价格平均达到了每斤6元左右，比产地果园交易价格2.8元一斤提高了114.3%，比销地批发市场4.2元一斤提高了42.8%。通过"互联网+"，果农特别是贫困户收入大幅度提高。

广西百色：强化金融支持，助推芒果产业发展。百色市抓住作为全国首个政策性金融扶贫实验示范区的有利契机，搭建"政、银、农"合作平台，提升金融服务芒果产业的能力。率先在田东县探索开展了农村金融改革，利用"信用评级+互助社（合作社）+芒果产业+信贷+保险+财政投入"的融资扶贫方式，政府设立产业担保、产业贷款贴息、产业风险补偿等专项资金来推动银行与农户进行有效对接、良性互动。鼓励各县（市、区）组建农村产权交易中心、政策性农业投资公司、融资担保公司、贫困农户发展生产资金互助协会，鼓励金融机构开发针对芒果产业的金融产品，推动金融资源更多地向芒果产业倾斜，降低农户发展芒果产业的成本和风险，较好地解决了"农、银"合作中的银行有效放贷和贫困农户有效需求问题。据不完全统计，全市6大类27家银行金融机构设立了417个网点，实现金融服务乡镇全覆盖，贫困户累计从金融机构获得贷款79.9亿元，政府贴息达1296.13万元；成立了5家政策性农业融资担保公司，重点扶持芒果产业开发；推出了芒果种植保险，并出台保费补贴办法，将保费补贴资金列入市、县财政预算，让果农户获得更多实惠。

贵州湄潭：三产融合发展，共享价值链提升效益。湄潭县坚持三产融合发展，推进茶产业"接二联三"，注重茶产业链的延伸和产品附加值的提高，先后开发了茶多酚速溶茶粉、茶叶籽油、茶香酒、茶树花、茶足爽、茶多酚胶囊等近20类茶深加工产品，成为国内茶产品最丰富的县之一。建成茶楼、茶馆300余家，将茶制品、茶文化融入群众日常生活当中。建成永兴茶海公园、象山茶植物博览园、贵州茶文化生态博物馆、中国现代茶工业遗迹博物馆、天下第一壶茶文化公园国家4A级景区、中国茶海、300里茶桂风情带等景区景点，成为湄潭县标志性风景名胜区。2016年，全县累计接待游客306.7万人次，实现旅游综合收入17.88亿元。

山西平顺：创新联结机制，实现利益多方共赢。大力推行"政府+合作社+农户""公司+合作社+基地+农户"等组织方式，促进中药材产业链条各个环节与群众增收致富有机结合，实现政府、企业、银行、合作社、农户"五方共赢"。一是"预付种苗、保底收购"模式。政府引导企业和合作社签订订单合同，约定种植时由企业向种植户垫资提供种苗，按保底价收购，并扣除种苗费。2013年以来，振东中药材产业园共签订订单合同300余份，为种植户预付种苗资金2000余万元。2016年，振东集团将2010年至2015年五年药材平均收购价确定为2016年中药材保底收购价，党参每公斤20元、板蓝根每公斤8元、柴胡每公斤35元、黄芩每公斤8元，有效降低了农户的种植风险，实现了"农户出力不出钱、到了年底稳赚钱"。二是"土地流转、劳务雇用"模式。有效引导企业流转农民土地和优先雇用流转户，使农户获得多重收入。车厢沟多品种试验基地共流转土地1000余亩，惠及农户

1866户，其中贫困户240户、400余亩，帮助农户每年稳定增收1200多元；在基地管理中，雇用流转户从事中药材播种、施肥、锄草、采收等田间管理工作，直接转移当地富余劳动力220余人，其中贫困人口180人，实现年人均增收2500元左右。三是"资产收益、按股分红"模式。将产业扶贫资金投入产业项目好、经济收入高的企业或合作社，并直接量化到每个贫困户头上，作为贫困户的股权份额参与分红。东寺头乡天池药材专业合作社用争取到的100万元扶贫资金，作为股金量化到该社107户贫困户头上。这样，贫困户既可以在合作社挣劳务工资，还可以得到股权分红，人均年收入3000元~6000元。四是"政府贴息，贷资入企"模式。政府通过整合使用财政扶贫资金，以全额贴息的方式，协调商业银行面向农户发放贷款，并由企业进行集中使用，农户从中获得投资收益。县政府协调农商银行向400余户贫困户发放贷款2000万元。贷款利息由县政府全额贴息。贷款本金经贫困户与振东集团企业协议，交由振东集团进行产业化运作和市场化经营，连续三年每年每户从振东集团获取2500元投资收益，三年后贷款本金由振东集团一次性结清，从而达到了扶贫资金跟着贫困群众走，贫困群众跟着产业走，产业跟着市场走的效果。

（二）重要启示

启示一：坚持资源定位，找准主导产业。贫困地区发展产业的首要任务就是搞好调查研究，找准本地的资源禀赋。要根据本地资源优势，科学、理性、准确地定位，切忌盲目跟风。在此基础上整合力量，改善配套设施，制定配套政策，用良好的政策、市场环境，为产业发展提供强大动力。要把优势产业与基地建设结合起来，建立各具特色的产业开发带，使得产业规模与效益相得益彰。

启示二：坚持市场导向，遵循经济规律。推进产业扶贫，必须坚持市场导向，要遵循市场和产业发展规律，因地制宜、因户制宜、因时制宜，尽可能选好、选准具有区域化、特色化、个性化和有市场前景、收益预期的产业项目，合理确定产业发展方向、重点和规模，提高产业发展的持续性和有效性。赣南脐橙产业扶贫之所以成效显著，并获得贫困户广泛肯定，其关键在于坚持市场导向、品牌导向和消费者导向，充分发挥老百姓的主观能动性，带动贫困村和贫困户农民脱贫致富。

启示三：强化科技支撑，鼓励技术进步。发展特色产业，就是依靠科技进步，加快优良品种的引进和改良，积极发展农产品加工专用品种，提高优质农产品的比例，提高农产品质量和档次，从而在科技创新中获得更大效益。政府要加强对农业科技创新的奖励，完善农业科技创新体系和农业技术推广体系的建设，为特色产业提供产前、产中、产后的系统服务。

启示四：重视品牌建设，扩大产品影响。对农业特色产业来说，知名度就是财富。在品牌竞争的时代，不仅要及时注册商标，力创得到市场认同的名特新优产品，而且要加快推进农业标准化生产、品牌化经营，培育和打造一大批知名农特产品品牌。一方面，积极组织经营主体参加各类生态推介会、农业博览会等各种优质农产品展示展销活动；另一方面，充分利用报纸、电视、网站等宣传媒体，全方位宣传特色产品的品牌，提升特色农产品的知名度和美誉度，助推特色产业精准扶贫。

五、山西巩固拓展产业脱贫成果的政策建议

山西要深入贯彻落实习近平总书记对山西工作的重要讲话重要指示精神，坚持巩国拓展脱贫攻坚成果同乡村振兴有效衔接，强化产业发展，着力提高特色农业、乡村旅游、光伏帮扶和农村电商等产业的增收致富能力。

（一）立足资源优势，发展现代特色农业

山西要立足区域比较优势，明确产业主攻方向，因地制宜，突出特色，差异发展，错位竞争。按照全省脱贫地区农业特色优势产业开发规划布局，立足各地区域比较优势，通过使用先进实用技术、推广科技创新成果，发展辐射带动能力强、区域特色明显的现代农业。北部地区，注重发展循环生态、畜饲蔬结合、牛羊为主的京津"菜篮子"基地，建设全产业链的杂粮生产加工基地；太行山地区，注重发展道地中药材生产加工基地、干鲜果经济林基地；吕梁山地区，注重发展优质核桃和红枣生产加工基地、果蔬结合的水果生产加工基地。

一是着力培育小杂粮产业。山西是"小杂粮王国"，全省拥有高粱、谷子、薯类、大麦、荞麦、燕麦、青稞、绿豆、小豆、豌豆、蚕豆、芸豆等上百种特色农产品，种植的小杂粮作物有30多个品种，常年产量占到全国产量的1/10以上。近年来，小米、荞麦、糜黍、绿豆、红小豆等黄土高原特色的小杂粮日益受到市场青睐，晋北的苦荞、岢岚的红芸豆等小杂粮种类为世界上的稀有珍品。但是，目前小杂粮产业开发存在诸多"硬伤"：产量和销量不稳定，小杂粮大多分布在山地、旱地，靠天吃饭的现状难以改变，一般的丰歉年小杂粮总产变幅在三成以上；市场要求优质、专用品种，但小杂粮品种多是世

代延续的自留农家种，单产低、适应性差，很难大规模推广；加工销售是实现小杂粮增值增收的重要途径，但除了几个大型大豆、马铃薯加工厂外，基本上没有形成产业化开发所要求的"企业（公司）+基地+农户"的理想经营模式。今后，山西要发展和壮大小杂粮产业，着力抓好谷子、荞麦、燕麦、红芸豆、绿豆、专用高粱、马铃薯等七种优势杂粮，加大开发力度，大幅提升全省杂粮产量，切实增加杂粮的亩均收益。要壮大晋北、东西两山小杂粮生产区加工规模，建设国家级小杂粮生产加工基地。在原粮精细加工的基础上，晋北重点发展小杂粮保湿面、燕麦凉面、豌豆糊等小杂粮复合面制品和熟食制品等主食化营养食品；东西两山重点发展小杂粮月饼、饼干、早餐饼等即食食品和休闲食品。要有机嫁接山西传统酒、醋、乳等产品，生产保健茶、酒、醋、酱、乳等系列食品，推广生产小杂粮生物营养素高附加值产品。

二是大力发展畜牧产业。要按照发展现代畜牧业的要求，制定科学规划，优化产业布局，推行以企业运作为主，辅以农民专业合作社、家庭规模养殖的发展模式，加快步入专业化、规模化、集约化、标准化的发展轨道，延伸产业链，发展精深加工，打造名牌产品。以提高畜牧业综合生产能力和市场竞争力为核心，以雁门关农牧交错带示范区、"一县一业"等畜牧重点县为载体，以重大项目建设和提升畜牧龙头企业为突破，积极构建鸡、猪、牛、羊现代畜牧产业，着力建设大草场、大园区、大龙头、大物流、大体系，努力打造全国优质安全畜产品生产基地。要精心培育优势主导产业。雁门关示范区要努力打造成国际先进、国内一流的优质畜产品基地；中南部"一县一业"畜牧基地县要发挥优势，延伸产业链条，扩大辐射范围，逐步打造中部牛、中南部鸡、晋东南猪等优势区域板块；其他地区要根据全省规划布局，立足自身优势，发展各具特色的畜牧产业。要推进标准化规模养殖。大力发展以企业为主体的现代化养殖园区、以合作社为主体的养殖小区，切实提高畜牧业标准化水平，积极倡导农牧结合的生态养殖方式。要壮大畜产品加工企业。培育壮大一批产业领军企业，年销售收入40亿元以上的畜产品加工龙头企业达到10家；建立和完善龙头企业与养殖户之间有效的利益联结机制；积极打造畜牧业知名品牌，形成以品牌为主导、骨干企业为支撑、上下游产业配套、竞争优势明显的产业化新格局。要抓好饲草饲料资源的开发利用。加快发展饲料工业，通过现有饲料企业的整合、改造、提升，新建一批年生产30万吨以上的大型饲料加工企业。加强草地建设，建立合理的禁牧休牧轮牧制度，科学保护利用。要完善畜产品流通体系。在优势畜产品集中产区和集散地，规划建设一批畜产品交易市场和批发市场，加快建设一批物流企业，提高畜产品的产销对接、储运配送，拓宽畜产品流通渠道，开发畜产品销售市场。要构建科技支撑体系。积极抢占畜禽育种的制高点，加快畜牧业良种化进程。提高畜牧科技转化率，加强畜牧科研队伍建设。加强重大动物疫病防控，落实防控责任，严格动物卫生监督执法，确保不发生区域性重大动物疫情；继续加强畜产品安全监管，开展专项整治，确保不发生重大畜产品安全事件。

三是有效壮大中药材种植产业。山西是中药资源大省，基础条件优越，开发潜力巨大，市场前景良好。贫困地区可以因地制宜积极发展中药材种植产业，努力将当地的中药资源优势转化为产业优势，打造独具特色的战略性新兴产业，为加快贫困人口的脱贫致富开辟一条新的路径。要扶持种苗基地建设。对目前已建的苦参、黄芪、党参等

9个中药材种子种苗基地，从技术培训、科研经费等方面给予资金倾斜扶持；并按照道地性、稀缺性、优势性的原则，通过争取国家专项资金支持、省财政扶持和企业投入相结合的方式，加快推进中药材种子（种苗）繁育基地建设，将繁育品种和基地数量扩展至20个左右，繁育面积达到1万亩左右。围绕黄芪、连翘、苦参、党参、柴胡和远志等近30个道地或优势品种，按照编制的道地或优势中药材品种种植适宜性区域发展规划，通过财政和金融等杠杆支持药农、合作社和中药制药企业开展中药材种植工作。在全省特别是资源条件好、符合中药材道地性、有种植基础的脱贫县，加大对脱贫户在中药材种植和育苗基地建设方面的支持力度，力争全省中药材规范化种植基地达到100万亩，并按品种分布形成区域化、规模化生产。要支持中药材生产企业做大做强。充分发挥财政性资金的引导作用，通过贷款贴息等方式加大对企业的支持力度；着重从引入金融资本、产业资本和战略投资等方面入手，支持企业建设中药材种植基地和加工基地。对中药材生产加工龙头企业优先给予支持，扶持龙头企业做大做强。对小型中药材加工企业，重点在设备购置、厂房建设等方面给予贷款贴息支持。要加强技术培训指导。加强对基层技术人员和生产大户的科技培训指导，将中药材生产技术及管理培训纳入新型职业农民培训范围。挖掘和创新一批适宜山西道地中药材生产的实用集成技术，在项目实施过程中加以推广。要推进现代中药材物流体系建设。以中药材种植、流通情况为基础，鼓励有条件的企业在中药材主产区建设产地饮片加工、集中仓储物流、药材可追溯等形式的现代化中药材流通体系，引导产销无缝对接，推动中药材流通体系标准化、现代化发展。

（二）拓展农业功能，推进乡村旅游建设

山西要以发展壮大乡村旅游为重点，着力培育壮大农村服务业，努力打造一批特色旅游名镇、乡村旅游点、品牌农家乐，发展一批休闲农庄、乡村客栈、民俗表演、农业观光园等乡村旅游产品，策划一批有品质、有内涵、叫得响的乡村旅游品牌，培养一支高素质的乡村旅游人才队伍，充分发挥乡村旅游在促进农民增收、繁荣农村经济中的重要作用。

一是摸清家底，科学规划。脱贫地区具有丰富的旅游资源，要在弄清旅游资源分布的详细情况下，编制好脱贫地区的乡村旅游发展规划，整合实施一批促进村级旅游发展的基础设施项目，提升脱贫村的综合服务能力。

二是发掘潜力，辐射带动。在做规划时就要对旅游区可能带动的产业、产品等情况进行详细摸底，进行旅游开发时要尽量把潜力都挖掘出来，带动相关产业发展，激活当地经济社会的活力；要对旅游区内及附近的脱贫户情况做详细了解，要建档立卡，根据每户的不同情况，选择不同的帮扶方法，使这些困难家庭尽可能都能够在发展旅游中通过不同路径得到精准帮扶，实现脱贫增收。

三是强化基建，增强服务。要大力改善脱贫地区的基础设施，重点加强乡村旅游特色村寨的道路、电力、饮水、厕所、停车场、垃圾污水处理、商贸流通体系、信息网络等基础设施和公共服务设施建设，加强相关旅游休闲配套设施建设。制定乡村旅游标准，包括基础设施标准、服务标准、接待标准等，形成可持续的发展模式，不断为脱贫地区"造血"，确保游客能够方便顺利出入旅游区，能在旅游区住得安心、吃得放心、玩得舒心。加强乡村旅游经营人才培训，培养一支高素质的乡村旅游人才队伍，提高山西乡村旅游的软实力。

　　四是加强宣传，推介项目。要组织发展较好的旅游脱贫村在省城和重要旅游客源市场进行乡村旅游的宣传推介。鼓励支持脱贫村农产品销售到宾馆，将脱贫村的旅游点纳入旅行社的旅游线路之中。利用"互联网+"等多种手段加强宣传，搞好市场推广，吸引广大游客到脱贫乡村旅游。以市场需求为导向，发挥政府部门政策引导和服务保障作用，架起企业产业开发和脱贫乡村优势旅游资源之间的桥梁。

　　五是部门合作，共同推进。旅游业是综合性产业，涉及方方面面，要将旅游帮扶工作有机融入各级党委和政府乡村振兴大局，打通部门合作渠道，建立协调推进机制。推动旅游部门与发展改革、财政、国土、建设等部门协调推进项目、用地、资金、城乡建设规划等工作，与交通、商务、农业、林业、水利、文体、卫生等部门共同推进产业融合发展，与宣传、新闻出版、广电等部门联合开展宣传推介，与农业农村等部门共同开展旅游帮扶等，整合力量共同推动旅游帮扶工作。鼓励农村集体经济组织依法以集体经营性建设用地使用权入股、联营等形式与其他单位、个人共同开办旅游企业，修建旅游设施涉及改变土地用途的，依法办理用地审批手续。

·专　栏·

旅游扶贫要处理好几组关系

　　发展乡村旅游的探索，开拓了农民增收新途径，也激发了基层干部做好这项工作的热情和干劲。同时，我们也在思考，将乡村旅游这篇大文章写得更精彩，需要进一步处理好以下几方面关系。

——新与旧。乡村旅游的主体是城里人，吸引点是返璞归真、宁静休闲。从这一点上说，"返回去"往往就能"走出去"。如果大拆大建，跟风新潮，标新立异，乡村旅游也就失去了生命力。但是，乡村旅游服务的是人，如果在吃住行上一味守旧，又不能满足现代社会游客的需要。如何既创新，又保留乡土气息？还真要费思量。

——大与小。乡村旅游不是满汉全席，最忌大而全，要靠"一招鲜"。一些开发乡村旅游的村，随着游客增多便开始盲目扩张，没有规划或不按规划执行。还有些村子一开发就想高大全，引进大公司，投入大资金，开发大旅游。结果，好心办坏事，浪费和破坏了很好的资源。

——多与少。如果各具特色、互不干扰，一个地方有多个村子发展乡村旅游也无妨，正好连片打造。如果千村一面，复制抄袭，那"多"也是"少"。体量小的村子接待量有限，还要正确看待游客人数的多与少。应该形成良性循环机制，引导村与村、户与户实现互补和共赢。

——内与外。那些"久在深闺人未识"的村和保存较完好的村，有着得天独厚的乡村旅游资源。它们往往地处偏远，在发展起始阶段，摸着石头过河，开发只在村里打转转，埋头搞生产，坐等客上门。山中美景要宣传，村里留守的人又不熟悉新媒体传播手段和平台，乡村旅游怎样做到内外兼修，还需要很多条件。

——先与后。有些开发乡村旅游的村是先发展后规范，有的是边发展边规范，也有的先规范后发展，还有的先打品牌后完善产品。发展起步阶段那种游客一来镇村干部就上手搞接待的保姆式做法固然不可取，但如果本身没有力量，又难以找到市场化运作主体、难以引进专业团队经营，也是个大问题。

——去与留。乡村旅游是城市和农村、城里人和村里人各取所需的交汇点。如果说老的村落、房屋、街巷、物件是形式，村民的文化传统、吃住习惯、生产方式等就是内容。形式和内容必须兼而有之，不能单项选择。不管引多少资金、上多大项目，如果旅游开发中把农民搬迁走了，这还是乡村吗？这样的发展，与农民有什么关系呢？发展乡村旅游，要建立恰当的利益分配机制，让村民参与进来，有效激发他们开发乡村旅游的积极性和创造性，造福一方百姓。

资料来源：摘自《经济日报》2015年11月13日

（三）推进光伏帮扶，完善利益联结机制

山西要充分发挥光照资源充足、荒山荒坡广阔等优势，以光照条件好的脱贫县为重点实施光伏帮扶工程，以吕梁山、燕山—太行山两大连片地区为主战场，将光伏帮扶作为巩固拓展脱贫攻坚成果同乡村振兴有效衔接的超常规举措，继续按照市场化运作、企业化运营的方式，支持脱贫村、脱贫户建设村级、户用光伏电站，引导企业参与建设农光互补电站和地面集中帮扶电站，支持脱贫村增加集体经济收入，保障无劳动能力脱贫人口增收致富。

一是精准识别，确定光伏帮扶对象。各县级农业农村部门要以无集体经济收入或集体经济薄弱、资源缺乏的脱贫村为主，以建档立卡帮扶对象中的低保户，"五保户"，残疾、智障、大病等无劳动能力帮扶人口和受灾群众为重点，开展摸底调查，识别并精准纳入光伏帮扶范围。省、市农业农村部门要以县为单元，建立光伏帮扶人口信息管理档案，作为确定光伏帮扶工程规模、光伏帮扶资产收益扶持对象的重要依据。

二是因地制宜,选择光伏帮扶模式。鼓励各地及项目开发企业创新思路,统筹做好扶持到村与集中连片建设相结合,扶持到户与壮大集体经济相结合,根据各地条件选择适宜的光伏发电帮扶模式。因地制宜选择建设方式,根据脱贫户分布、土地资源、电网接入条件,因地制宜建设户用光伏、村级电站、光伏农业大棚和集中式光伏电站。发展村级小型光伏电站。利用脱贫村荒山荒坡等未利用土地、农业大棚或设施农业等,建设500千瓦以下的小型光伏电站。鼓励建设农光、牧光、林光互补等多种形式的小型光伏电站。村级小型光伏电站可根据财政投资、村集体及脱贫户自筹、土地租金等情况进行股份合作,发电收益扣除投资还贷、相应税金、运营费用、土地租金等外,首先保障参与折股的建档立卡脱贫户稳定增收,剩余部分可作为村集体公益性帮扶资金使用。搞好脱贫户户用分布式光伏发电。利用建档立卡脱贫户屋顶或院落空闲地,根据脱贫户的家庭状况和安装条件,安装5千瓦以下的户用分布式光伏发电系统,发电收益归脱贫户所有。建设集中式光伏电站。有条件的县(市、区)也可利用荒山荒坡等未利用土地、设施农业空闲棚顶等建设集中式光伏电站,土地租金、投资入股等收益统筹用于脱贫村或脱贫户增收致富。鼓励建设农光、渔光、牧光、林光互补等多种形式的光伏电站,提高土地综合利用效益。

三是市场运作,完善运营管理体系。光伏帮扶项目实施市场化运作、企业化运营管理的办法。要依法确定光伏帮扶电站的运维及技术服务企业,鼓励通过特许经营等政府和社会资本合作方式,选择具有较强资金实力、技术和管理能力的企业,承担光伏电站运营管理和技术服务。鼓励采取专业公司或依托企业地面集中电站"以大带小"统一运营管理的办法,担负县域内村级、户用光伏帮扶项目的建设施工、并网申请、电费结算、运营维护、统一购置商业保险等,确保光伏帮扶项目稳定运营、持续发展、长远受益。运维管理企业(专业公司)由政府通过招标或其他竞争性比选方式公开选择。运维管理和技术服务费用依据法律、行政法规规定和特许经营协议约定,从光伏帮扶电站项目收益中提取。

四是改造电网,确保光伏发电入网。电网企业为光伏帮扶项目接网和并网运行提供技术保障。光伏帮扶工程要采购经国家检测认证机构认证的先进设备,要选择具备资金实力、技术和管理能力的企业承担光伏帮扶工程建设和运维。村级、户用光伏帮扶项目接网工程优先纳入农村电网改造升级计划,集中式光伏帮扶电站项目接网工程纳入绿色通道办理,确保配套电网工程与光伏帮扶项目同时投入运行。电网企业要积极配合光伏帮扶工程规划和设计工作,按照工程需要提供基础资料,负责设计光伏帮扶项目的接网方案,承担接网及配套电网的投资和建设工作,制定合理的光伏帮扶项目并网运行和电量消纳方案,确保光伏帮扶项目优先上网和全额收购。

五是精准确权,制定收益分配办法。要制定和完善光伏帮扶收益分配管理办法,屋顶及院落安装的户用光伏发电系统产权归脱贫户所有,收益全部归脱贫户;财政资金为主建设的村级光伏电站,产权归村集体所有,村集体可持有一定股份,项目收益除偿还贷款和运营维护外,可按股份分红作为集体经济收入,其余多数收益分配给符合条件的无劳动能力脱贫户;县级政府指定的投融资主体与商业化投资企业合资建设的光伏电站,项目资产共有,收益按股份分成,投融资主体要将所占股份折股量化给脱贫村、脱贫户,脱贫村、脱贫户持股分红。

六是加强监管，保证工程建设质量。建立光伏帮扶工程技术规范和关键设备技术规范。光伏帮扶项目须采购技术先进、经过国家检测认证机构认证的产品，鼓励采购入选《工信部光伏规范公告》和达到领跑者技术指标的产品。系统集成商应具有足够的技术能力和工程经验，设计和施工单位及人员应具备相应资质和经验。光伏帮扶发电技术指标及安全防护措施应满足接入电网有关技术要求，并接受电网运行远程监测和调度。县级政府负责建立包括资质管理、质量监督、竣工验收、运行维护和信息管理等内容的投资管理体系，对光伏帮扶工程建设和运行信息进行监测管理。

· 专 栏 ·

山西光伏扶贫支持政策

——统筹落实项目资金。省级切块扶贫资金、其他涉农资金，可整合用于光伏扶贫项目建设资金投入。对村级和户用光伏扶贫电站，原则上按照20千瓦补贴10万元财政扶贫资金给予支持。村级、户用光伏扶贫电站可享受金融富民扶贫工程贷款支持，项目贷款省级扶贫资金按5%贴息，贴息年限按照扶贫贷款规定确定。集中式电站由县级政府指定的投融资主体与商业化投资企业共同筹措资本金，其余资金由国开行、农发行为主提供优惠贷款。支持以财政资金直接入股项目资本金和土地、林地等资源折价入股等方式，与企业合作建设光伏扶贫电站，股份收益重点用于贫困村集体经济收入和支持无劳动能力贫困户增加收入。各级扶贫开发投资公司要积极参与支持光伏扶贫。

——保障补贴资金发放。电网企业要按照国家有关部门关于可再生能源发电补贴资金发放管理规定，优先将光伏扶贫项目的补贴需求列入年度计划，优先确保光伏扶贫电站项目按月足额结算电费和领取国家补贴资金。

——完善土地支持政策。光伏扶贫项目实行优惠土地政策。对利用荒山、荒坡、盐碱地、戈壁、荒漠、荒草地等未利用土地建设光伏扶贫项目的，新增建设用地规划指标和年度计划指标给予适当倾斜。对不占压土地、不改变地表形态的用地部分，可按原地类认定，在年度土地变更调查时作出标注，用地允许以租赁形式取得，双方签订好补偿协议，报当地县级国土资源部门备案。对项目永久性建筑用地部分，应依法按建设用地办理手续。对建设占用农用地的，所有用地部分均应按建设用地管理。光伏扶贫项目依法办理建设用地征收手续后，可以划拨方式供地。对发电厂占地可采用租赁等多种方式有偿使用。

——尝试免税代开服务。参照财政部、国家税务总局《关于暂免征收部分小微企业增值税和营业税的通知》（财税〔2013〕52号）和《关于进一步支持小微企业增值税和营业税政策的通知》（财税〔2014〕71号），省税务局要协调国家对村级光伏扶贫电站电费收益，减免征收增值税。按照国家税务总局《关于国家电网公司购买分布式光伏发电项目电力产品发票开具等有关问题的公告》（国家税务总局公告2014年第32号）规定，对于个人和不经常发生应税行为的非企业性单位发电项目，税务部门应统一委托所在地电网企业营业部门（客服中心）代开普通发票，明确委托代征相关事宜，保障贫困村、贫困户利益最大化。

资料来源：根据相关资料整理

（四）深化电商帮扶，拓宽增收致富渠道

电商帮扶是近年来兴起的一种重要的帮扶方式，是信息技术与精准扶贫有机结合的产物。山西要进一步拓展农村电子商务服务站，提高农村电商服务水平，为巩固拓展脱贫攻坚成果同乡村振兴有效衔接开拓新模式。

一是加快电子商务网络布局。组织实施电商帮扶行动，加快脱贫县农产品电子商务体系建设，在县城建设电子商务服务中心，在行政村有电子商务服务点，保障脱贫户能通过电子商务平台销售自产特色产品或购买生产生活资料，打通"消费品下乡、农产品进城"的双向通道。积极开展电子商务进农村综合示范县创建工作，组织"山西品牌网上行"等展销活动，推进脱贫地区农产品销售和品牌培育。支持脱贫地区电商人才培养，对脱贫家庭开设网店给予网络资费补助、小额贷款等支持。

二是提升电子商务服务水平。支持各类经营主体、合作社等优质商家入驻、加盟乐村淘、农芯乐、阿里巴巴、京东商城、苏宁云商、供销e家等大型电商平台。推广"田头市场+电商企业+城市终端配送"等营销模式，引导龙头企业、专业合作社、家庭农场和能人大户等新型农业经营主体开辟脱贫地区特色产品网上销售专区，整合脱贫县名特优农产品资源，特别是有机、绿色、无公害、地理标志性农产品，采取原产地直供等多元化销售渠道，促进线上线下融合发展。开展电商用工帮扶，推动龙头电商企业到脱贫地区定向招工，优先招收建档立卡脱贫劳动力进入电商企业就业创业。鼓励支持有条件的省属企业联手打造整合集信息、交易、仓储、冷链物流于一体的农产品电子商务平台和大型物流园区，建立从产地到餐桌的直供合作联

盟，借势"一带一路"开展国际化经营，带动脱贫地区特色农产品"走出去"。

三是完善县乡村物流配送体系。整合线下服务网点及邮政、供销、交通等物流资源，推动快递物流企业与农村电商平台、农村客运班车合作，构建县级仓储配送中心、农村物流快递公共取送点，健全重要节点物流基础设施，改善城乡末端配送设施条件，完善农产品冷链物流体系，大幅提升脱贫地区农村物流水平，结合国家电子商务进农村综合示范项目，加快形成县乡村三级网络规模和示范效应，实现脱贫县村村通物流、通快递，解决脱贫地区农村物流"最后一公里"问题。

（五）拓展资金来源，扎实推进金融帮扶

积极拓宽融资渠道，创新金融衍生产品，加大金融支持力度，是有效解决脱贫户、脱贫县发展资金短缺问题的重要手段。要降低小额信贷投放门槛，有效对接脱贫户贷款需求，降低贷款门槛，扩大小额信贷覆盖面。要加大农业绿色信贷力度，重点支持生态农业、循环农业、功能农业等。要完善PPP帮扶开发机制，引导和鼓励各类企业，尤其是民营企业，加大对公益性设施、生态保护修复等方面的投入。要创新保险产品，对全省脱贫地区特色农产品实现保险全覆盖，脱贫户的保费可由政府统一缴纳，并探索开展区域产量保险和天气指数保险。要积极发行各类帮扶债券，引入社会资本支持帮扶工作。

分报告二
山西易地扶贫搬迁
政策研究

易地扶贫搬迁是打赢脱贫攻坚战的"头号工程"，是精准扶贫工程中最难啃的"硬骨头"，是中共中央、国务院为打赢脱贫攻坚战采取的超常规举措，是山西省委、省政府对"一方水土养不起一方人"地区摆脱贫困、实现跨越式发展采取的根本举措。

一、习近平总书记关于易地扶贫搬迁的重要论述

习近平总书记始终高度重视易地扶贫搬迁工作，在不同时点、不同场合都作出了重要指示。2012年12月，习近平总书记在河北调研时指出，有的地方实在是穷山恶水，可以整体搬迁，也可以分散移民，但一定要选好搬迁和移民的地点。2015年6月，习近平总书记在贵州调研时指出，要通过移民搬迁安置一批，对居住在"一方水土养不起一方人"地方的贫困人口，要实施易地搬迁，将这部分人搬迁到条件较好的地方，从根本上解决他们的生计问题，这样做还有利于这些地方的生态环境保护。2016年7月，习近平总书记在宁夏考察时指出，移民搬迁是脱贫攻坚的一种有效方式。要总结推广典型经验，把移民搬迁脱贫工作做好。2016年8月，习近平总书记在青海考察时指出，一定要把易地扶贫搬迁工程建设好，保质保量让村民们搬入新居。大家生活安顿下来后，各项脱贫措施要跟上，把生产搞上去。易地扶贫搬迁不仅要改善人居条件，更要实现可持续发展。2017年6月，习近平总书记视察山西时指出，整村搬迁是解决深度贫困的有效办法，要统筹解决好"人钱地房树村稳"七个问题。2018年2月，习近平总书记在打好精准脱贫攻坚战座谈会上指出，易地扶贫搬迁，国家投入的资金最多。目前，要重点防止为整体搬迁而搬迁，把不该搬的一般农户搬了，而应该搬的贫困户却没有搬。今后3年，要先把建档立卡贫困人口中需

要搬迁的应搬尽搬，同步搬迁的逐步实施。对目前不具备搬迁安置条件的贫困人口，要先解决他们"两不愁三保障"问题，今后可结合实施乡村振兴战略，压茬推进，通过实施生态搬迁和有助于稳定脱贫、逐步致富的其他搬迁，继续稳步推进。2020年3月，习近平总书记在决战决胜脱贫攻坚座谈会上指出，要加大易地扶贫搬迁后续扶持力度。全国易地扶贫搬迁960多万贫困人口，中西部地区还同步搬迁500万非贫困人口，相当于一个中等国家的人口规模。现在搬得出的问题基本解决了，下一步的重点是稳得住、有就业、逐步能致富。2021年2月，习近平总书记在全国脱贫攻坚总结表彰大会上指出，对易地扶贫搬迁群众要搞好后续扶持，多渠道促进就业，强化社会管理，促进社会融入。习近平总书记的重要讲话重要指示，为易地扶贫搬迁工作指明了前进方向、提供了根本遵循。

二、山西易地扶贫搬迁的发展历程

易地扶贫搬迁是精准扶贫、精准脱贫的重要内容。山西从1996年开始实施有规模的易地扶贫搬迁工程，推进力度之大，始终走在全国前列。

"十一五"期间，全省瞄准百人以下山庄窝铺的贫困群众，采取建设移民新村、小村并大村、分散迁移和城镇安置等方式，大力推进这项工作，取得了显著成绩。累计投入移民扶贫补助资金9.248亿元，移出百人以下山庄窝铺3701个，建设移民新村334个，完成移民搬迁5.8万户23万人，全省移民补助标准由人均2500元提高到4200元，其中80%左右的移民群众通过移民扶贫稳定解决了温饱问题，近5万移民群众的生活达到小康水平。

　　"十二五"期间，山西把加大力度推进易地扶贫搬迁作为向全省人民承诺办好的"五件实事"之一，多措并举，帮助群众跳"穷窝"、拔"穷根"。根据贫困地区实际，贫困县优先安排户籍人口150人以下贫困村实施易地扶贫搬迁计划。每年安排5亿元专项补助资金，以10万人口的规模加大力度扎实推进易地搬迁，全省累计搬迁贫困群众95.8万人，涉及1.2万个山庄窝铺。

　　"十三五"期间，全省搬迁建档立卡贫困人口36.2万，同步搬迁11万人，总搬迁人口47.2万，总规模排全国第九位。全省共建设集中安置区1122个、安置住房17.5万套，总面积1074.2万平方米，总投资约250亿元。从搬迁方式看，全省集中安置建档立卡贫困人口32.3万，占比89.1%，分散安置3.9万人，占比10.9%；从安置类型看，全省城镇安置建档立卡贫困人口24.6万人，其中县城安置18.6万人；全省800人以上的安置区共有120个，其中超过3000人的有18个。安置区配套新建或共享小学1049所、初中1044所、卫生室（站）1122个，基本实现教育、医疗保障全覆盖。全省整体搬迁深度贫困自然村3365个，旧房腾退拆除和复垦复绿工作圆满结束，符合条件的旧房腾退拆除率和复垦复绿率均达到100%。36.2万搬迁贫困群众全部实现脱贫。2020年，国家发展改革委组织易地扶贫搬迁评估核查验收，山西安置住房质量安全、搬迁群众就学就医条件、搬迁家庭"两不愁三保障"实现率和满意度均达到100%。2017年、2019年山西易地扶贫搬迁工作两度受到国务院表彰激励。2018年"六环联动"推进整村搬迁的做法受到国务院第五次大督查通报表扬。脱贫地区到处呈现出山庄窝铺搬出来、陡坡耕地退下来、荒山荒坡绿起来、光伏产业亮起来、电商旅游火起来、转移就业走出来、群众生活好起来的新景象。可以说，全省脱贫地区农村经历了一次伟大而深刻的历史性变革，堪称人类减贫史上的伟大壮举。

·专栏·

我国"十三五"易地扶贫搬迁的历史性成就

易地扶贫搬迁是针对生活在"一方水土养不起一方人"地区贫困人口实施的一项专项扶贫工程，目的是通过"挪穷窝""换穷业"，实现"拔穷根"，从根本上解决搬迁群众的脱贫发展问题。"十三五"期间，全国累计投入各类资金约6000亿元，建成集中安置区约3.5万个，其中城镇安置区5000多个，农村安置点约3万个；建成安置住房266万余套，总建筑面积2.1亿平方米，户均住房面积80.6平方米；配套新建或改扩建中小学和幼儿园6100多所、医院和社区卫生服务中心1.2万多所、养老服务设施3400余个、文化活动场所4万余个，960多万建档立卡贫困群众已全部乔迁新居，其中城镇安置500多万人，农村安置约460万人。

一是有效解决了"一方水土养不起一方人"地区近1000万贫困人口的脱贫发展问题，为打赢脱贫攻坚战、实现第一个百年奋斗目标作出了重要贡献。通过实施易地扶贫搬迁，让近1000万贫困群众从以前居住的土坯房、茅草房、危旧房搬进了宽敞明亮、安全牢固的新房，解决了他们的"两不愁三保障"问题，完成了"十三五"全国近1/5贫困人口的脱贫攻坚任务。搬迁群众完全脱离了生存环境恶劣的特定"贫困空间"，从根本上阻断了贫困的代际传递。

　　二是充分体现了经济、社会、生态等多方面的综合效益，为解决区域性整体贫困、促进脱贫地区高质量发展打下了坚实基础。在拉动经济发展方面，易地扶贫搬迁直接投资6000多亿元，加上撬动的地方财政资金、东西部扶贫协作和社会帮扶等资金，总投资超过1万亿元，有力拉动了贫困地区固定资产投资和相关产业的发展。推动中西部省份500多万人在城镇集中安置，城镇安置率达52%，西南地区部分省份城镇安置率超过90%，有效提升了贫困地区城镇化率，优化了城乡空间布局，为推进中国特色新型城镇化道路开辟了新空间。在促进社会发展方面，全面改善了贫困地区教育、医疗、文化等设施条件，促进了基本公共服务水平的大幅提升。在生态保护修复方面，各地共复垦复绿搬迁后的旧宅基地100多万亩，推动迁出区生态环境明显改善，不少因承载人口过多而使生态环境受到损害的贫困地区恢复了绿水青山，实现了脱贫攻坚与生态保护"一个战场、两场战役"的双赢。

　　三是有力彰显了中国特色社会主义制度集中力量办大事难事的巨大优势，为全球减贫事业贡献了中国智慧和中国方案。易地扶贫搬迁不仅是千万贫困群众在地理位置上的迁移，而且是生产生活方式的重建、城乡格局的重构和社会关系的重塑，更是中国共产党和中国政府集中力量帮助搬迁群众摆脱贫困、走向富裕的真实写照，是中华民族为人类文明作出的重大贡献，为其他国家类似地区的减贫和移民事业提供了重要借鉴。

　　资料来源：摘编自国务院新闻办公室官网

三、山西易地扶贫搬迁的主要做法

山西省委、省政府认真贯彻落实精准扶贫、精准脱贫基本方略，坚持"政府主导、群众自愿；量力而行、保障基本；因地制宜、科学规划；精确瞄准、创新机制；省负总责、市县落实"的要求，对居住在"一方水土养不起一方人"地方的建档立卡贫困人口和确需同步搬迁农户实施易地搬迁。

（一）精心编制易地扶贫搬迁规划

坚持规划引领，突出精准扶贫、分类扶持要求，科学编制全省"十三五"易地扶贫搬迁专项规划；各地专项规划要与县域经济社会发展、城乡建设、土地利用、产业发展、环境保护等规划相衔接。将"十三五"搬迁用地一次性规划、布局，分年度实施。依托县城、重点乡镇、中心村、产业园区、旅游景区及交通便利、水源安全的区域进行合理安置，选址应规避滑坡、泥石流等自然灾害隐患点。同步规划产业基地、产业园区、商贸物流、乡村旅游，充分考虑搬迁户的就业门路和产业发展。同步规划水、电、路、气、暖、通信等基础设施和教育、医疗、文化等公共服务设施。将旧村资源开发纳入整体规划，积极稳妥实施村庄撤并。安置点规划和住宅户型图样设计要征求群众意见，体现地方特色，兼顾残疾人的无障碍需求。

（二）采取集中与分散相结合的安置方式

对采煤沉陷区贫困村、地质灾害贫困村、重要水源地贫困村、农林交错区贫困村实施整村搬迁。在安置方面，主要采取集中安置和分散安置两种方式，做到因地制宜，统筹协调。

集中安置主要包括六种类型：（1）行政村内就近集中安置。依托靠近交通便利的中心村，引导本行政村内的搬迁对象就近集中安置。（2）建设移民新村集中安置。依托新开垦或调整使用的耕地，规划建设移民新村，引导搬迁对象就近集中安置。（3）依托小城镇或工业园区安置。结合新型城镇化建设，在县城、小城镇或工业园区附近建设集中安置区，安置周边有一定劳务技能、商贸经营基础的搬迁对象。（4）依托乡村旅游区安置。挖掘当地生态旅游、民俗文化等资源，因地制宜打造乡村旅游重点村或旅游景区，引导周边搬迁对象适度集中居住并发展乡村旅游。（5）依托已有配套设施安置。依托已有基础设施、公共服务设施以及空地、空置房屋等资源，由当地政府统一组织，回购空置房屋，配套相应耕地、商铺等资源安置部分搬迁对象，严格控制价格，享受有关优惠政策。（6）"五保"集中供养安置。属于农村"五保"对象的搬迁对象，实行集中安置和供养。集中安置的总体要求是工程项目要统一规划设计、统一组织建设。由县级政府或者乡镇政府，按照国家住房建设项目管理有关规定执行。中心村安置要整体规划建设，可拆除危旧住房，分期建设新房。集中安置小型规模可统规自建。集中回购安置由政府统一组织实施。本县域内安置水土资源难以承受的，可由市级统一规划，跨县建设集中安置区。

分散安置主要是货币安置。支持搬迁对象通过进城务工、投亲靠友等方式自行安置，给予易地扶贫搬迁货币化补助，迁出地和迁入地政府在户籍转移、社会保障、就业培训、公共服务等方面给予支持。搬迁农户自行购买住房的，由个人提供购房有效合同等证明材料，经搬迁村委统一申报，乡镇政府、县扶贫部门逐级审核确认。易地搬迁农户自行购买首套商品住房（含二手住房、中心村镇农村宅院），可凭县级房管部门或有资质的开发商出具的购房手续，二手住房、中心村镇农村宅院购房手续和乡镇政府出具的身份证明，享受分散安置补助。易地搬迁贫困户享受城镇居民购买保障性住房同等待遇，给予分散安置补助。分散安置的可跨县、跨市安置。

（三）统筹基础设施和公共服务建设

一是保证建筑质量。集中新建项目可由县级或者乡镇政府直接组织建设，也可由政府委托建设。突出建房安全、质量标准和技术指导，按照现行管理规定统规统建的工程项目，在政府全面监管的同时，组织搬迁群众代表全程参与日常施工监督；统规自建的工程项目，由政府组织技术人员进行技术指导监管，杜绝"豆腐渣"工程。

二是展现民俗乡村特色。各级政府必须注重项目建筑内部结构和外部风貌设计管理，结合地域文化传统和居民生产生活习惯，突出实用美观，彰显建筑风格，拒绝千篇一律。尊重自然生态，保留乡村特色风貌，打造山水相依的特色民居集聚区。

三是配套设施到位。基础设施、公共服务设施要配套；小城镇安置点要建设供暖、燃气、排水等设施；有条件的安置点要配置污水处理、垃圾处理、雨水收集设施，提升基础设施功能。移民新村要提升整体村容风貌，建设无害化卫生厕所。安置点要依托或配套建设医疗卫生、中小幼学校、商业超市、金融服务点、老年人日间照料中心、公共浴室、文化活动场所、村级组织工作室、停车场、物业用房等公共服务设施。要充分尊重民意，注重群众参与，及早制定住房分配方案。

（四）跟进产业就业管理措施

一是发展后续产业就业。凡是进城镇安置的贫困搬迁户，有劳动能力的，按照本人意愿组织参加职业培训，提供免费职业指导和就业介绍等服务，使每户至少有一人实现就业。符合就业困难人员条件的，提供公益性岗位托底安置等就业援助。依村搬迁安置的整体新村，同步规划部署产业项目，确保搬迁群众有产业、有就业、有收入、有股权、有保障。

二是明确帮扶政策措施。同步明确落实到村到户后续帮扶名单、帮扶措施、帮扶责任人，建立脱贫台账。各市、县农业部门负责将后续产业发展纳入"一村一品一主体"产业扶贫，与易地搬迁同步规划部署，确保群众搬迁后有就业机会。林业部门进一步掌握生态移民的底数和规模，将林业公益性岗位、养护岗位等与建档立卡搬迁人口精准对接。

三是创新社区组织管理。民政部门负责调整完善村级行政建制，财政部门负责调整完善农村税费改革转移支付费用。民政等部门及时组建移民安置点新的基层党组织及村（居）民自治组织，把安置点建成设施齐全、功能完善、环境优美、宜居宜业、管理科学的新农村、新社区，同步推进绿化、亮化、美化、净化工程。在城镇集中安置点主要实行城市社区治理，优先为贫困人口提供物业岗位；在农村大中型集中安置点逐步实行农村社区治理，小型安置点重点实行村民自治组织管理。

四是开发利用旧村资源。对旧村资源，培育壮大主导产业，宜林则林、宜农则农、宜牧则牧、宜旅游则旅游，引入社会资本，运用市场机制，有效推进生态林、经济林、农业、养殖园区、特色旅游等新的发展模式。优先扶持搬迁村退耕还林、光伏产业。精准瞄准搬迁贫困村、贫困户，配套建设村级光伏电站，建立完善光伏扶贫收益分配机制，重点帮助无劳动能力深度贫困人口兜底脱贫，支持搬迁贫困村增加集体经济收入。

（五）强化多元政策保障

一是强化财政和投资政策。坚持省级财政统筹，围绕全省"十三五"易地扶贫搬迁规划，积极整合交通建设、农田水利、土地整治、地质灾害防治、林业生态等支农资金和社会资金，支持安置区配套公共设施建设和迁出区生态修复。整合各类移民搬迁和各项涉农资金，特别是扶贫专项、移民搬迁、符合条件的危房改造、沉陷区治理、地质灾害治理、水库移民、生态移民、以工代赈、抗震改建等资金和安全饮水、土地开发、退耕还林等资金，搞好资金保障。市、县政府在财政可承受能力范围内安排预算资金，特别是充分利用城乡建设用地增减挂钩政策，土地出让形成的纯收益优先用于向投融资主体及项目实施主体购买易地扶贫搬迁服务。同时，支持县级财政加大中央及省、市财政涉农资金整合力度，统筹用于安置区配套基础设施建设。

二是强化金融政策。中国人民银行太原中心支行会同有关部门制定信贷资金筹措方案，指导信贷资金及时衔接落实，加强督促考核。易地搬迁户建（购）房可连续三年享受省级财政扶贫资金小额贷款贴息政策。鼓励和引导金融机构针对贫困地区产业发展特点和融资需求特征，创新开展股权、应收账款等抵质押贷款以及产业链融资业务，加大创业担保贷款、民贸民品贷款、扶贫小额信贷等信贷产品的实施力度，支持搬迁贫困户发展产业和就业创业；为符合条件的搬迁对象提供贴息贷款支持。

三是强化土地政策。吕梁、太行山两大连片特困地区的21个县、片区，15个国家扶贫开发重点县和开展易地扶贫搬迁的贫困老区，已批准的城乡建设用地增减挂钩周转指标在优先保障本县域范围内移民安置和生产发展用地的前提下，将部分节余指标在省域范围内挂钩使用。省国土资源厅按照全省易地扶贫搬迁年度计划任务，单列用地计划指标。使用城乡建设用地增减挂钩周转指标的，可随时上报实施方案，指标给予充足保障。支持市、县政府调整完善土地利用总体规划，确保易地扶贫搬迁建设用地需求。在城镇建设易地扶贫搬迁安置区，安置住房中涉及集体公租房、非营利性养老服务设施等符合国家划拨供地目录的建设项目通过划拨方式供地，其他建设项目、配套开发的商业设施用地按国家有关政策组织出让。建设移民扶贫安置区使用土地仍属于集体所有的，由所在地市级政府按程序办理农用地转用审批手续。

四是强化产业政策。移民新区、新村后续产业发展资金，结合资金整合和中央资金到位情况安排规划，由省级统一筹集。各级在安排土地整治工程和项目、生态恢复治理、水利灌溉、分配下达高标准基本农田建设计划和补助资金时，向迁出区倾斜。结合山区农业开发、退耕还林还草和扶贫政策，通过土地流转、专业合作社等方式，扶持搬迁户稳定发展。同时，优先安排整村推进、乡村旅游、小额贷款、教育扶贫、劳动力转移培训、互助资金等扶贫开发项目。中央及省住房、基础设施、公共事业设施建设补助结余部分可用于搬迁贫困户产业发展。支持财政扶贫资金股权改革，发展村集体经济。

五是强化资金管理政策。出台《山西省易地扶贫搬迁资金管理办法》，明确省、市、县各级资金筹集、拨付、使用、偿还等管理办法。县级设立易地扶贫搬迁共管账户，市级下达到县级的建房资金、统筹资金、贷款和群众自筹等建设资金全部集中到共管账户，利于使用、便于监管，防止挤占挪用，由县级财政部门、扶贫开发部门共同管理，共同签字核报。

六是强化市场开发政策。移民小区、新村建筑总面积的20%用于商业开发。从商业开发收益中安排资金用于旧村住宅拆迁补偿、政府还贷支出、贫困户资产收益等。支持搬迁安置点发展物业经济，增加搬迁户财产性收入。企业出资对易地搬迁旧村宅基地进行复垦的，优先列入城乡建设用地增减挂钩。建新地块的用地指标，在满足移民搬迁新区（村）安置及发展用地后，节约指标优先用于企业产业扶贫开发项目建设用地及企业其他投资项目建设用地。

七是强化税费减免政策。易地扶贫搬迁新建项目、集中回购小区享受保障性住房同等优惠政策，对易地扶贫搬迁项目涉及的城镇土地使用税、房产税、印花税、土地增值税、城市维护建设税、教育费附加、地方教育附加等税费，按照国家有关规定享受税费优惠政策。

四、山西易地扶贫搬迁存在的困难问题

近年来，山西深入推进易地扶贫搬迁工作，想贫困户之所想，急困难群众之所急，持续强化各类政策扶持，千方百计减轻搬迁群众负担，取得了明显成效，为全面打赢脱贫攻坚战奠定了坚实基础。纵观易地扶贫搬迁走过的路，我们不难发现，在实际工作中仍然存在着诸多问题和困难，需要在巩固拓展脱贫攻坚成果、实现脱贫攻坚与乡村振兴有效衔接中进一步研究解决。

（一）移民建房用地不足且审批难

建设用地指标不够、审批环节多、审批难是各地普遍反映的问题。按照现行法律政策规定，迁入安置地公共基础设施和群众住宅建设所使用的土地必须向国土部门依法申请和获批。但由于用地指标相对紧张，致使建设用地办理困难。建设用地审批周期时间长是制约扶

贫搬迁工程项目建设进度的重要因素之一，审批层级越高，逐级报审和审核材料所花费的时间必然越多，报批时间周期就会越长。加之因报批材料错漏、不齐等原因，无形当中又延长了审批周期。此外，安置搬迁群众需要必要的生产土地，而安置点村集体能够调整的土地资源有限，使农民赖以生存的土地得不到有效保证，从而进一步加大了易地扶贫搬迁的难度。

（二）搬迁安置费用相对不足

搬迁对象大都生活在偏远山区，许多农民的经济收入仅仅能够维持生活，基本没有积蓄，个别农民甚至连温饱都难以解决，特别是随着建筑材料价格、交通运输费用、人工劳务成本等持续增加，搬迁压力不断增大。虽然山西易地扶贫搬迁确定的补助标准有了较大提高，但相对于贫困程度较深的搬迁农户来说，明显存在着搬迁资金不足的问题。加之，先建后补的运行模式，导致部分搬迁群众尤其是深度贫困地区的群众陷入"想搬"但又"怕搬"的困境。

（三）易地搬迁资金滞留较为突出

在调研中发现，部分贫困县不同程度地存在扶贫资金滞留的问题，其主要原因有二。首先，搬迁政策与实际情况存在差异。比如，现行政策规定300人以下农村需要移民搬迁，就某县而言，全县294个村，500人以下的228个村，100~200人的村庄就有87个，全部实行搬迁移民不切实际。其次，项目资金下拨时间与施工期不一致。据反映，当年财政扶贫项目资金的下拨时间通常在11至12月份，这与项目建设的施工季节存在矛盾，导致项目的跨年度施工，一定程度上造成易地搬迁项目资金的滞留。

（四）后续产业发展难度较大

由于绝大多数搬迁群众长期处于贫困状态，家底薄、自身素质差成为主要特征。尽管搬迁后基本解决了住房和口粮问题，但苦于一无技术二没本钱，还缺创业创新的带头人，很难在短期内发展后续产业，增收渠道相对狭窄，缺乏稳定增收来源。

（五）搬迁对象指向不够精准

在搬迁的过程中，由于需要搬迁农户的思想观念、经济实力、经营能力和人口状况都不尽相同，往往是比较富裕的农户搬迁愿望最为强烈，并且想搬到城镇。为数不少的贫困农户虽有搬迁意愿，但是因为建不起房而无法搬迁，或搬迁后重新负债。因智力问题或是有重大疾病的农民更是没有能力搬。这和"首先解决生存条件最恶劣、贫困程度最深的贫困群众"政策导向存在一定偏差。

（六）旧宅基地腾退比较困难

移民搬迁后，开展宅基地腾退工作有利于实现土地综合利用。从调研情况看，全省的易地扶贫搬迁工作目标虽已完成，但无论是面上还是点上，入住率低仍然是易地扶贫搬迁的一个突出问题，分析原因主要有以下几个方面。首先，部分群众存在顾虑。一些群众故土难离，不愿离开长期居住的地方，不愿意拆老房子，不愿改变现有的生活习惯。土地离居住地较远，管理不方便，增加了种地成本。搬迁户从农村到县城，生活环境发生变化，他们对现居住地归属感不强。加之一些政策不明晰，在县城没有主人翁的自豪感，还有自身的心理障碍。其次，干部作风仍需改进。在个别谈话时发现，绝大多数干部有担当、有作为，但也存在少数干部主动深入基层不够、了解民情民意不够、政策宣传解释不够，认为对于贫困户，国家还花那么大的精力和金钱给他们建房，还要去做思想工作，群众又不积极、不主动，吃力不讨好，开始"打退堂鼓"，存在畏难情绪。再次，后续保障还需强化。从迁出地和搬入地走访情况看，群众不愿意搬迁的一个重要原因就是担心后续保障的问题。虽然政府部门已经考虑到了这些问题，但承包地、宅基地、山林地"三块地"的盘活和就业、就医、就学"三就"的问题仍需加快解决，进一步做实做深，让搬迁户吃下"定心丸"。

五、国内易地扶贫搬迁典型案例

"十三五"时期，贵州实施易地扶贫搬迁建档立卡贫困人口130万人，搬迁方式均为安置点集中安置，采取"县城集中安置为主、中心城镇安置为辅、鼓励跨区县搬迁"安置模式。基本经验概括如下：

（一）精准搬迁对象，确定补助标准

鉴于"一方水土养不起一方人"的实际困难，贵州对贫困发生率50%以上、50户以下的自然村寨优先实施整体搬迁。主要实行统规统建，对城镇安置的群众，按人均不超过20平方米建设新宅；对乡村安置的群众，按人均不超过25平方米建设新宅。在补助标准上，实行建档立卡贫困人口人均住房补助2万元；签订旧房拆除协议并按期拆除的，人均奖励1.5万元。

（二）组建开发公司，明确实施主体

贵州易地扶贫搬迁牵头实施部门是省水库和生态移民局，组建并成立了贵州扶贫开发投资有限责任公司，负责承接和使用国家专项建设基金、地方政府债、长期金融贷款等资金，为易地扶贫搬迁提供资金保障。2017年起，贵州全面推行项目法人县级负责制，所有安置点

项目全部由县级政府为工程实施主体，实施统规统建。

（三）签订土地协议，提高利用效率

对于宅基地，搬迁农户与政府签订协议，将宅基地交由省扶贫开发投资有限责任公司统一收储和省内占补平衡，收益用于偿还农户易地扶贫搬迁融资贷款；对于承包地、林地，农户可以保留自己耕种，可以自主流转，也可以按照300元／亩的价格交给省扶贫开发公司统一经营。

贵州易地扶贫搬迁工作在全国处于前列，对山西实施易地扶贫搬迁工作具有重要启示。

启示一：确定安置模式是重点。易地扶贫搬迁是从根本上解决好"一方水土养不起一方人"的治本之策。特别是对不少处于山区的地方来说，土地问题是易地搬迁安置面临的最大问题之一。贵州坚持依托城区、开发区和中心乡镇进行集中安置，将贫困山区的群众易地搬迁到城镇，让"村民"变"市民"，为他们就地从事加工、运输、商贸服务或外出打工创造条件。

启示二：加大资金投入是关键。易地扶贫搬迁离不开大量资金支持，贵州在保证国家各渠道资金使用到易地扶贫搬迁工程的同时，对建新拆旧给予大幅度的补助，部分市在省定补助标准的基础上额外补助，很大程度上避免了贫困户举债搬迁的问题。

启示三：后续就业安置是根本。"搬得出"只是实施易地扶贫搬迁的第一步，更为重要的是"稳得住、能脱贫"。贵州在脱贫就业上对接准、措施细，每个安置点内企业所需的招工岗位一目了然，每个进城安置搬迁户必须确保一人就业。坚持实施技术培训服务与推荐就业相结合，在提高就业能力的基础上切实解决好搬迁户的就业问题。

·专　栏·

贵州水城县开创易地移民搬迁"海坪模式"

作为国家深度贫困县，贵州水城县积极探索创新易地扶贫搬迁机制，按照"搬迁一个寨子，打造一个景区，发展一个园区，激活一个集镇，脱贫一批群众"的思路，将地处边远、自然环境恶劣等地区的贫困群众集中搬迁到旅游景区、产业园区、特色小镇、城市社区等发展条件较好的地方，成功打造出易地扶贫搬迁"海坪模式"。

一是高端规划"筑弘业"。立足打造"贵州彝族第一寨"的目标，水城县将坪寨乡、杨梅乡、玉舍镇等6个乡镇符合搬迁安置条件的建档立卡贫困户集中搬迁安置，打造出独具民族特色的海坪千户彝寨。围绕吃、住、行、游、购、娱六要素，着力强化顶层设计，坚持高端定位、高端规划，突出地域文化和彝族文化元素，使每一栋房屋都兼具农户居住、旅游度假、实体经营等功能。统筹规划建设希慕遮广场、彝族历史博物馆、土司庄园等标志性景点，将千户彝寨打造成全省一流、全国知名的民族旅游示范区，打造成为中国彝族的"朝圣"之地。

二是多元投资"建家业"。全面拓宽融资渠道，采取搬迁户与管委会合作建房的方式，整合上级补助资金、农户自筹资金和管委会投入资金，扩大建房面积，将安置后剩下的房屋作为搬迁农户与公司合作经营的旅游度假房，确保搬迁农户"搬得出、稳得住、能致富"。

三是公司帮扶"稳就业"。探寻"三变+易扶+民族文化+旅游"

发展路径。搬迁房按照旅游度假房来打造，建成后产权归农户所有，在确保搬迁群众人均住房满足使用的基础上，农户用剩余部分和一楼门面作为资产入股，由公司统一经营，经营收益按照入股房屋面积折价确定股比进行分红。公司将搬迁户房屋开发为超市、酒店、酒馆、民宿等。此外，管委会下属平台公司与海坪彝族传承人、当地彝族同胞成立六盘水彝源文化有限公司，发展弘扬彝族民族文化，吸纳和培养部分易地扶贫搬迁群众从事文艺演出，经营民族文化特色产业。

四是盘活资产"添实业"。对搬迁户原有的耕地，采取自行出租或转包、当地政府接收后再出租或转包、政府接收后作为生态林建设并进行生态补偿三种方式进行处理，形成资源的循环利用。同时，管委会发挥下属公司的平台作用，全面整合气候、文化、民俗等资源，将"三变"改革与生态旅游、特色小镇建设紧密结合起来，推动旅游扶贫，带动搬迁农户脱贫致富。

资料来源：摘编自《巩固拓展脱贫攻坚成果典型案例选编》

六、山西巩固拓展易地扶贫搬迁成果的政策建议

习近平总书记强调，做好易地扶贫搬迁后续扶持工作是实现搬迁群众"稳得住、逐步能致富"的重要举措。今后，山西要深入贯彻落实习近平总书记关于做好易地扶贫搬迁后续扶持工作重要指示精神，认真落实中共中央、国务院关于实现巩固拓展脱贫攻坚成果同乡村振兴有效衔接的重大决策部署，持续巩固拓展易地扶贫搬迁成果，努力实现脱贫地区易地搬迁群众在产业上获得新发展、在就业上实现新突

破、在增收上迈上新台阶。

（一）做优做强特色产业，推进乡村旅游发展

积极将易地扶贫搬迁安置点产业发展纳入山西产业发展相关规划，支持有条件的大中型安置点新建配套产业园区、农产品仓储保鲜冷链基地。要开发利用好搬迁群众原有承包地等资源，支持小微型安置点和分散搬迁群众积极发展特色种养、经果林、中药材等特色产业以及农林畜产品加工等产业。积极引导新型经营主体参与搬迁群众原承包地流转和规模化经营，建立有效完善的利益联结机制，推进农村资源变资产、资金变股金、农民变股东。逐步建立省、市、县、乡农技推广人员和"土专家"联系帮扶搬迁户工作机制，"一对一"开展技术指导，筑牢产业发展的科技保障。在此基础上，要深度挖掘安置区周边的自然风光、历史文化、民俗风情等特色优势资源，大力发展乡村旅游产业，壮大观光农业、休闲农业、健康养生等新产业新业态，促进农村一二三产深度融合，提高搬迁群众增收能力。

（二）支持自主创新创业，拓宽群众就业渠道

搬迁群众的就业水平是检验易地扶贫搬迁工作成败的关键指标。一是加强对外劳务输出。在完善建档立卡搬迁群众就业情况动态监测和预警机制的基础上，坚持以省外经济发达地区和周边省份为重点，着力发展劳务经济。当地政府要为搬迁劳动力提供岗位推介、职业指导、组织输出、权益维护等服务，进一步提高搬迁群众外出就业的专业化、品牌化、市场化程度。二是拓展就近就业渠道。积极引导当地企业和用人单位吸纳搬迁劳动力，按规定给予一次性吸纳就业补助。对于签订劳动合同并参加城镇职工社会保险的，给予社会保险补贴。三是提供公益性岗位援助。在实施政府投资项目、基础设施建设、农

村人居环境改善、基层社会治理、生态建设等方面，进一步统筹开发公益性岗位，为搬迁群众特别是弱劳动力、半劳动力等特殊群体提供就业援助。四是支持搬迁群众自主创业。要大力支持安置点配套创业园区、创业孵化基地建设，引导具备创业能力和创业意愿的搬迁群众优先入驻，并在场地租金、经营费用等方面给予一定优惠。加强创业担保贷款支持，对返乡入乡创业人员担保贷款给予贴息支持。

（三）完善配套基础设施，提升公共服务水平

加快迁入地基础设施建设、提高公共服务水平是事关长远发展的重要任务。一是统筹规划配套建设。结合新型城镇化要求，将安置点基础设施和基本公共服务设施一体规划、协同推进，加快补齐短板弱项，加快推进易地扶贫搬迁人口市民化进程。二是配套设施提档升级。统筹考虑安置点规模、人口结构和未来发展需要，按照"规模适宜、功能齐全、投资合理"的原则，积极提升安置区基础设施。支持城镇安置区供排水管网、垃圾污水处理等设施提档升级，加快推进电、气、通信等设施建设，积极推动安置区与交通干线连接更加便捷。安置区已建成的配套基础设施纳入迁入地统一管理，落实维护管理责任。三是提升公共服务水平。及时做好信息调查，掌握搬迁群众基本信息情况，结合安置区需求积极推进安置点社区基本公共服务体系建设，加大幼儿园、中小学、医院、养老机构等建设力度，完善提升社区服务中心、综合性文化场所、大众健身全民健康等公共服务功能，确保搬迁群众与迁入地群众平等共享公共服务资源。

（四）加大财政支持力度，完善金融扶持政策

发挥财政资金主导作用，将符合条件的易地扶贫搬迁安置点后续建设相关项目纳入地方债券支持范围。统筹财政相关专项资金，继续

支持安置点基础设施和公共服务设施提质升级。积极争取国家开发银行、中国农业发展银行等政策性金融机构对易地扶贫搬迁后续产业项目给予政策优惠和融资支持。支持商业金融机构结合自身业务优势，结合易地搬迁后续发展需求，创新金融产品，加大信贷投入。积极推动易地扶贫搬迁后续发展融资项目，积极整合有关资源和项目资金，带动金融资金、社会资本等支持易地扶贫搬迁后续发展。

（五）保障群众合法权益，促进协调融合发展

切实维护搬迁群众基本权益，依法依规保障搬迁群众迁出地各类权益，确保能继续享受政策期限内的迁出地承包地山林地的退耕还林等各类补贴和生态补偿等权益。城乡建设用地增减挂钩拆旧复垦产生的指标优先保障后续扶持项目用地。全面落实搬迁群众应享参保优惠及医疗保险、养老保险、城乡低保等有关政策，做好各类社会保障政策转移接续，不得因搬迁影响群众相关社会保障权益。持续做好社会救助兜底保障，健全低收入人口动态监测机制，及时将搬迁后符合条件的人员纳入最低生活保障范围或特困人员供养范围，对搬迁后出现突发性、紧迫性、临时性生活困难的人员按规定及时给予临时救助。

· 专 栏 ·

处理好易地扶贫搬迁的重要关系

在移民搬迁的政策制定上，要把握和处理好"七个结合"的关系。

一是坚持政府主导与群众自愿相结合。要充分发挥政府在政策制

定、规划编制、资源整合、组织协调等方面的主导作用，以群众是否愿意为依据，对不愿搬迁户，不强迫命令，同时在搬迁对象、安置去向和安置方式的确定上充分听取群众意见。对符合搬迁条件的群众，按照自愿申请，进行有序搬迁，避免因不符合群众意志而引发的矛盾，减少社会不稳定因素。

二是坚持量力而行和保障基本相结合。要严格控制安置住房面积，同步统筹建设基础设施和公共服务设施，增强城镇集聚产业、承载人口、辐射带动区域发展的能力，保障搬迁对象生产生活基本需要。

三是坚持绿色发展与新型城镇化相结合。把易地扶贫搬迁与推进新型城镇化、美丽乡村、生态文明建设有机结合起来，加大迁出区和安置区生态建设与保护，实现可持续发展。坚持集约用地，以全省和县城规划建设的重点镇为主要安置地。

四是坚持搬迁与产业发展相结合。城镇易地扶贫搬迁安置区，要与当地劳动密集型产业园区建设相结合，与发展二、三产业相结合，化农为工。积极发展非农产业，统筹考虑安排搬迁户数与就业岗位，力争消除"零就业"家庭；重点乡镇安置的移民，建房工程与产业开发项目同步安排实施，切实满足搬迁贫困户就业创业需求。

五是坚持搬迁与旧村开发、村庄撤并相结合。科学规划开发利用旧村宅基地和土地，按照不同的开发形式，分步拆除旧村山庄窝铺，建设规模种植园区、养殖园区；实施宜林宜草开发和恢复性生态保护建设；引入市场机制，发展乡村旅游。切实解决行政村过小、过散问题，聚集整合资源，调整配置生产要素。

六是坚持搬迁与社会保障相结合。根据建档立卡贫困人口分类认定情况，做好迁出村老龄人口、救助对象、残疾人的安置和供养工作，落实新型农村社会养老保险、农村低保、"五保"供养、新型农村合作医疗，保障标准要与经济社会发展水平相适应，建立健全科学合理的保障标准调整机制。

资料来源：根据相关资料整理

分报告三
山西生态脱贫
政策研究

　　生态脱贫就是在新发展理念的指导下，将精准脱贫与生态保护有机结合，统筹经济效益、社会效益、生态效益，以实现贫困地区绿色发展和可持续发展的脱贫方式。党的十八大以来，以习近平同志为核心的党中央高度重视生态脱贫工作，要求把发展林业作为全面建成小康社会和深度贫困地区脱贫攻坚的重要内容，把生态脱贫作为精准扶贫、精准脱贫的重要途径。习近平总书记关于生态脱贫的一系列重要指示批示，思想深邃、内容丰富，是新时代扶贫开发战略思想的重要组成部分，是做好生态脱贫攻坚的行动指南和根本遵循。

　　山西积极贯彻落实习近平生态文明思想，根据实际情况，因地制宜，宜林则林，宜草则草，宜牧则牧，坚定不移地把生态建设与脱贫攻坚紧密结合起来，大力实施林业"六大工程"，联动推进生态扶贫"五大项目"，组织群众治山兴林，依靠生态带贫减贫，推进全省林业发展走上了一条增绿与增收、生态与生计有机统一、互促共赢的良性发展之路。

一、生态脱贫的理论政策基础

　　生态脱贫是打赢脱贫攻坚战的重要法宝之一，有着深厚的理论基础和政策基础。生态脱贫理论从根本动力、深层本质、基本方法的维度回答了"为了谁""做什么""怎么做"三个问题，将马克思主义认识世界、改造世界的理论精华内化为生态脱贫制度体系建设，成为中国特色扶贫开发理论和实践的重要组成部分。

（一）生态脱贫的理论基础

　　近年来，理论界和学术界不断深化对生态脱贫的理论研究探讨，取得了一些重要进展。

一是关于"生态扶贫"概念内涵的界定。"生态扶贫"一词最早出现在《人民日报》刊发的《生态扶贫（新词·新概念）》，并将生态扶贫界定为：从改变贫困地区的生态环境入手，加强基础设施建设，改变贫困地区的生产生活环境，使贫困地区实现可持续发展的一种新的扶贫方式。这一基础性概念为学者进一步探讨"生态扶贫"的概念内涵奠定了基础。李广义认为应该从生态文明视角来界定"生态扶贫"的范畴，黄金梓基于国家精准扶贫、精准脱贫基本方略的视角提出"精准生态扶贫"的概念。二是关于生态与贫困的关联性研究。李周和孙若梅认为，中国生态脆弱区中有75.92%的县份为国家级贫困县，67.96%的耕地面积处于贫困区域内，75.86%的人口为建档立卡贫困户；王晓毅针对生态、贫困和扶贫三者之间的关系作出了较为系统的论证；万健琳和杜其君从经济、生态与民生的耦合路径维度解析了生态扶贫的内在逻辑。三是关于生态产业扶贫体系建构的研究。刘慧和叶尔肯·吾扎提从生态产业发展的维度提出构建生态化产业体系，具体涵盖低碳工业、生态农业和生态旅游业三大模块。四是关于生态补偿式扶贫的研究。徐丽媛和郑克强运用博弈论对"生态补偿式扶贫"进行论证，认为做好生态补偿式扶贫需要从思想观念、机制建设、资金支持等方面构建起有保障的长效机制。五是关于生态扶贫绩效评估的研究。张涛等围绕"生态移民综合效益评价"构建出相对完整的理论体系，贾耀锋从微观层面对生态移民评估对象、评估区域、评估内容和评估方法进行系统的概述。六是关于生态扶贫模式的理论研究。胡振通和王亚华系统阐释了生态扶贫的理论创新和实践路径，雷明将生态扶贫的模式划分为原地生态扶贫模式和易地生态扶贫模式两类，史玉成从类型化视角将生态扶贫模式归纳为生态补偿扶贫、生态建设扶贫、生态产业扶贫，王萍和杨敏提出构建新时代农村生态扶贫的"政府—社会—市场"多元协同机制。

·专栏·

生态扶贫的理论基础

生态扶贫作为一种新的理论，并不是凭空产生的，它有着丰富的实践历程，是在多种理论的基础之上发展起来的。

一是马克思主义发展观。马克思认为人与自然是一个统一的整体，在这个整体中，人与自然既相互斗争又相互协调，处于既对立又统一的关系中。"人是自然界的一部分"，自然"是我们人类赖以生长的基础"，在社会发展过程中不能忽视人与自然的关系。生态马克思主义深刻地论述了资本对自然的破坏，科学指出了解决人与自然冲突的社会制度基础，这为中国特色社会主义生态扶贫理论的形成奠定了哲学基础。生态扶贫注重生态保护基础上的脱贫和发展，强调贫困人口的全面发展，是马克思主义发展观中国化的发展实践。邓小平认为"社会主义的本质，是解放生产力，发展生产力，消灭剥削，消除两极分化，最终达到共同富裕"。因此，生态扶贫既是中国全面建成小康社会的重要手段，同时也是中国特色社会主义的内涵组成与本质要求。

二是基于多元贫困的亲贫困增长理论（又称益贫式增长理论）。随着对贫困原因及其特征认识的深化，许多学者逐渐意识到贫困是多维的，致贫原因也是多种多样的，发展经济不是唯一的减贫方式。因此马丁·拉瓦林（Ravallion Martin）正式提出亲贫困增长理论，具体指能够使贫困群体参与经济活动并从中得到更多好处的经济增长。生态扶贫理论就是基于亲贫困增长理论瞄准穷人，意识到经济增长是减少贫困的必要而不是充分条件，解决贫困问题不仅仅看经济增长的结果，还要看增长的性质，看贫困群体能从经济增长中分享到多少好处和什么样的好处，认为只有通过提高对贫困地区以及贫困人口的瞄准精度，提高扶贫资源配置效率，才能最终实现经济增长、生态增强、农民增收的共享式发展。

三是绿色增长理论。绿色增长的概念最早是由Murgai于2001年提出，2005年经合组织（OECD）将绿色增长定义为"在防止代价昂贵的环境破坏、气候变化、生物多样化丧失和以不可持续的方式使用自然资源的同时，追求经济增长和发展"，目的就是纠正传统增长理论强调经济的快速增长而忽视为实现经济增长而造成的环境破坏，遏制损害环境的生计行为。绿色增长理论下的绿色扶贫意为有利于减贫的绿色增长，强调促进贫困地区的绿色发展，要从单纯追求经济增长转为追求与生态结合的整体发展，从单纯追求物质发展转为人的全面发展，从而实现全面脱贫。这与生态扶贫理论的基本内核是一致的，为生态扶贫的实践转向与理论发展提供了借鉴。

四是可持续发展理论。1987年，以挪威首相布伦特兰为主席的联合国世界与环境发展委员会发表了一份报告《我们共同的未来》，报告中第一次将环境问题与贫困问题联系在一起，正式提出可持续发展概念，并以此为主题对人类共同关心的环境与发展问题进行了全面论述，受到世界各国政府组织和舆论的极大重视，在1992年联合国环境与发展大会上可持续发展纲领成为与会者共识。可持续发展理论的最大贡献就是，消除贫困不仅要注重人所依存的自然与社会的发展，还包含人自身（生理、心理、文化等）的发展，充分考虑到贫困、环境破坏、欠发达状态下的累积的因果关系，并对后工业阶段的"增长"（growth）与"发展"（development）概念进行了反思。可持续发展理论的提出，不但为人类的近期发展与长期发展指明了方向，也为生态扶贫的理论形成提供了契机和支撑。

资料来源：摘自颜红霞、韩星焕《中国特色社会主义生态扶贫理论内涵及贵州实践启示》

（二）生态脱贫的政策综述

中国特色社会主义进入新时代，以习近平同志为核心的党中央提出了具有全局性、整体性、系统性的绿色发展理念和扶贫开发重大战略，并从生态与经济、生态与生产力、生态与民生维度揭示出新时代生态文明建设与脱贫攻坚的逻辑联系。2015年，《中共中央 国务院关于打赢脱贫攻坚战的决定》中提出"把生态保护放在优先位置，扶贫开发不能以牺牲生态为代价，探索生态脱贫新路子，让贫困人口从生态建设与修复中得到更多实惠"的思路。2018年，中共中央、国务院印发《关于打赢脱贫攻坚战三年行动的指导意见》，强调要加强生态扶贫，创新生态扶贫机制，加大贫困地区生态保护修复力度，实现生态改善和脱贫双赢。在国家宏观战略指导下，国家发展改革委、国家林业和草原局、财政部、水利部、农业农村部、国务院扶贫办共同制定了《生态扶贫工作方案》，明确"绿水青山就是金山银山"的生态扶贫发展理念，通过实施重大生态工程建设，加大生态补偿力度，大力发展生态产业，创新生态扶贫方式，推动贫困地区扶贫开发与生态保护相协调，脱贫致富与可持续发展相促进，使贫困人口从生态保护与修复中得到更多实惠。同时，生态环境部出台《关于生态环境保护助力打赢精准脱贫攻坚战的指导意见》，围绕生态扶贫的基本思路、主要形式、战略目标、重点任务、保障机制等方面进行了整体性部署。至此，中国生态扶贫形成了科学系统的宏观战略和微观政策，标志着生态扶贫理论由实践探索走向成熟。

我国通过参与工程建设获取劳务报酬、生态公益性岗位得到稳定的工资性收入、生态产业发展增加经营性收入和财产性收入、生态保护补偿等政策增加转移性收入等四种途径，助力贫困人口脱贫。国家通过加强退耕还林还草、京津风沙源治理等11项重大生态工程建设，加强贫困地区生态保护与修复，工程项目和资金安排进一步向贫困地区倾斜，提高贫困人口受益程度。其中，退耕还林还草工程新增退耕还林还草任务向中西部22个省（区、市）倾斜，贫困县符合现行退耕政策且有退耕意愿的耕地全部完成退耕还林还草；京津风沙源治理工程推进工程范围内53个贫困县（旗）的林草植被保护修复和重点区域沙化土地治理，安排营造林315万亩，吸纳贫困人口参与工程建设；天然林资源保护工程以长江上游、黄河上中游为重点，加大对贫困地区天然林资源保护工程建设支持力度；三北等防护林体系建设工程优先安排三北、长江、珠江、沿海、太行山等防护林体系建设工程范围内226个贫困县的建设任务，完成营造林1000万亩；石漠化综合治理工程重点支持滇桂黔石漠化区、滇西边境山区、乌蒙山区和武陵山区等贫困地区146个重点县的石漠化治理工程，完成岩溶治理面积1.8万平方公里；沙化土地封禁保护区建设工程推进贫困地区沙化土地封禁保护区建设，优先将贫困县498万亩适宜沙地纳入工程范围；湿地保护与恢复工程在贫困地区的国际重要湿地、国家级湿地自然保护区，实施一批湿地保护修复重大工程。特别是在生态产业扶贫上，国家大力发展生态旅游业、特色林产业和特色种养业。大力发展生态旅游业，在贫困地区打造具有较高知名度的50处精品森林旅游地、20条精品森林旅游线路、30个森林特色小镇、10处全国森林体验和森林养生试点基地等，带动200万贫困人口依托森林旅游实现增收；积极发展适合在贫困地区种植、市场需求旺盛、经济价值较高的木本油料、特色林果、速丰林、竹藤、花卉等产业，建设林特产品标准化生产基地，大力发展林下中药材、林下养殖、高产饲草种植、草食畜牧业等产业，积极引导贫困人口参与特色种养业发展。

表1　国家生态脱贫政策摘要

时间	文件	生态扶贫相关论述
1994年3月	《中国21世纪议程》	在贫困地区从青少年开始普及生态环保知识，培养其节约资源、清洁生产、绿色消费意识，为推行生态扶贫奠定思想基础。
1994年3月	《国家八七扶贫攻坚计划》	提出贫困县的普遍特征是生态失调，在扶贫任务中加入了改善生态环境的内容。
2001年6月	《中国农村扶贫开发纲要（2001—2010年）》	扶贫开发必须与资源保护、生态建设相结合，实现资源、人口和环境的良性循环，提高贫困地区可持续发展能力。
2001年11月	《中国农村扶贫开发的新进展》	将扶贫与可持续发展战略结合，扶贫开发与水土保持、环境保护、生态建设相结合。

续表

时间	文件	生态扶贫相关论述
2011年12月	《中国农村扶贫开发纲要（2011—2020年）》	在贫困地区继续实施重点生态修复工程，建立生态补偿机制，并重点向贫困地区倾斜，加大重点生态功能区生态补偿力度，重视贫困地区的生物多样性保护。
2013年11月	中共十八届三中全会	完善对重点生态功能区的生态补偿机制，推动地区间建立横向生态补偿制度。
2015年11月	《关于打赢脱贫攻坚战的决定》	牢固树立绿水青山就是金山银山的理念，把生态保护放在优先位置，扶贫开发不能以牺牲生态为代价，探索生态脱贫新路子，让贫困人口从生态建设与修复中得到更多实惠。
2015年12月	中央扶贫开发工作会议	提出扶贫开发"五个一批"：发展生产脱贫一批、易地搬迁脱贫一批、生态补偿脱贫一批、发展教育脱贫一批、社会保障兜底一批，全方位解决贫困问题。
2016年11月	《国家"十三五"脱贫攻坚规划》	加大生态保护修复力度，建立健全生态保护补偿机制。
2017年6月	深度贫困地区脱贫攻坚座谈会	对生态环境脆弱的禁止开发区和限制开发区群众增加护林员等公益性岗位。
2018年1月	《生态扶贫工作方案》	坚持扶贫开发与生态保护并重，推动贫困地区脱贫致富与可持续发展相促进。
2018年6月	《打赢脱贫攻坚战三年行动的指导意见》	加大对贫困地区天然林保护工程建设支持力度，推进贫困地区低产低效林提质增效工程，深化贫困地区集体林权制度改革。
2018年12月	《关于生态环境保护助力打赢精准脱贫攻坚战的指导意见》	集中力量支持深度贫困地区脱贫攻坚，协同处理好发展和保护的关系，促进解决区域性整体贫困。让贫困地区、贫困人口从生态环境保护中稳定收益，建立生态环境保护扶贫大格局。

·专　栏·

国家生态扶贫工作的目标和途径

我国生态扶贫工作目标：到2020年，贫困人口通过参与生态保护、生态修复工程建设和发展生态产业，收入水平明显提升，生产生活条件明显改善。贫困地区生态环境有效改善，生态产品供给能力增强，生态保护补偿水平与经济社会发展状况相适应，可持续发展能力进一步提升。力争组建1.2万个生态建设扶贫专业合作社［其中造林合作社（队）1万个、草牧业合作社2000个］，吸纳10万贫困人口参与生态工程建设；新增生态管护员岗位40万个（其中生态护林员30万个、草原管护员10万个）；通过大力发展生态产业，带动约1500万贫困人口增收。

其主要途径包括：

一是通过参与工程建设获取劳务报酬。推广扶贫攻坚造林专业合作社、村民自建等模式，采取以工代赈等方式，组织贫困人口参与生态工程建设，提高贫困人口参与度。政府投资实施的重大生态工程，必须吸纳一定比例具有劳动能力的贫困人口参与工程建设，支付贫困人口合理的劳务报酬，增加贫困人口收入。

二是通过生态公益性岗位得到稳定的工资性收入。支持在贫困县设立生态管护员工作岗位，以森林、草原、湿地、沙化土地管护为重点，让能胜任岗位要求的贫困人口参加生态管护工作，实现家门口脱贫。在贫困县域内的国家公园、自然保护区、森林公园和湿地公园

等，优先安排有劳动能力的贫困人口参与服务和管理。在加强贫困地区生态保护的同时，精准带动贫困人口稳定增收脱贫。

三是通过生态产业发展增加经营性收入和财产性收入。在加强保护的前提下，充分利用贫困地区生态资源优势，结合现有工程，大力发展生态旅游、特色林产业、特色种养业等生态产业，通过土地流转、入股分红、合作经营、劳动就业、自主创业等方式，建立利益联结机制，完善收益分配制度，增加资产收益，拓宽贫困人口增收渠道。在同等质量标准条件下，优先采购建档立卡贫困户的林草种子、种苗，增加贫困户经营性收入。

四是通过生态保护补偿等政策增加转移性收入。在安排退耕还林还草补助、草原生态保护等补助资金时，优先支持有需求、符合条件的贫困人口，使贫困人口获得补助收入。

资料来源：摘自国家六部委联合印发的《生态扶贫工作方案》

国家生态扶贫重点任务

党的十八大以来，国家林业和草原局和各级林业部门紧紧围绕习近平总书记"生态补偿脱贫一批"的重要指示精神，在国务院扶贫办支持指导下，科学谋划和大力推进林业扶贫工作。

一是造林任务向贫困地区集中倾斜。深入实施新一轮退耕还林、防护林建设、防沙治沙、石漠化治理等重大生态修复工程，将全国2/3

以上的造林绿化任务安排到贫困地区，积极指导退耕贫困户发展适宜种植的经济林，以增绿促增收。

二是选聘了一批贫困人口生态护林员。以集中连片特困地区为重点，以具有一定劳动能力，但又无业可扶无力脱贫的贫困人口为对象，选聘28.8万生态护林员，使百万人稳定增收和脱贫。

三是连续提高了生态补偿标准。从2015年起，连续3年将天保工程区国有林管护费和国有国家级公益林补助费，从5元提高到6元，再提高到8元、10元。

四是林业特色产业扶贫取得积极进展。积极引导贫困地区发展木本油料、国家储备林、森林旅游、林下经济等生态产业，实现山上创业、山上增收。

五是创新了林业资产收益扶贫机制。深化集体林权制度改革，充分挖掘27亿亩集体林地潜力，加快建立集体林地"三权分置"运行机制，依托林地林木增加财产性、经营性收益。深入贯彻落实习近平总书记扶贫开发重要战略思想，以深度贫困地区为重点，创新林业扶贫机制与模式，强化支撑保障，大力抓好林业生态扶贫、产业扶贫、金融扶贫、科技扶贫，将资源优势变为增收优势，将行业优势转化为帮扶优势，推进林业扶贫工作再上新台阶。

六是大力推进合作造林扶贫。借鉴"山西模式"，在造林任务重的深度贫困地区，推广建立6000个造林扶贫专业合作社，优先安排造林绿化任务和建设资金，吸纳20万左右贫困人口参与造林、抚育。国家新增退耕还林任务要优先安排给深度贫困地区符合条件的建档立卡贫困户，集中投入确保实效。

七是大力推进生态管护扶贫。进一步完善深度贫困地区生态管护

扶贫政策机制，吸纳贫困人口参与巡山护林、资源管护等劳动，新增生态护林员要集中安排到深度贫困地区。

八是大力推进林业产业扶贫。做大做强深度贫困地区具有比较优势、带动力强的产业项目，把贫困人口纳入产业发展链条，保障贫困人口前期获得可观的土地流转、劳务等收益，后期获得稳定的经营、分红等收益。

资料来源：根据相关资料整理

二、山西生态脱贫的经验做法

生态脱贫是山西实现特色减贫路上的最大政策。自脱贫攻坚战打响以来，山西认真践行"绿水青山就是金山银山"发展理念，紧紧围绕增绿增收两条主线，依托生态建设式扶贫、生态补偿式扶贫、生态产业式扶贫、生态搬迁式扶贫四种模式，联动实施造林绿化务工、退耕还林奖补、森林管护就业、经济林提质增效和特色林产业增收五大项目，实施林业生态扶贫PPP项目，把建设绿水青山的过程变成带动贫困群众增收致富的过程，在"一个战场上"同时打赢脱贫攻坚和生态治理"两个攻坚战"，走出一条统筹生态生计、协调增绿增收的生态脱贫之路，为全国生态扶贫提供了"山西方案"。2017年6月，习近平总书记在山西视察期间，对在"一个战场上"打赢脱贫攻坚和生态治理"两个攻坚战"的做法给予肯定，鼓励我们坚持下去，不断取得实效。2017年，国家林业局、国务院扶贫办在山西召开全国林业扶贫现场会，国家林业局、国家发展改革委、国务院扶贫办联合下发通知，推广山西造林扶贫攻坚合作社模式，生态脱贫为全国脱贫攻坚

提供了"山西方案"和"山西路径"。2020年，山西生态脱贫工作再次获得国家林草局通报表扬。

（一）以造林绿化务工推进生态脱贫

实施重点生态建设工程，创新林草生态建设参与机制，组建扶贫造林合作社承揽贫困县造林任务。坚持以扶贫攻坚造林专业合作社为抓手，扎实推进造林绿化，推进落实社员进退机制、议标落实机制、劳务发放机制、质量监管机制、培训服务机制、成效考核机制等"六大"机制，规范完善扶贫攻坚造林专业合作社运行管理，将贫困县的造林任务通过议标的方式全部安排给造林合作社实施，确保建档立卡贫困人口在造林过程中获得劳务性收入。鼓励造林合作社承揽经济林提质增效、森林抚育、森林管护等林业工程项目，扩大合作社经营范围，积极参与林业资产性收益，实现造林合作社由单一造林向造林、管护、经营一体化方向发展，确保贫困社员长期有活干、务工可持续，能够长期稳定脱贫。全省58个贫困县组建造林扶贫合作社3378个，吸纳贫困社员7万余人，累计完成造林1300万亩，平均每年惠及4.3万贫困社员，人均年增收8700多元。2017年至2019年，13.7万人次贫困人口获得劳务收入11.25亿元，有效带动贫困群众就业增收。

表2 山西绿化务工脱贫政策摘要

时间	文件	主要内容
2016年	《关于扶持发展扶贫攻坚造林专业合作社的指导意见》	扶贫攻坚造林专业合作社成员必须在20人以上，其中建档立卡有劳动能力的贫困人口要占成员总数80%以上，要以承担造林绿化、改善当地生态环境为主要任务。

（二）以退耕还林奖补推进生态脱贫

牢牢把握国家启动实施新一轮退耕还林的历史机遇，从2016年开始向国家争取退耕指标，下功夫把生态区位重要、贫困人口集中、不适宜耕种的土地退下来，基本实现25度以上陡坡耕地的应退愿退尽退。在尊重农民意愿的基础上，推进种植结构调整，鼓励农民在条件适宜的退耕地上优先发展经济林；鼓励农民以退耕地经济林经营权价值评估量化入股的方式，与各类新型林业经营主体进行股份合作经营。全省累计退耕还林473万亩，其中58个贫困县实施436万亩，20.66万贫困户退耕154.4万亩；对贫困县退耕还林任务，在国家补助的基础上，省级每亩再配套补助800元，累计下达退耕还林农户补助36.84亿元，其中58个贫困县33.96亿元，户均累计增收7700多元。

表3　山西退耕还林还草脱贫政策摘要

时间	文件	主要内容
2014年	《新一轮退耕还林还草总体方案》	限定退耕地为25度以上坡耕地非基本农田、严重沙化耕地。
2015年	《关于扩大新一轮退耕还林还草规模的通知》	将确需退耕的陡坡耕地基本农田调整为非基本农田后，可纳入退耕范围，陡坡梯田、重要水源地15度~25度坡耕地及严重污染耕地可根据生态建设的需要纳入退耕范围。
2016年	《关于提前启动2017年度新一轮退耕还林还草的实施方案》	明确新一轮退耕还林还草要与脱贫攻坚紧密结合。
2018年	《关于开展退耕还林还草需求调查摸底工作的通知》	上报易地扶贫搬迁腾退耕地、采煤沉陷区腾退耕地和地质灾害避让搬迁耕地三类退耕需求。

（三）以森林管护就业推进生态脱贫

在精准落实国家生态护林员政策的基础上，整合天然林保护、国家公益林、未成林管护等项目投资，精准设立生态管护岗位，吸纳贫困人口在参与管护中增收。积极争取国家生态护林员岗位，将新增护林员岗位全部落实到深度贫困县，增加深度贫困地区生态管护岗位，扩大深度贫困地区贫困群众参与生态管护就业覆盖面，提高贫困群众管护就业收入；加强现有贫困护林员信息核实、培训管理，继续对比例不达要求的贫困县进行重点督导，将符合条件的贫困群众补充到管护队伍，使聘用的建档立卡贫困人口护林员占到全省护林员总数的60%以上，有效提高了贫困地区贫困群众生态管护参与率、收益水平和林业扶贫成效。以2020年为例，58个贫困县管护员数量达到4.2万人，其中建档立卡贫困人口3.18万人，管护工资达到每人每年7300元。

表4　山西森林管护就业脱贫政策摘要

时间	文件	主要内容
2016年	《山西省永久性生态公益林保护条例》	将5600万亩公益林纳入立法保护，明确对于有条件发展林下经济的贫困群众，坚持把护林管理与林下经济发展相结合，让管护人员在管护森林的同时经营森林，在享受劳务收入的同时获得资产性收益。

（四）以经济林提质增效推进生态脱贫

在58个贫困县继续实施干果经济林提质增效项目150万亩，对4年~20年生核桃、红枣、沙棘等干果经济林结果树，全面实施整形修剪、高接换种、科学施肥、有害生物防治等综合管理；将干果经济林提质增效任务优先向深度贫困县、建档立卡贫困户倾斜。加大培训力度，采取现场培训、技术观摩等方式举办干果经济林管理技术培训班，为项目区培养一批懂技术、会管理的技术明白人，为提高干果经济林管理水平和贫困群众收入提供智力支撑。大力实施干果经济林提质增效工程，实现贫困户低质低效经济林的全覆盖，累计完成经济林提质增效450万亩，建设省级示范园100个，补齐了林农经营管理的短板，有效带动了贫困户增收。全省新发展经济林450万亩，干果特色经济林种植面积达到1950万亩，初步形成了核桃、红枣、仁用杏、柿子、花椒五大干果主产区，晋西北、安泽等被认定为国家级或省级特色农产品优势区，山西核桃、吕梁红枣成为区域品牌和地理标志产品。

表5　山西森林管护就业政策摘要

时间	文件	主要内容
2016年	《关于干果经济林提质增效精准脱贫的指导意见》	提出坚持精准扶贫、精准规划、精准施策的原则，以增产增收、改良品种、精细管理为重点，以技术服务队为主要实施形式，对4年~20年干果经济林结果树，连续3年全面实施整形修剪、科学施肥、有害生物防治等综合管理，将干果经济林建成贫困地区持续稳定的富民产业目标。

（五）以特色林产业富民推进生态脱贫

积极贯彻落实"小灌木，大产业"发展战略，按照"一县一个主导产业、一乡一个主导树种"的思路，以"企业+合作社+农户"的模式，通过新建和改造相结合，让贫困户依托龙头企业在适宜发展的退耕地和造林地上，优先发展沙棘、连翘等特色经济林，并对现有野生沙棘、连翘等灌木资源实行改造，全面提升林业对富民增收的贡献率。全省林下经济经营面积达到535万亩，实现产值29亿元，带动农户30万人。

·专栏·

我国生态脱贫的历史性成就

党的十八大以来，国家林草局党组坚决贯彻习近平总书记关于扶贫工作的重要论述和关于"生态补偿脱贫一批"的重要指示批示精神，全面落实中共中央、国务院《关于打赢脱贫攻坚战的决定》《关于打赢脱贫攻坚战三年行动的指导意见》，切实把扶贫工作作为重大政治任务抓在手里、扛在肩上，认真践行绿水青山就是金山银山理念，充分发挥林草行业资源优势，大力推进生态补偿扶贫、国土绿化扶贫、生态产业扶贫，在"一个战场"同时打好脱贫攻坚和生态保护"两场战役"，建立了中央统筹、行业主推、地方主抓的生态扶贫格局，全面完成了生态扶贫各项目标任务，助力2000多万贫困人口脱贫增收。

一是推进生态补偿扶贫。2016年，国家林草局会同财政部和国务院扶贫办创新思路、主动作为，充分发挥林草资源丰富的独特优势，在中西部22个省（区、市）有劳动能力的建档立卡贫困人口中选聘了110.2万名生态护林员，带动300多万贫困人口脱贫增收，新增林草资源管护面积近9亿亩，有效保护了森林、草原、湿地、沙地等林草资源，实现了生态保护和脱贫增收"双赢"。

二是推进国土绿化扶贫。在天然林资源保护等重点生态工程项目任务和资金安排上，向中西部22个省（区、市）倾斜。自2014年启动新一轮退耕还林还草以来，任务全部安排到中西部地区，累计达7450万亩。全面推广山西扶贫造林（种草）专业合作社（队）脱贫模式，创新工程运作模式，把招标改为议标，将造林任务集中打包给合作社；创新社员组织形式，吸纳贫困人口参与劳动，统筹资金增加劳务收入。中西部22个省（区、市）共组建扶贫造林（种草）专业合作社（队）2.3万个，吸纳160多万名建档立卡贫困人口参与生态工程建设，年人均增收3000多元。

三是推进生态产业扶贫。在保护生态的基础上，发挥贫困地区林草资源丰富优势，大力支持发展油茶等木本油料、生态旅游和森林康养、林下经济、竹藤、种苗花卉等生态产业，推广"企业+合作社+基地+贫困户"等模式，与贫困人口建立利益联结机制，通过分红、劳务等方式，带动1600多万贫困人口脱贫增收。比如油茶产业，全国油茶种植面积6800万亩，茶油产量达62.7万吨，产值1160亿元，带动近200万贫困人口脱贫增收。再如依托森林公园、湿地公园等自然公园，发展生态旅游、森林康养等产业，促进了当地贫困群众就业和农林产品销售。

资料来源：摘编自国务院新闻办公室官网

·专栏·

山西实施"十个一批"林业科技精准扶贫行动

围绕省委、省政府"在一个战场打赢两场战役"的战略部署，以"创新、协调、绿色、开放、共享"的新发展理念为统领，以林业科技助力精准扶贫、精准脱贫为基本方略，以"塑造表里山河生态美好壮丽形象"和三晋大地全面建成小康社会为目标，坚持脱贫攻坚与生态建设的紧密结合，大力实施"十个一批"林业科技精准扶贫行动，支撑引领服务贫困地区生态建设与产业发展，使"绿水青山"成为"金山银山"，为打赢脱贫攻坚战、实现全面建成小康社会目标贡献力量。

一是推广一批实用技术成果。针对贫困地区生态建设和经济发展面临的技术、人才等发展问题。组织30个以上符合贫困地区资源禀赋和林业生产特点的实用技术成果进行推广，重点推广特色经济林优良品种选育、干果经济林提质增效和有机栽培，林下资源开发和产业化利用，林下种植养殖、特色资源复合经营、森林质量精准提升等林业技术和成果。实现技术与生产有效对接，培育贫困地区新的经济增长点。

二是开发一批特色经济林树种。结合新一轮退耕还林工程的实施，在稳定现有核桃、红枣规模的基础上，根据退耕还林区不同立地条件，研究开发利用一批具有区域特色并具有开发前景的特色经济林树种，组织科研人员对不同品种的习性、育苗和栽培技术、加工及产业发展前景等开展专题研究，提供系列研究成果和技术支撑。

三是建立一批林业科技示范园。发挥科技人才队伍专业优势，为林业扶贫攻坚五个一批"组合拳"行动提供技术和人才支撑。以科技成果窗口效应和带动作用为目标，整合各类科技资源，遴选集成先进技术成果，集中在吕梁山、太行山两大区域建设各类林业科技示范园100个。

四是组建一批技术承包服务团队。围绕扶贫攻坚与生态建设任务需求，组建一批技术承包服务团队，针对退耕还林特色经济林树种选择及建园技术、林下资源开发、特色资源高效培育与开发利用、困难立地植被恢复、森林质量精准提升等亟需技术开展点对点服务，继续开展"三区"科技人才选派活动，建立一批科技人员点对点精准扶贫示范点。

五是培养一批乡土技术专家。加强技术培训，在全省58个贫困县，培养一批技术过硬、乐于奉献、脱贫带动作用显著的乡土专家。"十三五"期间，培训林农和技术人员10万人次以上，做到每个贫困县"县县都有服务队，乡乡都有服务组，村村都有土专家，户户都有明白人"。

六是扶持一批脱贫示范户。以新一轮退耕还林和干果经济林提质增效为抓手，扶持一批脱贫示范户，做到工程布局精准到户，提质增效落实到户，技术培训服务到户，在全省扶持1000户以上脱贫示范户。

七是搭建一批科技扶贫服务平台。以便捷服务贫困地区林业部门、生产经营者和林农为宗旨，搭建干果经济林发展技术服务、林木病虫害远程诊断、林业科技信息发布等一批科技服务平台。创新科技公共服务模式，着力打造"互联网+林业科技"线上线下相结合的全方位林业科技服务平台，提升科技服务水平。

八是建设一批科技实训基地。在各市建立的技术培训基地基础上，建立10处省级林业技术和产业实训基地，使之逐步成为全省林业新技术、新成果、新品种的展示基地，林农的实习培训基地，林产品品牌创新基地，专家的技术授训基地，技术指导和技术服务孵化平台。

九是构建一批产学研用科技战略合作联盟。整合全省涉林的科研力量，以山西省林业科学研究院、山西林业职业技术学院、山西省林业技术推广和经济林管理总站、九大林局等林业科研教学推广生产单位为主体，与山西农业大学、山西省农科院组建林业科技战略联盟，与北京林业大学、中国林业科学研究院签订战略合作协议。围绕山西林业建设、产业发展中突出问题和关键技术开展集中攻关。

十是打造一批科技示范产业基地。抓住退耕还林发展特色经济林的机遇，以市场为导向，吸引企业参与；以聚集科技成果、搭建产业发展平台为手段，扶持和打造一批林产品精深加工原料基地，构建"公司（企业）+合作社+农户"的基地建设产业开发模式，延长林产品产业链，带动林农致富。

资料来源：摘自《山西省林业科技"十个一批"扶贫行动方案》

·专栏·

山西大宁县购买式造林

购买式造林，是指根据政府规划设计，由以建档立卡贫困户为主体的扶贫攻坚造林专业合作社，经过竞价和议标，与乡镇政府签订购买合同，自主投资投劳造林，当年验收合格支付工程款30%左右，第三年经验收合格后支付余款，购买造林服务的组织方式。政府购买的是造林服务，树随地走，林地、林权不变。它是政府向社会力量购买服务的市场机制在林业上的具体应用，是把政府事前投资造林的做法，转变为引导社会力量根据林业部门编制的规划设计先行造林，经检查验收合格，政府对社会力量完成造林所投入的资金、技术劳动力等综合成本以及合理利润进行购买。购买式造林的发展方向是市场化造林，即在造林中充分发挥市场在资源配置中的决定性作用，设立林价体系，建设林权交易所，让森林和绿地可以在市场主体间（政府兜底）自由交易和流转，建立森林市场，靠市场主体的获利机制推动生态建设健康快速发展。

一是强化领导，制度先行。成立了生态扶贫工作领导组，统筹协调推进全县"购买式造林"的实施工作，制定出台了《大宁县生态扶贫实施意见》《大宁县购买式造林试点工作实施方案》《大宁县关于进一步推进扶贫攻坚造林专业合作社组建工作的通知》《大宁县公开招聘护林员实施方案》《大宁县建档立卡贫困人口生态护林员选聘细则》《购买式造林管理办法》《购买式造林技术规定及检查验收办法》《购买式造林议标办法》《扶贫攻坚造林专业合作社管理办法》《新造林区管理管护实行购买服务实施办法》《脱贫攻坚生态效益补偿专项基金管理办法》《扶贫攻坚造林专业合作社领办人遴选办法》《扶贫攻坚造林专业合作社成员绩效管理办法》和《脱贫攻坚生态效益专项基金管理办法》等制度办法，为全县购买式造林的顺利推进提供制度保障。

二是规划引领，典型引路。坚持规划引领的原则，围绕实施方案和当地实际，编制实施规划，逐乡镇、逐村、逐地块进行调查核实，组织县领导、乡镇干部、第一书记、村"两委"干部进村入户，广泛开展宣传发动，让老百姓充分了解政策，激发老百姓，特别是贫困群众参与购买式造林的积极性。同时，充分尊重群众意愿，结合立地条件，按照宜林则林、宜灌则灌，能栽植经济林就栽植经济林的思路，科学编制规划。在此基础上，启动了试点工作，在曲峨镇和昕水镇率先启动购买式造林试点工作。2016年，共实施试点造林1146亩，带动了39户贫困户成功脱贫。

三是严格程序，规范操作。为确保扶贫攻坚专业合作社的规范性，严把扶贫攻坚专业合作社准入关，严格实行《扶贫攻坚造林专业合作社管理办法》，择优选取有资金、有技术的能人大户作为扶贫攻坚造林合作社的领办人，从严审核合作社成员，按照建档立卡贫困人员占比不低于80%的比例成立合作社，科学规范造林过程。首先选择业绩好、评价好、吸纳贫困户多、造林质量高、社会信誉度好的扶贫攻坚造林专业合作社作为议标对象；其次是公开议标，对中标的合作社进行公示，确保参与议标的合作社无异议；最后签订购买造林合同，明确造林面积、范围、质量期限、权利义务等，并进行风险提示，确保做到公开、公平、公正。同时，加强造林技术指导。为确保造林质量，大宁县认真开展造林技术培训，组织造林合作社和缺乏造林技术的贫困户参加林业部门举办的造林技术培训，培训既在室内学知识，也在户外练技术，实打实地帮助群众；在造林过程中，县林业局派出技术人员，跟班作业，现场培训，现场督查，及时解决存在的问题和困难，合力打造精品工程。

四是加强管护，设立基金。根据省林业厅《关于精准聘用贫困森林管护员的指导意见》精神，做好生态护林员聘用等相关工作。全县集体林管护总面积92.9万亩，原有生态护林员160名，其中建档立卡贫困人口96人。2016年，新增127名生态护林员，全部为建档立卡贫困人口，全县生态护林员达到223人，每人每年获得护林收入1万元，可带动223户669人脱贫。同时，为了确保造林成果，为贫困户稳定脱贫提供有力支撑，从2017年起，每年拿出150万元，以每亩每年5元的标准给予全县未纳入生态效益补偿范围的生态林和达产达效前的经济林生态效益补偿，有效增加群众收入，支持稳定脱贫，巩固造林成果。

五是借鉴方法，拓展路径。充分借鉴"购买式造林"的方法，积极探索政府购买服务助力脱贫攻坚。首先，实施购买式道路养护。全县有135公里县级公路实行了购买式道路养护，参与养护的建档立卡贫困人口共70人，全部签订道路养护合同，每人养护公路2公里，每年获取4800元养护工资，带动70户70人脱贫。其次，实施购买式小流域治理。实施了购买式小流域治理工程，带动建档立卡贫困户83户250人脱贫。再次，实施购买式卫生保洁。在全县84个行政村中，雇佣劳动力139人，其中建档立卡贫困人口80人，人均年增收3021元，带动贫困户80户80人脱贫。

资料来源：摘编自临汾市农业委员会官网

三、山西生态脱贫存在的困难问题

山西认真落实习近平总书记关于生态脱贫的一系列重要指示批示精神，在生态脱贫方面取得了显著成绩，基本实现了将生态环境合理开发保护与经济平稳快速发展的有机结合，打造出贫困地区绿色发展与经济社会协调发展典型样板。但是，生态脱贫仍然存在一些具体的困难和问题，需要进一步研究解决。

（一）植树造林脱贫政策尚需完善

有的脱贫县造林绿化任务"吃不饱"，退耕还林指标和护林员岗位等都难以充分满足群众需求，虽然开放了退耕还林中公益林和经济林比重限制，但经济林比重仍然较低，贫困群众通过造林增加收入的热情尚未最大限度激发出来。

（二）造林合作社运行管理不规范

造林合作社是山西生态脱贫的特色亮点，在整个脱贫攻坚过程中发挥了重要作用。但是，造林合作社在社员进退、任务安排、造林时间、劳务支付等方面做得还不够到位，特别是造林任务通过议标落实到合作社开展得不够充分。

（三）生态脱贫全民参与程度不够

生态脱贫开发工作大部分是由政府主导的，通过政府工作人员直接深入脱贫县或脱贫地区，采取一系列政府行为。社会参与主体相对单一，社会各方力量参与不足，没有形成政策合力。

（四）生态扶贫后期保障政策缺失

对于摘帽贫困县和摘帽贫困户，如何通过生态脱贫进一步巩固脱贫攻坚成果、实现与乡村振兴的有效衔接是仍然面临的问题。因自然灾害、政策调整等原因而导致再次返贫的潜在风险依然存在，在现有生态建设等相关任务完成后，造林专业合作社如何实现转型，如何让现有的治理模式发挥更大作用，仍需要深入研究解决。

四、山西巩固拓展生态脱贫成果的政策建议

打赢脱贫攻坚战、全面建成小康社会后，要进一步巩固拓展生态脱贫攻坚成果，接续推动脱贫地区发展和乡村全面振兴。山西要坚决贯彻新发展理念和高质量发展要求，坚持以人民为中心的发展思想，坚持共同富裕方向，坚持绿水青山就是金山银山理念，坚持稳中求进工作总基调，将巩固拓展生态脱贫成果放在突出位置，坚持绿化彩化财化相统一、增绿增收增效相协调，落实好"四个不摘"政策要求，

优化调整现有生态扶贫政策，深挖合作社造林、特色林产业、经济林提质增效和生态管护带动山区百姓增收的潜力，持续巩固拓展生态脱贫成果与乡村振兴有效衔接，实现惠及脱贫人口向惠及整个山区老百姓转变，着力打造生态脱贫升级版，闯出一条林草生态富民的富裕路。

（一）适度扩大退耕还林覆盖范围

要用足用好退耕还林政策，在确保全省耕地保有量和基本农田保护任务前提下，将重要水源地15度~25度坡耕地、陡坡梯田、严重污染耕地、移民搬迁撂荒耕地纳入退耕还林还草工程范围，新增任务向贫困县倾斜，对符合退耕政策的脱贫村、脱贫户实现全覆盖，引导支持脱贫户大力发展经济林。继续贯彻落实退耕还林政策，依托林业生态帮扶PPP项目落实退耕还林省级配套资金，在完成退耕还林任务基础上，逐年将退耕还林农户补助资金兑现到户，持续带动退耕还林农户增收致富。

（二）规范造林合作社的建设管理

总结推广一批脱贫攻坚造林专业合作社的好经验好做法，继续规范发展造林专业合作社，在脱贫劳力入社、造林技术培训、林业工程管护、资金财务运作、运营模式探索、劳务收入分配等方面加强指导，统筹安排中央森林生态效益补偿、国家天保工程、未成林地管护和国家生态护林员项目资金，聘用脱贫劳动力为护林员，集体林管护员岗位安排脱贫人口达到60%以上。新增生态护林员资金全部落实到重点帮扶县，聘用脱贫劳动力。推行集体公益林托管、"合作社+管护+脱贫户"等模式，吸收脱贫人口参与管护增收。健全完善造林专业合作社帮扶机制，由单一造林向造林、管护、经营一体化转变。采取议标的方式，将脱贫摘帽县的人工造林、退化林修复任务安排给造林专业合作社实施；造林专业合作社承揽实施的任务，社员劳务收入不得低于工程总投资的45%。在落实国家生态护林员补助资金基础上，继续整合天然林保护，国家公益林、未成林管护等项目投资，精准设立管护岗位，积极吸纳脱贫不稳定户、边缘易致贫户、因病因灾因意外事故导致基本生活出现严重困难户、复退军人等人员参与生态管护，在提升生态管护成效的同时提高其收入。推进"党建+合作社"等组织模式，把党支部和合作社融合起来，凝聚改革发展活力，增强乡村振兴动力，构建党支部为核心、合作社为纽带的新格局，带动脱贫群众在参与生态建设过程中增收。

（三）深化生态林业领域各项改革

深化林地流转、资产收益改革，通过推动林业产业化发展，将脱贫户精准嵌入生态建设和林业产业化发展的各个环节、各个链条中。深化集体林权制度改革，积极推进林地"三权分置"改革、林地流转和资产收益改革，培育新型林业经营主体，加快落实集体生态公益林管护权，放活集体经济林经营权，鼓励脱贫户将林地经营权、财政补助资金入股新型林业经营主体，增加林业资产性收益，充分释放生态脱贫改革效应。

（四）推进农村一二三产融合发展

选择与生态建设、环境保护紧密结合且市场相对稳定的特色产业作为生态帮扶的突破口，努力将脱贫地区的生态资源优势转化为产业优势和经济优势。要发展农业特色产业园，壮大特色农产品和配套加工业，促进单一农业产业链向一二三产复合型产业链转变，拓展农业由传统种植养殖向生产、加工、销售一体化发展，推进生态旅游协作，发展特色休闲农业，通过农村一二三产融合发展，全面提升产业增收致富能力。要依托林业生态帮扶PPP项目，继续实施干果经济林提质增效，提高干果经济林和特色经济林的管理水平。要继续实施"小灌木大产业"战略，坚持产业富民，坚持发展特色林产业与推进"三化"相结合，大力发展林下种植、林下养殖、相关产品采集加工和森林景观利用等林下经济产业，建设一批富民增收的产业基地，培植助力巩固拓展脱贫攻坚成果、全面推进乡村振兴的新业态，构建"稳受益、不返贫"的长效机制，带动广大群众长期稳定增收致富。

（五）强化生态帮扶融资平台建设

对标一流，学习借鉴全国先进地区经验，建立和完善山西生态帮扶融资平台，利用多元化的投融资机制，广泛吸引社会和民间资本参与生态建设。要利用政府增信机制，设立生态帮扶产业担保基金，通过"财政+金融+担保"的合作方式，撬动金融资本支持产业帮扶，为发展绿色种养、旅游休闲的脱贫户提供更多优质优惠贷款产品，进一步引导和激励新型农业经营主体积极参与乡村振兴，辐射带动脱贫户全程参与产业发展，实现农业经营主体做大做强、脱贫户持续稳定增收。

（六）加强脱贫地区科技人才支撑

延续脱贫攻坚期间各项人才智力支持政策，建立健全引导林草人才服务乡村振兴长效机制。鼓励科研院所、大专院校、科技推广机构和具备条件的企业加大生态产业关键技术研发推广，以及生态产业领域科研人员深入基层开展研究，切实解决生产、加工等环节以及管理方面遇到的问题。加强农林高校、科研单位与地方的交流合作，开展协同创新，促进成果转化。继续实行科技特派员制度，加大林草乡土专家聘任力度，构建以本土人才培育和外部人才引入双轮驱动的乡村人力资本积累体系，开展技能培训、技术讲座，不断提升基层技术人员和林农能力素质。

（七）提高生态帮扶社会参与力度

巩固拓展生态脱贫成果不仅要依靠政府，更需要调动脱贫户、企业以及社会各方力量协同推进。农民是生态帮扶的主体，是生态帮扶工作的主要参与者，要充分激发脱贫群众的内生动力，从思想和观念上加以转变。要积极引导和鼓励各类企业参与生态帮扶，加强政府、社会、企业之间的协调合作。要进一步拓宽公众参与渠道，构建全民参与的监督体系，主动接受社会各界的监督，提高公众参与力度，使巩固拓展生态脱贫成果工作更加精准化、科学化、透明化。

分报告四
山西教育脱贫
政策研究

治贫先治愚，扶贫先扶智，教育是阻断贫困代际传递的治本之策。强化脱贫地区义务教育薄弱学校基本办学条件，不让困难家庭的孩子输在成长"起点"，是守住"保基本"民生底线、推进教育公平和社会公正的有力措施，是增强脱贫地区发展后劲、促进城乡融合发展的有效途径，事关国家长远发展，事关民族伟大复兴。原先贫困地区尤其是深度贫困地区，之所以深陷贫困不能自拔，其根本原因在于教育水平长期低下、教育质量普遍不高。巩固拓展脱贫攻坚成果，必须从根本上解决贫困地区的教育问题，因地制宜，制定科学合理的教育发展策略，真正打破贫困代际传递，拔除贫困"穷根"。

一、习近平总书记关于教育脱贫的重要论述

习近平总书记历来高度重视教育脱贫工作。2013年12月，习近平总书记到河北阜平考察时指出，治贫先治愚，要把下一代的教育工作做好，特别是要注重山区贫困地区下一代的成长。把贫困地区孩子培养出来，这才是根本的扶贫之策。2015年4月，习近平总书记在中央全面深化改革领导小组第十一次会议上再次指出，发展乡村教育，让每个乡村孩子都能接受公平、有质量的教育，阻止贫困现象代际传递，是功在当代、利在千秋的大事。2015年11月，习近平总书记在中央扶贫开发工作会议上特别强调，教育是阻断贫困代际传递的治本之策。贫困地区教育事业是管长远的，必须下大气力抓好。扶贫既要富口袋，也要富脑袋。2017年1月，习近平总书记赴河北张家口看望慰问基层干部群众时指出，要把发展教育扶贫作为治本之计，确保贫困人口子女都能接受良好的基础教育，具备就业创业能力，切断贫困代际传递。2018年2月，习近平总书记在打好精准脱贫攻坚战座谈会上

指出，精准施策要深入推进，按照因地制宜、因村因户因人施策的要求，扎实做好产业扶贫、易地扶贫搬迁、就业扶贫、危房改造、教育扶贫、健康扶贫、生态扶贫等精准扶贫重点工作。习近平总书记关于教育扶贫、教育脱贫的一系列重要讲话精神，为全面深入推进教育脱贫攻坚指明了方向，是我们的行动指南和根本遵循。

二、山西教育脱贫成效显著

党的十八大以来，国家陆续制定和出台了《关于实施教育扶贫工程意见》《国家贫困地区儿童发展规划（2014—2020年）》《教育脱贫攻坚"十三五"规划》等一系列教育脱贫的文件，重点实施了学前教育三年行动计划、城乡义务教育一体化改革行动、普通高中普及攻坚计划、现代职业教育技能富民制度、高等教育培养提升行动、教育扶贫结对帮扶行动、贫困地区儿童保障政策、乡村教师支持计划等一批制度安排和行动规划，最终目的是充分发挥教育在脱贫攻坚中的重要作用，帮助贫困地区从根本上摆脱贫困，阻断贫困代际传递，实现全面小康、迈向共同富裕。

山西是全国扶贫开发重点省、著名革命老区，全省有36个国定贫困县和22个省定贫困县，2017年底的贫困发生率为3.9%，高出全国0.8个百分点。贫困地区的农村教育发展滞后、农村学校萎缩趋势明显、城乡教育资源差距明显、师资队伍素质整体落后、留守儿童较多等问题相对突出。截至2015年底，全省58个贫困县共有义务教育学校、教学点4800多个，占全省总量的40%左右；农村学校近3000所，占到全省学校总数的25%以上。

山西认真贯彻落实党中央的重大决策部署，扎实推进教育扶贫、教育脱贫工作，坚持再穷不能穷教育、再穷不能穷孩子，加强教育扶贫，不让孩子输在起跑线上，努力让每个孩子都有人生出彩的机会，阻断贫困代际传递。"全面改善贫困地区义务教育薄弱学校基本办学条件"这一国家工程覆盖全省1.14万所学校，累计投入121.98亿元，有力缩小了区域、城乡教育差距，促进了基本公共教育服务均等化。农村义务教育学生营养改善计划覆盖全省83个县（市、区），惠及学生433.54万人次，农村学生身体素质显著提高。构建了贫困学生全链条教育资助体系，实现从学前到研究生教育全覆盖，资助金额累计达156亿元，资助学生1000余万人次，坚决不让一个学生因家庭经济困难而失学。全省110个县级职业教育中心通过验收，农村职业教育主阵地更加稳固。坚持扶贫与扶智相结合，开展实用技术培训达2500余万人次，帮助贫困群众用自己的双手脱贫奔小康。

· 专　栏 ·

我国教育脱贫的显著成效

脱贫攻坚战以来，贫困地区办学条件明显改善，全国99.8%义务教育学校（含教学点）办学条件达到基本要求；贫困地区学校网络普及率大幅提升，全国中小学（含教学点）互联网接入率达到100%，拥有多媒体教室的学校比例达到95.3%；乡村教师队伍水平整体提升，"特岗计划"实施以来累计招聘教师95万名，"国培计划"培训中西部乡村学校教师1700万余人次，连片特困地区乡村教师生活补助惠及8万多所学校、127万名教师，累计选派19万名乡村教师到边远贫困地区、边疆民族地区支教；建立了覆盖从学前至研究生各个教育阶段的资助体系，累计资助6.4亿人次；义务教育营养改善计划覆盖1634个县、13.63万所学校，每年惠及4000余万名学生。

资料来源：摘自《人类减贫的中国实践》

三、山西教育脱贫的主要做法

山西是脱贫攻坚重要战场，贫困学龄人口多，脱贫攻坚任务繁重。2017年，全省建档立卡贫困人口232万，其中建档立卡在校学生30余万，约占贫困人口总数的15%。58个贫困县共有建档立卡在校学生20多万人，10个深度贫困县有建档立卡在校学生7万余人。省委、省政府坚持把习近平总书记视察山西和在深度贫困地区脱贫攻坚座谈会上的重要讲话精神作为脱贫攻坚的根本遵循和行动指南，将教育扶贫作为脱贫攻坚的一项治本之策，聚焦贫困地区和建档立卡学生群体，特别是农村贫困家庭幼儿，坚持政策举措重点支持、教育经费重点倾斜、项目建设重点布局、帮扶力量重点集结、专项行动重点推进，工作成绩显著。

（一）强化组织领导，实施高位推进

成立以分管教育和分管扶贫的两位副省长为"双组长"的山西脱贫攻坚教育扶贫领导组，制定出台了《山西省教育扶贫行动方案》及2016年、2017年、2018年行动计划，《关于切实办好贫困地区农村教育的若干意见》《关于统筹推进县域内义务教育一体化改革发展的实施意见》《山西省乡村教师支持计划实施办法》等一系列政策，通过

开展捐资助学、扶贫支教和宣传教育等形式，对58个贫困县尤其是10个深度贫困县进行了对口帮扶。全省各级教育行政部门党政一把手作为教育扶贫工作的第一责任人，11个市全部成立教育脱贫攻坚领导小组，制定出台教育脱贫行动计划，教育扶贫政策稳步实施。

（二）落实精准理念，深化对口帮扶

全省非贫困县的92所公办省级示范高中，对口帮扶58个贫困县的67所公办普通高中，实现深度贫困县普通高中帮扶全覆盖。省级示范高中共派出80余名管理人员挂职，参与交流培训5000余名教师，800余名学生进行互助互访，使被帮扶学校办学水平有了明显提升。积极推进职业教育对口帮扶工作，制定持续深化职业院校精准扶贫对口帮扶工作方案，组织全省60所重点骨干职业院校与58个贫困县深入对接，通过联合办学、合作育人，把重点骨干院校优质教学资源引入县级职教中心，帮助县级职教中心提升办学水平。

（三）改善办学条件，完善资助体系

实施"全面改薄"项目中的50多亿元投向贫困地区。近年投入资金500多亿元，新建学校200多所，改扩建学校3000余所。110个县通过了国家义务教育基本均衡发展评估认定，占全省县区总数的92.43%，位居全国第13位，其中贫困县53个，占通过认定县总数的91.38%。2017年，免除建档立卡家庭经济困难学生高中教育学费4600余万元，受助学生5万余人，实现中等职业教育免学费和国家助学金补助政策全覆盖。

（四）实施特岗计划，提高教师素质

持续推进"特岗计划"的实施，共选拔1.8万多名优秀青年教师到贫困地区农村学校任教。推进县域内校长、教师交流轮岗，2015年以

来共向农村学校交流校长、教师5万余人，每年交流比例保持在10%以上。将农村寄宿制学校生活管理教师编制标准由1：50提高到1：30。实施教师周转宿舍建设项目，共建设周转宿舍8000余套；设立每月人均最低100元的农村教师专项补贴；在21个集中连片特困县按照每人每月不低于300元的标准发放教师生活补助，受益教师2.6万余人。

（五）坚持多措并举，狠抓控辍保学

实施农村义务教育学生营养改善计划，保障进城务工人员随迁子女接受义务教育，加大农村留守儿童关爱力度，加强农村小学和教学点的建设和管理，提升特殊教育水平，义务教育覆盖面、入学率、巩固率持续提高。2017年，全省家庭经济困难寄宿学生生活费补助标准达到小学1000元/生年、初中1250元/生年；在21个集中连片贫困县实施营养改善计划国家试点工作，在40个县开展地方试点，覆盖全部国贫县，惠及50余万名学生；全省11个市和所有30万人口以上县均建有特殊教育学校，小学学龄儿童净入学率连续十年保持在99.9%以上，适龄残疾儿童少年入学率达到90%以上，义务教育巩固率达到95%以上。

· 专 栏 ·

把教育扶贫作为摆脱贫困的治本之策

吕梁是革命老区，也是全国14个集中连片特困地区之一，做好扶贫与扶志、扶智相结合的工作，是攻坚深度贫困的重大举措。近年来，我们认真贯彻落实习近平总书记扶贫开发重要战略思想和视察山西重要讲话精神，认真落实中央、省委决策部署，把教育扶贫作为摆

脱贫困的治本之策，构建教育资助体系，构建城乡教育一体化发展体系，构建职业技能培训就业体系，让每一位贫困学子有学上、上好学，让贫困劳动力有技能、能就业，走出一条深度贫困地区教育扶贫新路。

一是构建教育资助体系。在全面落实国家教育扶贫政策的基础上，靶向施策，精准发力，构建了包括幼儿教育、义务教育、普通高中、中职高职全覆盖的吕梁教育扶贫政策资助体系。同时，一些县市还积极探索对考入普通高等院校的贫困家庭学生进行生活补助。2017年，全市落实各类资助资金2.5亿元，资助学生20余万人次，实现了"不让一个孩子因贫失学、不让一个家庭因学致贫"的目标。

二是构建城乡教育一体化发展体系。破解城乡教育资源不均衡的问题，最关键的是让农村孩子接受公平而有质量的教育。在分析现状、调查研究的基础上，吕梁先后出台城乡义务教育一体化改革60条、办好农村教育40条等文件，引导城市教育资源有序有效向贫困农村流动。改善农村办学条件，投资15.4亿元，实施"全面改薄"工程。

三是构建职业技能培训就业体系。按照"人人持证、技能社会"要求，坚持把贫困劳动力培训就业作为教育精准扶贫的重中之重，按照"政府支持、专业培训、持证上岗、跟踪服务"的思路，在大力扶持中高职学校发展的同时，充分发挥其作用，建立培训实训基地，完善就业服务网络，大力实施"吕梁山护工""吕梁山技工""吕梁山工匠"免费就业培训，努力使每个贫困劳动力既有一技之长、有业可就，又能稳定脱贫、持续发展。

资料来源：摘编自《中国教育报》2018年6月21日

（六）探索资助渠道，形成长效机制

制定出台了《2017年山西省深度贫困县建立建档立卡家庭学生教育扶贫个人资助账户实施方案》。2017年至2019年，省政府每年划拨3000万元作为引导资金，建立建档立卡家庭学生教育扶贫个人资助账户，先面向10个深度贫困县实施，逐步扩大资助范围。

（七）加强智库建设，助力扶贫攻坚

组织10所大学全面对口帮扶10个深度贫困县，建设政策智囊库，选择一批教学和科研人才、党建和思政工作人才、科技应用人才，为贫困地区建言献策。建设帮扶项目库，帮助贫困县根据当地资源禀赋、产业规划和现实需求，提出发展潜力大、带动能力强的发展项目。建设高校技术库，使针对性强、可转化可实施、产业前景好、经济效益高的技术进入技术库，利用互联网络技术，做好智囊库、项目库、技术库互通互联、共享共用，为深度贫困地区提供个性和共性的人力资本和智囊支撑。

（八）实施专项行动，下足绣花功夫

制定出台了《关于推动十所大学对口帮扶深度贫困县工作的通知》，提出了"高校助力脱贫攻坚十项行动"，并成立了对口帮扶领导机构和牵头处室，落实责任，协调解决相关事宜。10所大学都成立了以书记、校长任组长，全体校领导和相关职能处室任组员的脱贫领导小组，建立了对接联络机制，制定了精准帮扶方案，书记、校长率先驻村调研，并建立了"一把手"调研机制。开展实施夯实基础补短板行动、爱心支教添活力行动、工匠培养增后劲行动、科技协作促产业行动、创新模式助营销行动、智库建设找出路行动、医疗服务解民困行动、立体培训提素质行动、贫困助学暖民心行动和文化下乡鼓士气行动，在教育扶贫方面下足绣花功夫。

·专栏·

打好教育扶贫组合拳 交好脱贫攻坚收官账

近年来，夏县坚持以习近平新时代中国特色社会主义思想为指导，全面贯彻落实中央关于脱贫攻坚的一系列重大决策部署和省市县重要工作安排，认真履行教育扶贫主体责任，努力找准教育扶贫着力点，积极探索教育扶贫新途径，各项工作取得了明显成效。

一是打好精准资助组合拳，着力阻断贫困代际传递。聚焦"两不愁三保障"，以保障义务教育为核心，全面落实教育扶贫政策，全力加快教育事业发展，确保了贫困家庭孩子有学上、上得起学、上得好学。第一，贫困资助"全覆盖"。全面落实贫困生资助政策，建立扶贫数据与学籍数据相比对的"两线并联"摸底机制，完善学期初向县外教育部门发送督促落实函的方式，实现了县内县外就读建档立卡贫困家庭学生资助"两个全覆盖"，确保无一名学生因贫失学、无一个家庭因学致贫。脱贫攻坚以来全县总计资助建档立卡贫困户3794户，5024名建档立卡贫困户学生享受了各级各类教育资助，确保"应助尽助"。第二，营养改善"一个不少"。全面实施了农村义务教育学生营养改善计划，在摸清底数、建好台账、动态监管的基础上，严格招标程序、选优配送企业、制定配送计划、合理搭配膳食营养，在"应补尽补、一个不少"的前提下，确保孩子们吃得饱、吃得好。2019年5月启动以来，累计投入营养改善补助资金506.6万元，惠及学生9000

余人。第三，大学新生"扶上马送一程"。从2016年开始，启动实施了以"助学扶智，圆梦大学"为主题的"助学圆梦"贫困大学生资助活动，五年来共资助大学生329人，资助资金212.2万元。其中，建档立卡贫困大学生176人，资助资金146.1万元；积极落实大学生生源地助学贷款政策，确保"应贷尽贷"，2014年以来累计办理助学贷款14423.2万元，惠及贫困家庭大学生22146人次；认真落实贫困家庭大学新生交通费补助政策，2014年以来累计发放交通费补助18万元，惠及贫困家庭大学生261人。

二是打好控辍保学组合拳，精准化控辍效果显著。深入贯彻"依法治教，以防为主，防治结合，综合治理"的控辍保学方针，加大对留守儿童和单亲家庭学生、学习困难学生的关爱帮扶力度，控辍保学工作效果明显。第一，压实责任，依法控辍。成立了由分管副县长任组长的控辍保学工作领导小组，制定了详实的工作方案，责任层层分解，各部门、各乡镇、各村组、各学校层层签订责任书，并主动认领责任，确保了控辍保学工作领导坚强、落实有力。第二，完善机制，全面摸排。构建起覆盖学前教育、义务教育各阶段所有适龄儿童少年入学情况的常态化摸排机制，学年初，教科、公安、民政、残联等部门协调沟通，对区域内适龄儿童少年进行全面摸排，对摸排出的疑似辍学学生逐人核查，落实去向，采取针对性措施，确保及时劝返。对不具备入学条件的残疾儿童，由特教学校送教上门。第三，健全台账，精准控辍。建立了台账化、精准化控辍机制，健全了全县适龄儿童少年入学情况台账、建档立卡贫困户子女就学情况台账、残疾儿童少年就学情况台账、学籍系统控辍保学工作台账和疑似辍学学生动态监管台账，精准控辍水平不断提升。第四，配套政策，提升实效。出台了《控辍保学实施方案》《夏县特殊群体关爱行动计划》《保障全县"三残"儿童少年就学工作实施方案》等文件，成立了残疾人教育专家委员和入学评估指导小组，通过完善制度机制，强化制度执行，保障和提高精准控辍实效，全县义务教育阶段无一人辍学。

三是打好投入保障组合拳，贫困镇村办学条件持续改善。脱贫攻坚以来投入4.5亿元，实施了两个学前教育三年行动计划和义务教育"全面改薄"、农村中小学校舍维修改造、教育信息化等项目，贫困村镇学校办学条件全面改善。第一，学前教育方面。累计投入8397万元，新建改扩建幼儿园33所，认定民办普惠园36所，学前教育三年毛入园率达到99.9%，普惠率达到93.13%，适龄幼儿"入园难、入园贵"问题有效解决。第二，义务教育方面。累计投入资金7721余万元，实施了全县义务教育薄弱学校改造项目，2017年底顺利通过了国家"义务教育发展基本均衡县"评估认定。2019年以来，累计投入4000余万元实施了义务教育薄弱环节改善与能力提升项目。2014年以来，累计投入4133万元实施了中小学校舍维修改造项目，其中财政整合资金1589万元。

四是打好队伍建设组合拳，贫困山区师资力量全面加强。以提升贫困村镇教师整体素质为重点，加大教师补充力度，2014年以来共招聘义务教育特岗教师344名、幼儿教师92名，其中90%以上分配到贫困村镇园校任教。第一，"三名"工程纵深推进。2016年，启动实施"三名"工程，四年来共培育县级名师97名、市级名师7名、省级培养对象名师2名，县级名校长7名、市级名校长1名、省级名校长培养对象1名，县级名校8所。第二，培训提高持续加力。组织校长、教师到全国名校跟岗学习提高2300余人次，邀请全国和省市专家到县授课、讲座20余次，开展名师专题讲座、送教下乡、山区支教1100余人次，带动了教师、校长队伍素质和学校办学水平的整体提高。第三，政策倾斜逐年加大。积极提高贫困偏远农村和山区教师待遇，按每人每月130元、30元的标准，为山区和农村教师发放补贴，同时在国家乡村工作补贴标准的基础上，为山区教师每人每月增发100元。在评模评优、晋级晋职等方面，大力向山区和农村教师倾斜，并对长期扎根山区和农村作出突出贡献的教师进行奖励，有效稳定了农村教师队伍。

五是打好质量攻坚组合拳，群众满意度明显提升。第一抓普惠，学前教育高质量发展。2011年以来，连续实施了三个"学前教育三年行动计划"，实现了每个乡镇至少1所标准化的公办中心园和3000人以上村庄至少1所标准化公办园的目标，进一步提升了发展水平和惠民成效。第二促均衡，教育公平全力推进。深入推进义务教育一体化改革，轮岗交流中小学教师448人、校长56人，组建了校际联合体8个，积极开展结对帮扶，有效缩小了城乡、校际差距，义务教育办学水平整体提升，教育公平深入推进。第三强突破，高中教育提质增效。2017年夏县中学加盟康杰中学教育集团，借助名校优质资源加快发展，教育教学质量提升明显。同时，严格落实优质高中招生名额到校政策，将65%的高中招生指标分配到初中学校，扩大了贫困农村和山区学生升学机会，帮助他们成长成才，带领家庭走出贫困。

资料来源：摘编自山西省教育厅官网　2020年11月26日

四、国内教育脱贫先进经验

广东按照精准扶贫、精准脱贫的基本方略，以原中央苏区、欠发达革命老区、少数民族地区及粤东西北其他贫困地区及建档立卡等贫困人口为重点，采取有力措施，精确对准教育最薄弱领域和最贫困群体，让贫困地区学生都能享有公平的教育资源，让贫困家庭子女都能接受公平有质量的教育，让贫困家庭劳动力都能学会一项致富技能，阻断贫困代际传递，确保农村经济困难家庭稳步脱贫。

（一）加大财政资金投入

各地坚持把教育脱贫作为财政支出重点予以优先保障，资金安排向教育脱贫任务较重的地区倾斜，保障贫困地区教师福利待遇，落实中小学教师工资福利待遇，实现县域内教师平均工资水平不低于当地公务员平均工资水平、农村教师平均工资水平不低于城镇教师平均工资水平的目标。省财政每年安排奖补资金对粤东西北地区给予补助。完善山区和农村边远地区学校教师生活补助政策，突出差别化补助，分类分档进行补助，重点向边远山区和艰苦地区倾斜。2017年补助标准提高到人均不低于900元/月，2018年提高到不低于1000元/月。省财政对粤东西北有关县（市、区）所需资金给予50%的补助，其中对原中央苏区县、革命老区县、省生态县给予80%的补助。将符合条件的边远艰苦地区乡村学校教师纳入当地政府住房保障体系，推进边远艰苦地区乡村学校教师周转宿舍建设，切实改善乡村教师工作和生活条件。建立乡村教师荣誉制度，按照国家和省有关规定，对在乡村学校从教20年以上的教师颁发荣誉证书。鼓励和引导社会力量对长期在乡村学校任教的优秀教师给予奖励。

（二）完善学生资助体系

完善从学前教育到高等教育的资助体系，实现建档立卡在学人口的全覆盖。落实学前教育资助政策。落实好"两免一补"政策，完善控辍保学机制，对就读义务教育阶段的建档立卡贫困户学生给予生活费补助，补助标准由每生每学年200元（20%的特困小学生500元、初中生750元）提高到3000元。对就读普通高中和中等职业学校的建档立卡贫困户学生免学杂费，普通高中按每生每学年2500元补助学校，中等职业学校按每生每学年3500元补助学校，同时对普通高中和中等职业学校的建档立卡贫困户学生补助生活费，在原有每生每学年2000元国家助学金的基础上，再给予每生每学年3000元生活费补助。对就读全日制专科教育建档立卡贫困户学生免学费并给予生活费补助，按照每生每学年5000元补助学校，在原有每生每学年3000元国家助学金的基础上，再给予每生每学年7000元生活费补助。做好高校国家奖助学金、国家助学贷款、新生入学资助、研究生"三助"岗位津贴、勤工助学、校内奖助学金、困难补助、学费减免等贫困大学生资助工作，确保覆盖全部建档立卡等贫困大学生。

（三）强化师资队伍建设

落实好乡村教师支持计划。国培计划优先支持贫困地区乡村教师、校长培训。建立省级统筹乡村教师补充机制，依托师范院校开展"一专多能"乡村教师培养培训，着力解决幼儿园教师不足、音体美外语教师短缺等问题。完善城镇优秀教师向乡村学校流动制度，城镇教师晋升高级职称（职务）应有在乡村学校或薄弱学校任教1年以上的经历。实施优质师资资源下乡行动计划，每年安排省级名校长、名教师和"百千万人才培养工程"省级培养对象、特级教师到农村学校巡回讲学和指导。建立对口帮扶教师队伍培养培训机制，发达地区在制定本地区教师培养培训计划的同时，同步将帮扶地市乡村教师培养培训纳入计划，每年将不低于5%的培养培训名额用于欠发达地区乡村教师。提高农村教师信息素养，强化信息技术应用能力，转变教育教学方式。深入实施"三区"（民族地区、革命老区、贫困地区）人才支持计划教师专项计划，每年从全省幼儿园、中小学和中等职业学校选派400名左右优秀教师到"三区"学校支教，每年为"三区"培训一批幼儿园、中小学和中等职业学校的骨干教师和紧缺学科教师。深入实施高校毕业生到农村从教上岗退费政策。

（四）实施教育扶贫结对帮扶

在县域内实施城区优质幼儿园对口帮扶乡镇中心幼儿园。在市域范围内实施优质义务教育学校对口帮扶农村薄弱义务教育学校，鼓励珠三角地区开展义务教育结对帮扶。在省域内实施省市优质普通高中对口帮扶贫困地区普通高中。帮扶市通过设立分校、联合办学、资助基建等多种方式，支持被帮扶市提高办学水平。支持被帮扶市建设区域性公共实训中心，组织开展职业技术院校结对帮扶活动，重点帮助薄弱学校每个专业培养出1~2名区域骨干教师，争创1个以上省级重点或特色专业。

（五）鼓励社会力量广泛参与

支持全省扶贫、教育发展基金会等公益组织参与教育脱贫工作。积极引导各类社会团体、企业和有关国际组织开展捐资助学活动。发挥好工会、共青团、妇联等群团组织的作用，继续实施"金秋助学计划""春蕾计划""研究生支教团"等公益项目或志愿服务项目，组织志愿者到粤东西北贫困地区开展扶贫支教、技能培训和宣传教育等工作。积极发挥金融助力教育脱贫作用。落实社会力量投入教育脱贫的激励政策，通过公益性社会团体或者县级以上人民政府及其部门向贫困地区学校进行捐赠的，其捐赠按照现行税收法律规定在税前扣除。

·专 栏·

广西推进深度贫困地区教育脱贫攻坚

广西壮族自治区深入学习贯彻落实习近平总书记关于扶贫工作的重要论述，通过加大教育投入、强化控辍保学、发展职业教育、实施结对帮扶等举措，扎实推进深度贫困地区完成"发展教育脱贫一批"任务。2018年以来，全区统筹学前教育发展、义务教育薄弱学校改造、困难寄宿生生活费补助、营养改善计划等项目资金，累计向20个深度贫困县投入资金31.88亿元。

一是加大教育资金投入。优先向深度贫困地区投放农村义务教育薄弱学校改造资金等教育专项资金。2018年以来，规划投入资金19.46亿元，为深度贫困地区新建学校28所，校舍面积达64.86万平方米。划拨各项学生资助资金4.09亿元，资助20个深度贫困县建档立卡贫困户家庭学生29万人。

二是加强教师补充和培训。通过公开招聘、特岗计划、小学全科定向培养计划等方式，加大深度贫困地区教师补充力度。通过国培计划、区培计划，对深度贫困地区教师开展全员培训，为每县专项划拨培训经费30万元，培训指标向深度贫困县倾斜。支持深度贫困地区开展教师走教支教，在补助经费上予以保障，招募787名优秀退休教师志愿者到贫困县进行支教。按每人每月不低于200元的标准，为深度贫困县乡村教师发放补助，2019年提高到350元。

三是强化控辍保学工作。出台进一步加强控辍保学提高义务教育巩固水平的通知，明确各级政府和各有关部门工作职责，完善控辍保学"双线四包"工作体系和辍学监测、辍学报告、行政督促复学、司法督促复学工作机制。精准排查适龄儿童少年失学、辍学情况，严格检查核准和比对"学籍系统"和"国扶系统"数据，广泛组织干部、教师深入学生家庭进行家访和劝返。督促深度贫困地区建立义务教育控辍保学"一县一策"，防止适龄儿童少年失学辍学。2018年以来，深度贫困地区共劝返辍学学生687人。

四是实施结对帮扶行动。实施深度贫困地区义务教育学校结对帮扶行动，为深度贫困地区所有乡村中小学安排对口帮扶学校。积极与广东开展教育扶贫协作，2018年以来，各有关市县引入帮扶资金3.14亿元，援建小学16所，结对学校189所，派出1005名教师到广东学校跟岗学习。贫困县33所普通高中、18所职业院校同广东优质学校结成对子，广东派出支教教师376名，巡回讲学459人，在广西百色、河池深度贫困地区开展学校援建、校长培训、教师培训、支教行动等，培训贫困地区校长96名。接受广东社会各界捐赠2731万元、文化用品约12万件。

五是畅通职业教育通道。为深度贫困地区学生开辟招生绿色通道，优先招生，优先选择专业。组建职业教育"圆梦班"，对建档立卡贫困户家庭学生以学校为单位进行虚拟编班，统一管理，全程跟踪，提供个性化就业咨询和指导。开展"2+3""3+2"中高职对口招生，为贫困家庭中职学生提供升学深造的机会。2018年以来，全区中等职业学校（不含技工）从贫困地区招生12.2万人，占全区中职招生总数的53.23%。55所县级中专中有贫困生3607人，2018届全日制毕业生1874人，实现就业1849人，就业率达98.7%，实现有就业意愿的建档立卡毕业生全部就业。统筹资金1600万元，支持8个民族文化传承创新职业教育基地学校建设，推进深度贫困地区扶贫开发和民族文化产业发展。

六是推进推普脱贫攻坚。印发贯彻落实国家《推普脱贫攻坚行动计划（2018—2020年）》实施方案等推普脱贫系列文件，分别在4个深度贫困县举办"推普脱贫乡村行"活动。安排专项工作经费70万元，开展县域普通话普及调查工作。制作"推普脱贫乡村行——跟我学说普通话"手册，向深度贫困县发放3万册。利用广西语言文字网和广西语言文字微信平台，上传音视频教学资料，开展"人人通""小手拉大手"推普脱贫培训。在深度贫困县2018年开展的"推普送培下乡""乡镇推普培训"和"推普周"活动中，参与人数逾万名。

资料来源：摘编自广西壮族自治区教育厅官网　2019年4月3日

五、山西农村教育面临的主要问题

随着城镇化建设的加快和经济社会的快速发展，脱贫地区的农村教育出现了一些新现象、新情况、新问题，亟待研究解决。

（一）农村学校萎缩趋势明显

城镇化和出生人口的变化，导致一些农村学校因生源减少而严重萎缩。2015年，全省58个贫困县共有小学在校生60余万人。

（二）办学资源存在浪费现象

由于人口流动的波动性较强，一些农村出现了布局调整保留的学校、正在改造的学校学生数大幅度减少，教师多于学生，甚至有教师但没有学生的现象，导致办学资源的浪费。

（三）农村师资队伍整体落后

山西农村教育发展最为严重的问题是优质师资力量的短缺。以师生比为基础确定中小学编制数量的做法，已经无法适应农村地区学生人数不断减少的实际，直接造成专职的音乐、体育、美术、信息技术等学科教师缺乏。乡村教师待遇整体偏低、生活条件整体较差，且农村留守儿童、寄宿学生较多，加之学生家长理解、配合度低，导致教师的工作负荷与压力极大，使得乡村教师岗位的吸引力不足，难以招到优秀人才。尽管通过建立特岗计划、免费师范生等专门项目，为乡村引进了一批青年教师，但艰苦的工作环境、微薄的经济收入、高负荷的工作压力，加之男女比例不协调带来的婚恋问题等，难以稳住优秀人才。

（四）留守儿童问题亟待关注

大量青壮年劳动力外流，导致农村出现许多留守儿童和单亲家庭学生，而目前家庭监护缺乏监督指导、关爱服务体系不完善、救助保护机制不健全，使得部分儿童出现心理健康问题甚至极端行为。

六、山西巩固拓展教育脱贫成果的政策建议

治贫先重教，发展教育是减贫脱贫的根本之举。巩固拓展山西教育脱贫成果，不仅需要抓重点、补短板、强弱项，为困难群众"输血"，更要加强扶贫同扶志、扶智相结合，强化困难群众的"造血"功能，激发其自我发展的内生动力和追求美好生活的能力，真正斩断穷根，阻断贫困代际传递。今后一段时间，全省巩固拓展教育脱贫成果要坚持以习近平新时代中国特色社会主义思想为指引，深入贯彻落实习近平总书记对山西工作的重要讲话重要指示精神，不断夯实教育

脱贫基础、提升教育脱贫实效，全面提升脱贫地区教育基本公共服务水平和质量，为深入推进乡村振兴创造条件。

（一）巩固控辍保学成果，完善体制机制建设

健全控辍保学长效工作机制，确保除身体原因不具备学习条件外脱贫家庭义务教育阶段适龄儿童少年不失学辍学。健全政府、有关部门及学校共同参与的联控联保责任机制。健全数据比对机制，精准摸排辍学学生，纳入台账动态管理。坚持"一人一案"，做好残疾儿童教育安置工作。健全定期专项行动机制，在每学期开学前后集中开展控辍保学专项行动，严防辍学新增反弹。健全依法控辍治理机制，完善用法律手段做好劝返复学的工作举措。健全教学质量保障机制，深化教育教学改革，不断提高农村教育教学质量。

（二）加强基础设施建设，改善基本办学条件

改善脱贫地区义务教育学校基本办学条件，聚焦乡村振兴和新型城镇化，进一步优化义务教育学校布局，支持脱贫地区办好必要的村小学和教学点，审慎稳妥推进撤点并校工作。重点解决脱贫地区义务教育阶段薄弱学校教学用房紧缺、寄宿制学校学生生活用房不足、教学设备短缺、实验室未配齐、图书数量不达标等问题，使脱贫地区农村学校教室、桌椅、图书、运动场等教学设施设备满足基本教学需要，宿舍、床位、厕所、食堂、饮水等基本满足生活需要。做好易地扶贫搬迁后续扶持工作，确保义务教育公共服务覆盖所有安置点，适龄儿童少年义务教育安置"一个不漏"。持续提升基础教育信息化水平，巩固中小学校联网攻坚行动成果，加快学校网络提速扩容。加强基础教育信息化建设指导和应用培训，培育并推广一批中小学数字校园、创客教育等方面的优秀典型，并向脱贫县和乡村振兴重点帮扶县

倾斜。建立名校网络资源共享机制，免费向脱贫县和乡村振兴重点帮扶县开放。提升脱贫县和乡村振兴重点帮扶县师生信息素养，构建以校为本、基于课堂、应用驱动、注重创新、精准测评的教师信息素养发展机制，加强学生课内外一体化的信息素养培育，推进信息技术与教育教学的深度融合。

（三）提升乡村教师待遇，完善激励奖补机制

持续实施并利用好国家和省级"特岗计划"，全面实行义务教育教师"县管校聘"管理改革，深入推进县域内义务教育学校教师、校长交流轮岗，推动优秀教师、校长向乡村学校、薄弱学校流动。加强教师培养培训，不断提升教书育人水平。增加脱贫县和乡村振兴重点帮扶县公费师范生培养供给。完善中小学教师待遇保障机制，确保中小学教师平均工资收入水平不低于或高于当地公务员平均工资收入水平。鼓励各地采取多种形式实施本地乡村教师生活补助政策，保障乡村教师待遇。专业技术职务岗位设置向乡村学校倾斜，执行省定最高岗位结构比例。乡村教师在专业技术职务评审时，允许所教专业与所学专业不一致，且不作论文、课题、荣誉等刚性要求。在荣誉表彰评选时，乡村教师名额按比例单列。

（四）完善学生资助制度，建立多元资助体系

持续精准资助农村家庭经济困难学生，加强与民政、残联、人社、乡村振兴等部门的数据比对和信息共享，提高资助数据质量。不断优化学生资助管理信息系统，提升精准资助水平。不断提升学生资助管理水平，健全完善从学前教育到高等教育覆盖各级各类教育的资助体系，确保实现各教育阶段、公办与民办学校、家庭经济困难学生"三个全覆盖"。指导高校针对家庭经济困难、少数民族、身体残疾

等毕业生，建立校院领导、专业教师、辅导员等全员参与的"一对一"精准帮扶机制，提高其就业能力。建立健全农村家庭经济困难高校毕业生"一人一策"分类帮扶和"一人一档"动态管理机制，开展就业能力培训，提供精准化就业指导服务，引导大学生以创新驱动创业，以创业带动就业。加强农村家庭经济困难中职毕业生就业指导，创新就业招聘活动形式，鼓励和支持用人单位通过网络等形式开展宣讲和招聘。配合有关部门落实好求职创业补贴政策。

（五）重视学前教育建设，关爱留守儿童成长

加大对学前教育的投入，构建学前教育体系，重点保障留守儿童和学前残疾儿童。加强脱贫地区乡镇中心幼儿园和村级幼儿园建设，扶持脱贫地区扩大民办普惠性学前教育资源。指导脱贫县和乡村振兴重点帮扶县通过新建、改扩建公办幼儿园，认定扶持普惠性民办幼儿园等多种形式，持续扩大普惠性学前教育资源，提高普惠性幼儿园覆盖率。推动脱贫县和乡村振兴重点帮扶县幼儿园改善办园条件，配备丰富适宜的玩教具材料和图书，尊重幼儿身心发展规律和学习特点，坚持以游戏为基本活动，保教并重，防止和纠正幼儿园"小学化"倾向，促进幼儿身心全面和谐发展。在农村留守儿童集中地区加强农村寄宿制学校建设，促进寄宿制学校合理分布，提高农村留守儿童入住率。加强农村留守儿童和困境儿童的关心关爱工作，强化控辍保学、教育资助、送教上门等工作措施，对有特殊困难的儿童优先安排在校住宿。加强易地扶贫搬迁学校学生的关心关爱工作，帮助其度过转换期，促进社会融入。加强心理健康教育，健全早期评估与干预制度，培养农村儿童健全的人格和良好的心理素质，增强其承受挫折、适应环境的能力。

（六）推进高中对口帮扶，强化职业技术教育

实施县域高中振兴行动计划，推进普通高中育人方式改革，深化省级示范高中学校与脱贫县和乡村振兴重点帮扶县普通高中学校对口帮扶工作，建立健全激励机制，通过管理人员挂职、教师交流培训、学生互访互助、优质资源共享等多种形式，提升全省普通高中教育教学质量和办学水平。持续加大脱贫县和乡村振兴重点帮扶县职业教育支持力度。加强脱贫县和乡村振兴重点帮扶县中等职业学校基础能力建设。鼓励脱贫县和乡村振兴重点帮扶县中等职业学校开设与当地经济社会发展相适应的专业，进一步优化专业结构。在同等条件下，将高水平实训基地建设、品牌专业建设等重点项目、改革试点优先支持脱贫县和乡村振兴重点帮扶县中等职业学校。持续推进重点骨干职业院校对口帮扶脱贫县和乡村振兴重点帮扶县县级职教中心，通过互派教师、专业共建、职业培训，把重点骨干院校多年积累的行业、企业资源和优质教学资源引入县级职教中心，帮助脱贫县和乡村振兴重点帮扶县县级职教中心提升办学水平和质量。

（七）推进营养改善计划，增强学生身体素质

将营养改善计划与义务教育薄弱环节改善与能力提升项目、校内午餐工程相结合，新建、改扩建一批学校食堂，不断提高学校食堂供餐比例和供餐能力。加强各级教育部门与市场监管、卫健、疾控等部门的合作，强化营养健康宣传教育、食品安全及学校食堂督查，不断提升学校食堂安全管理能力和学生营养健康水平。

（八）推行专项招生计划，培养乡村振兴人才

继续面向农村及脱贫县和乡村振兴重点帮扶县实施重点高校招生专项计划，继续实施中央财政支持的中西部地区农村订单定向免费本

科医学生培养项目。启动公费农科生定向招生培养模式试点，加大涉农高校、涉农专业建设力度。发挥高等学校教育资源优势，围绕"新农科"建设，加强一流专业建设，建设省级一流涉农专业。把耕读教育纳入涉农专业人才培养体系。深化产教融合、校企合作，推动乡村振兴育人模式教育教学改革，支持企业、科研院所与相关高校开展产学研合作，引导山西农业大学等涉农高校积极创办产业学院、产业创新研究院，培养适应全省农业发展新需求的专业技术技能人才。指导高校有效开展创新创业实践活动，鼓励大学生广泛参与创新创业项目训练和"互联网+"大学生创新创业大赛，促进大学生创新创业。

（九）引导树立正确理念，全面激发内生动力

通过"扶智扶志"，帮助困难家庭青少年树立远大理想，并为梦想而努力奋斗，激发困难群众的内生动力，变"输血"为"造血"。加强顶层设计，把教育脱贫经验做法和其他政策有机结合，在思想引导、文化教育和技能培训等方面综合施策，统筹推进，增强科学性、针对性、实效性。引导困难群众树立"宁愿苦干、不愿苦熬"的观念，发扬自力更生、艰苦奋斗、勤劳致富精神，处理好政府、社会帮扶和自身努力的关系，强化困难群众主体地位，鼓励依靠辛勤劳动改变落后面貌。

分报告五
山西健康脱贫
政策研究

实施健康脱贫，是践行以人民为中心发展思想的必然要求，是促进经济社会高质量发展的必然要求，是推进中国式现代化的必然要求。解决因病致贫、因病返贫问题是脱贫攻坚的"硬骨头"，做好健康扶贫工作就是要敢于啃硬骨头，采取针对性、系统性措施，通过综合治理、精准识别、靶向治疗，实现"五个提高"，破解因病致贫、因病返贫问题。

一、山西实施健康脱贫意义重大

实施健康扶贫工程，就是在脱贫攻坚的大局下，坚持精准扶贫、精准脱贫基本方略，针对农村贫困人口因病致贫、因病返贫问题，突出重点地区、重点人群、重点病种，进一步加强统筹协调和资源整合，采取超常规举措，提升农村贫困人口医疗保障水平和贫困地区医疗卫生服务能力，全面提高农村贫困人口的健康水平，为农村贫困人口与全国人民一道迈入小康社会提供坚实的健康保障。

加快推进健康扶贫，是贯彻党的根本宗旨的必然要求。习近平总书记强调，全党同志要把人民放在心中最高位置，坚持全心全意为人民服务的根本宗旨，实现好、维护好、发展好最广大人民根本利益，把人民拥护不拥护、赞成不赞成、高兴不高兴、答应不答应作为衡量一切工作得失的根本标准，使我们党始终拥有不竭的力量源泉。消除贫困、改善民生、逐步实现共同富裕，是社会主义的本质要求，是我们党的重要使命。实施健康扶贫工程，防治重大疾病，维护人民健康是践行我们党全心全意为人民服务宗旨的必然要求，是巩固党长期执政基础的必然要求，也是中国共产党人义不容辞的政治担当。

加快推进健康扶贫工程，是全面建设社会主义现代化国家的应有之义。"十四五"时期是开启第二个百年奋斗目标、迈向社会主义现代化国家新征程的重要时期。以习近平同志为核心的党中央,从贯彻治国理政新理念、新思想、新战略的高度,把人民群众生命安全和身体健康放在第一位,全面推进健康中国建设,加快实施健康中国行动,深化医药卫生体制改革,持续推动发展方式从以治病为中心转变为以人民健康为中心,为群众提供全方位全周期健康服务。

加快推进健康扶贫工程,是"健康山西"建设的重要任务。2016年全国卫生与健康大会之后,山西制定了《"健康山西2030"规划纲要》等一系列发展规划,开启了健康山西建设的新征程。加快推进健康扶贫工程,就是要通过深化医药卫生体制改革,迅速补齐医疗卫生资源的短板、服务能力的短板和健康促进的短板,为"健康山西"保驾护航。

·专栏·

国家健康扶贫三年攻坚行动重点实施六项攻坚行动

2018年7月2日,国家卫生健康委员会联合国务院扶贫办在四川省成都市召开全国健康扶贫三年攻坚工作会议,提出我国将采取超常规举措,全面实施健康扶贫三年攻坚,重点实施六大攻坚行动。

一是实施贫困人口托底医疗保障三年攻坚行动。通过城乡医疗救助制度,对经城乡居民基本医疗保险和城乡居民大病保险报销后的个人自付医疗费用给予倾斜救助,将农村贫困人口住院及门诊大病、长期慢性病医疗费用个人自付比例控制在可承受范围内。

二是实施贫困人口大病和慢性病精准救治三年攻坚行动。全面推进大病专项救治工作，2018年将妇女"两癌"（宫颈癌、乳腺癌）、肺癌、尘肺病等纳入专项救治范围。今年年底前扩大到20个病种，到2020年力争达到30个病种，实现贫困人口大病救治工作规范化。做实做细家庭医生签约服务，优先为农村贫困人口提供慢病规范管理。加强动态管理，提高分类救治工作精准度。

三是实施贫困地区医疗卫生服务能力提升三年攻坚行动。力争用三年时间，实现贫困地区县乡村三级医疗卫生机构标准化建设全覆盖。压实三级医院对口帮扶责任，提高帮扶成效。

四是实施贫困地区传染病、地方病综合防治三年攻坚行动。开展艾滋病、结核病、包虫病、大骨节病等重点疾病的综合防治。

五是实施贫困地区健康促进三年攻坚行动。针对重点人群、重点疾病、主要健康问题和健康危险因素开展健康教育，普及健康知识，提升健康素养，引导贫困地区群众养成良好卫生习惯和健康生活方式。

六是实施深度贫困地区健康扶贫三年攻坚行动。卫生健康领域政策优先供给、项目优先安排、资金优先支持、资源优先提供、社会力量优先对接深度贫困地区。

资料来源：摘编自《健康报》2018年7月3日

二、山西健康脱贫成效显著

脱贫攻坚战打响以来，山西紧紧围绕让贫困群众有地方看病、有医生看病、有制度保障看病、少生病的工作目标，深入实施健康扶贫工程，探索形成了"双组长"引领，"双签约"服务，"三个一批"救治、"三保险三救助"保障看得起病，"县乡医疗卫生机构一体化改革"保障看得上病，"136"兴医工程保障看得好病的"山西经验"，健康扶贫工作取得显著成效。

一是实行了大病慢病分类救治制度。建立"大病集中救治一批，慢病签约服务管理一批，重病兜底保障一批"疾病分类救治机制并不断拓展，推动健康扶贫政策精准到人、精准到病。大病救治病种扩大到37种，累计救治大病贫困群众34.61万人次，签约服务慢病贫困患者44.85万人次，实现了对贫困人口的应治尽治、应签尽签、应保尽保。

二是解决了基本医疗有保障突出问题。58个贫困县县医院全部达到二级水平。全省累计新建、改扩建村卫生室1.3万所，采购村卫生室设备27万多台件，"填平补齐"了常用药品。全省累计补充村医3000余名，实现了每个行政村卫生室至少有1名合格医生服务的目标。贫困县乡镇卫生院全部配齐X光机（DR）、生化分析仪和心电图机。贫困地区医疗卫生机构和人员"空白点"全部清零。

三是提升了贫困地区医疗卫生服务能力。县乡医疗卫生机构一体化改革、组团式精准帮扶、专科联盟、远程诊疗系统在贫困地区实现全覆盖，对贫困地区实行资金项目优先倾斜、能力短板优先补齐、对口支援优先安排、"一体化"改革优先扶持的"四优先"帮扶，从管理、技术、人才等方面辐射带动贫困地区医疗卫生机构服务能力整体提升。中央和省级卫生资金向贫困县倾斜达到40多亿元，在贫困县实施全民健康保障工程项目90余项，三级医院累计向贫困地区派驻医务人员8000余名，开展医疗新技术新业务1900余项，完成门急诊诊疗40

余万人次，开展手术1.9万例。贫困地区医疗管理和医疗技术指标大幅增长。

四是遏制了因病致贫返贫增量。免费为贫困地区艾滋病患者开展抗病毒治疗并全部转移至定点医院救治，免费为结核病贫困患者提供一线抗结核药品。碘缺乏、大骨节等地方病持续保持消除或控制状态。免费妇女"两癌"筛查、新生儿疾病筛查等重大公共卫生服务项目在58个贫困县实现全覆盖，累计完成宫颈癌检查190余万例、乳腺癌检查150余万例、新生儿疾病筛查16万人次，筛查出的患者均得到了早期干预和治疗。免费开展癌症、心血管病、脑卒中等重大慢性病筛查及早诊早治，惠及群众58万人次。

·专　栏·

我国健康扶贫取得扎实进展

健康是脱贫和实现共同富裕的基础与动力。党的十八大以来，国家卫健委认真贯彻落实中共中央、国务院决策部署，深入实施健康扶贫工程，全面实现农村贫困人口基本医疗有保障，累计帮助近1000万个因病致贫返贫家庭成功摆脱贫困，取得显著成效。

一是全面消除乡村医疗卫生机构和人员"空白点"，基本实现农村群众公平享有基本医疗卫生服务。明确基本医疗有保障目标标准，历史性解决了部分地区的基层缺机构、缺医生问题，实现农村群众有地方看病、有医生看病，常见病、慢性病基本能够就近获得及时治疗。

二是脱贫地区县级医院服务能力实现跨越式提升，城乡医疗服务能力差距不断缩小。将加强县医院能力建设作为主攻方向，实现每个脱贫县至少有1家公立医院，98%的脱贫县至少有1所二级及以上医院，脱贫地区县医院收治病种的中位数已达到全国县级医院整体水平的90%，越来越多的大病在县域内就可以得到有效救治。

三是因户因人因病精准施策，帮扶措施落实到人、精准到病。建立全国健康扶贫动态管理信息系统，对贫困患者实行精准分类救治。截至2020年底，累计救治2000多万人，曾经被病魔困扰的家庭挺起了生活的脊梁。

四是重点地区重点疾病防控取得历史性成效。坚持预防为主，实施重大传染病、地方病防治攻坚行动，长期影响人民群众健康的艾滋病、包虫病和地方病等重大疾病得到有效控制，为全面推进健康中国建设奠定基础。

资料来源：摘编自国务院新闻办公室官网　2022年5月24日

三、山西健康脱贫的主要做法

中共中央、国务院高度关注和支持山西的健康脱贫工作，习近平总书记等党和国家领导人亲赴贫困山区就健康扶贫考察调研。山西省委、省政府坚决贯彻习近平总书记扶贫开发重要战略思想，以"打不赢脱贫攻坚战，就对不起这块红色土地"的态度和决心，高位推动。党政主要领导带头把脱贫攻坚政治责任扛在肩上、抓在手上，多次对健康扶贫工作进行研究部署，省脱贫攻坚领导小组多次研究部署全省健康扶贫工作。全省实行健康扶贫"双组长"，由分管业务工作的副省长和分管脱贫攻坚的副省长共同担任健康扶贫领导组组长；实行健康扶贫专项督导与综合督导相结合的"双督导"。全省逐步形成了"双组长"引领、"双督导"推进、"双签约"服务、"三个一批"救助、"三保险三救助"保障、县乡医疗卫生机构"一体化"改革助力的精准健康扶贫模式。

（一）实施"三个一批"，减少因病致贫返贫存量

山西坚持以大病、慢病、重病为帮扶重点，让困难群众"看得好病"。一是大病集中救治一批。扩大救治范围，除国家规定的9种大病外，将集中救治病种扩展到24种。组织开展大病救治服务月活动，常态救治与集中救治相结合，累计救治贫困群众2.8万余人，救治进展率达到99.8%。二是慢病签约管理服务一批。对贫困人口实行的是"双签约"服务，即家庭医生和乡村干部与贫困人口"双签约"，家庭医生为签约贫困人口提供个性化的基本医疗卫生服务，乡村干部为签约贫困人口提供健康扶贫政策宣讲和医保报销等代报代办服务，使服务更精准、更连续、更贴心。为保证签约服务质量，组建了2.1万个"双签约"服务团队，对因病致贫返贫群众实现应签尽签。针对贫困慢性病患者服务需求，制定基础服务包和个性化签约服务包，对高血压、糖尿病、脑卒中、冠心病等慢性病患者提供不超过三个月的慢病长处方。除常态化服务外，还集中组织开展"进万家、送服务、保健康""暖冬行动"等服务活动。三是重病兜底保障一批。建立了"三保险三救助"的兜底保障长效机制。"三保险"是基本医保、大病保险、补充医疗保险，"三救助"是个人缴费救助、免费适配辅助器具救助、特殊困难帮扶救助。包括六项举措：第一，提高门诊慢病报销水平。对患35种特殊慢性病的贫困人口，门诊医保目录内费用按病种

支付限额100%报销；对未纳入35种特殊慢性病的其他门诊慢性病，按不低于60%的比例报销。第二，住院医保目录内费用实行兜底保障。在县域内、市级、省级住院，个人年度自付封顶额分别为1000、3000、6000元；个人自付封顶额以上的费用全部由医保基金报销。第三，住院医保目录外费用原则上报销85%。省内住院就医目录外控制比例范围内的费用由补充医疗保险按85%报销。第四，个人缴费全额救助。农村贫困人口参加城乡居民基本医保的个人缴费部分由财政部门全额救助。第五，免费适配辅助器具救助。为有相应需求的持证残疾人免费适配基本辅助器具。第六，特殊困难帮扶救助。对罹患24种大病的晚期贫困患者每人给予5000元大病关怀救助；对少数特殊困难人群个人自付费用通过民政医疗救助帮助解决，经办机构、医疗机构遇到的特殊问题由市、县政府帮助解决。此外，还在县域内定点医疗机构全面实现"先诊疗后付费"和报销"一站式"结算。

（二）加大防病力度，降低因病致贫返贫增量

预防是最经济、最有效的健康策略。在健康扶贫工作中，我们牢固树立"大健康、大卫生"的理念，贯彻"预防为主"，努力提高贫困地区群众的健康水平。一是推进基本公共卫生服务项目更精细化实施。针对贫困地区小散远村落多、村医服务能力低的状况，在基本公共卫生服务项目实施上，推行网络化管理、团队式指导、签约式服务，以网络化管理细化项目实施责任，以公共卫生机构专家团队点对点的培训指导提升村医能力，以村医和村干部"双签约"的形式保障服务质量。通过"一化两式"的实施，58个贫困县儿童疫苗报告接种率、老年人健康管理率、结核病患者健康管理率、高血压患者规范管理率、严重精神障碍患者管理率等均达到或超过国家规范标准。二是

坚持重大公共卫生项目向贫困地区优先倾斜。省财政加大对农村妇女宫颈癌、乳腺癌免费筛查资金投入，全部安排到36个国贫县，为近60万贫困地区妇女进行了"两癌"筛查。新生儿疾病筛查项目和儿童营养改善项目全部安排在贫困县。同时，免费孕前优生健康检查、为怀孕妇女免费增补叶酸等项目也优先在贫困地区实现全覆盖。三是加大城乡环境卫生整治和健康促进力度。有17个贫困县创建了国家卫生县城，建设改造卫生厕所439.4万户。推进贫困地区慢性病综合防控示范区建设，已建成1个国家级示范县、7个省级示范县。在贫困地区启动"三减三健"全民健康生活方式专项行动，建设健康小屋、健康学校、健康社区、健康主题公园等健康支持性环境143个。

（三）强化基层能力建设，让贫困人口更方便地看病

山西着眼脱贫攻坚全局，综合施策，聚焦薄弱环节，攻克坚中之坚，让困难群众"看得起病"。一是加大资金投入。卫生计生项目资金最大限度向贫困地区倾斜，支持吕梁山集中连片贫困地区11个卫生项目建设，支持贫困县建设乡镇中医馆。二是加大对口支援。在三级医院纵向帮扶医联体覆盖所有58个贫困县的基础上，以吕梁山连片贫困地区和深度贫困县为重点，由多所三级医院医务人员组成医疗队实施"组团式"精准帮扶，医疗队队长担任县医院副院长，其他人员分别担任科室负责人。三是加大技术协作。建立跨区域专科联盟，在贫困县启动胸痛中心、心血管、疼痛、肾病、儿童妇幼等专科联盟，协作县级医院，建设远程会诊系统，58个贫困县优先实现全覆盖。四是加大弱项扶持。针对贫困地区妇幼保健服务能力薄弱的问题，建立市级危重孕产妇救治中心、危重新生儿救治中心，县级危重孕产妇救治中心和危重新生儿救治中心。五是加大人才培养。为贫困县免费培养订单定向医

学生，免费培养医学中专生，免费培训中医临床技术骨干。六是加大"一体化"改革。58个贫困县医疗集团全部挂牌成立，县乡医疗卫生机构一个独立法人，实行行政、人员、资金、业务、绩效、药械"六统一"管理。医疗集团为乡镇卫生院引进新技术、投入新设备，积极提供远程会诊服务。

（四）强化健康脱贫组织领导，构建部门合力推动工作架构

积极完善健康脱贫政策体系，先后出台了《山西省健康扶贫行动计划方案》和《健康扶贫行动计划》《健康扶贫工作考核办法》《山西省农村贫困住院患者县域内"先诊疗后付费"的工作方案》《加强三级医院对口帮扶贫困县县级医院的实施办法》《开展健康扶贫"五个一"活动实施方案》等配套文件。同时，坚持"从群众中来，到群众中去"的工作理念，先后开展了"社保三项政策"落实情况的专项督导，"因病致贫返贫问题"和"健康扶贫政策落实及知晓情况"专题调研等活动，客观掌握政策落实情况及时调整帮扶机制。在此基础上，积极协调卫生计生、发展改革、民政、扶贫、财政、人社、教育、保监、残联等部门共同发力，合力攻坚。卫生计生部门和扶贫部门共同负责健康扶贫的统筹协调和督促落实；人社部门负责落实基本医保政策，并与保监部门共同做好大病保险政策制定，推动健康商业补充保险的落实，负责监督管理等工作；民政部门负责制定和落实医疗救助政策，提高救助水平；教育部门负责落实免费培养医学生计划，招生录取等工作；残联负责开展残疾人基本康复服务等工作。

·专 栏·

国家健康脱贫主要经验

近年来，国家卫生健康委深入学习贯彻习近平总书记关于扶贫工作的重要论述和中共中央、国务院脱贫攻坚决策部署，围绕基本医疗有保障的目标要求，会同国家医保局、国务院扶贫办等有关部门精准施策，合力攻坚，推动健康扶贫取得了决定性成就。

一是全面改善贫困地区医疗卫生机构设施条件，提升县域医疗卫生服务能力。将加强县医院能力建设、"县乡一体、乡村一体"机制建设、乡村医疗卫生机构标准化建设作为主攻方向，强化资金投入、项目建设、人才培养，补短板、强弱项，全面改善贫困地区医疗卫生机构设施条件，提升服务能力。开展三级医院对口帮扶，通过上级医疗卫生机构选派医生到乡村巡诊、派驻等方式，远程医疗覆盖所有贫困县并向乡镇卫生院逐步延伸，推动优质资源向贫困地区倾斜并逐级下沉，全面消除贫困地区乡村医疗卫生机构和人员"空白点"，实现每个乡镇和每个行政村都有一个卫生院和卫生室并配备了合格医生，贫困地区县医院收治病种中位数已达到全国县级医院整体水平的90%，服务能力得到跨越式提升。

二是因户因人因病精准施策，推动措施落实到人、精准到病。组织动员全国80多万基层医务人员全面摸清贫困人口患病情况，实施大病集中救治、慢病签约服务管理、重病兜底保障"三个一批"行动计划，对贫困患者实行分类救治，实行"及时发现、精准救治、有效保障、动态监测"全过程管理，全面实现了对贫困人口的应治尽治、应签尽签、应保尽保，有效减轻了贫困人口医疗费用负担，累计分类救治1900多万贫困患者。

三是强化健康危险因素控制，推动健康扶贫关口前移。坚持预防为主，聚焦重点地区、重点人群、重点疾病，一地一策、一病一方，实施地方病、重大传染病、尘肺病防治攻坚行动，贫困地区艾滋病高发态势得到全面遏制，结核病、包虫病得到全面控制并逐步消除，克山病、燃煤污染型砷中毒、血吸虫病病区县消除率达到100%，碘缺乏病、大骨节病、燃煤污染型氟中毒病区县消除率达到96%以上，尘肺病患者得到有效救治，一些长期影响人民群众健康的重大疾病问题得到有效解决，取得历史性成就。强化妇幼、老人等重点人群健康改善，深入开展爱国卫生运动和健康促进，贫困地区健康环境全面改进，群众健康水平明显提升，为全面推进健康中国建设奠定了基础。

四是统筹推进新冠肺炎疫情防控和健康扶贫。在疫情防控紧要关口，及时指导贫困地区基层广大医务人员投入疫情防控第一线，充分运用健康扶贫工作过程积累的方法和经验，在较短的时间内，全面控制了疫情的扩散蔓延，实现了确诊病例和疑似病例的快速清零，推动将贫困地区新冠肺炎疫情影响降到最低，为快速复工复产、推进脱贫攻坚创造了有利条件。

资料来源：摘编自国务院新闻办公室官网　2020年11月20日

·专 栏·

吕梁市健康脱贫成效与经验

2018年"两会"后，时任国务院领导地方调研首站就来到吕梁，带来了党中央对老区人民的亲切关怀，并就健康扶贫作出重要指示。一年来，吕梁市认真抓好领导讲话贯彻落实，强基层、建机制、重预防，健康扶贫取得重要进展，各项政策全面落地，努力实现贫困人口基本医疗有保障。5个县、12.7万贫困人口如期摘帽脱贫。2个县成功创建全国健康扶贫示范县，2个县的做法被央视报道。每万人全科医生由1.3人提高到1.8人，接近全国平均水平，卫生健康事业发展后劲显著增强。

一、强基层，让群众看得上病。在村级，由市级财政对在岗医生每人每月补助200元，在4个县进行村卫生室整合试点，提高服务可及性。在乡级，由财政按1.2万元的标准，对175人进行全科医生转岗培训。落实全科医生特岗72人。出台全额补偿学费的政策，招录到69名应届本科医学毕业生。在县、市级，13个县均成立医疗集团，也就是医共体，2家市级三甲医院在天津肿瘤医院、湘雅医院的帮助下分别建成肿瘤中心、卒中中心，6个基建项目在国家成功立项、中央财政补助1.6亿元。目前，13所县医院均达到二级甲等，53所乡镇卫生院达到了一级甲等，村卫生室达标率为91.4%，远程诊疗体系框架初步建立。贫困人口大病救治、慢病签约、重病兜底的服务率在99%以上。

二、建机制，让群众看得起病。健全贫困人口医疗保障政策体系，贫困人口参保完全免费，由市、县财政按3∶7比例进行分担，医疗费用个人自付比例不超过10%。有3个县建立了慢病补充医疗保险（人均保费200元），将110种慢病纳入保障范围（含全省35种）。率先实现先诊疗后付费"一站式"结算，报销周期不超过1个月，2个县还开通县域外"一站式"结算，3个县探索实行代办员制度。1个县在统一居民医保政策中取消个人账户，推行门诊（人头费为100元/人）和住院（按病种付费为主）双重打包预付制度。

三、重预防，让群众少得病。将健康教育纳入县、乡政府目标管理，注重发挥乡卫计办在公共卫生、健康教育、综合监督等方面的管理职能。坚持好懂、好记、实用，编制下发《健康教育宣传活页》，依托家庭医生团队，进村入户，普及基本健康知识与技能，培养健康生活方式，并防控季节性健康风险。2018年7月还举行村医健康知识比武大赛，国家卫健委有关负责同志出席指导，人民网、央视网、新华网做了报道。

四、保落实，党政一把手亲自抓负总责。把健康扶贫作为政治任务来抓，由市委书记和市长牵头抓总。成立了由分管卫生健康和分管扶贫的两位副市长任"双组长"的健康扶贫领导组，并指定了一位组长负责与国家卫健委、省卫健委联系汇报，推动形成三医联动、上下协同的工作格局。明确各县委书记、县长为健康扶贫工作第一责任人。每月集中调度，加强督导问效。

资料来源：摘编自国家卫生健康委员会官网　2019年4月29日

四、国内健康脱贫的先进经验

健康脱贫就是让基层群众特别是脱贫地区的农民看得起病、看得好病，保障和提高其基本医疗卫生服务。近年来，全国各地围绕健康脱贫涌现出了一批先进典型，积累了一些有益经验，值得学习和借鉴。

甘肃：强化基层医疗卫生点建设。针对基层医疗卫生机构薄弱点和"空白点"问题，整合各类资金加大对健康扶贫工程的投入力度，强化了县医院、中医院、妇幼保健院，县级医疗机构薄弱学科、重点专科及影像、心电、病理、检验、消毒供应等区域医学中心，为乡镇卫生院配备DR等远程诊断、远程教育设备，为村卫生室配备常用诊疗设备，基层医疗服务能力稳步提升。同时，出台了《关于加强和改进全省卫生健康人才引进工作的通知》，将事前审批变为事后备案，放开了医疗机构用人自主权，开通了医疗卫生人才的绿色通道。

西藏：实现贫困人口基本医疗保险制度全覆盖。对农牧区特困人员参保缴费给予全额补贴；对参加城乡居民基本医疗保险的建档立卡贫困人口，个人缴费部分进行定额资助。将城乡贫困人口大病保险起付线降低50%，医疗费用报销比例提高5个百分点。在此基础上，还对贫困人口实施倾斜性医疗救助政策，提高年度救助限额，普通医疗救助提高到每人每年10万元；对个人及家庭自付医疗费用负担仍较重的，实行重特大医疗救助，救助提高到每人每年20万元。

湖北：推进5G技术应用与健康扶贫深度融合。省卫生健康委与中国电信湖北公司签订了战略合作协议，双方共同推进5G在远程医疗、县域医共体、健康扶贫等领域的创新实践，缓解"看病贵、看病难"问题，让偏远地区的群众享受到大城市大医院优质医疗资源的服务。

借助5G大带宽、低时延、广连接的特点，将大量人工智能分析和数据运算放在混合现实云平台进行处理，实现与大型教学医院在远程沟通、教学、精准手术指导方面的无缝对接，有效解决偏远贫困地区资金、设备、技术不足的问题，大幅度提升医疗服务质量。

广西：开展健康教育进乡村行动。依托村级公共服务中心、村委会、村卫生室等平台，采取广播、标语口号、手机短信、文艺演出等多种形式，针对村民主要健康问题开展健康教育，传播健康素养基本知识和技能。举办健康教育讲座，每村每2个月不少于1次；开发有针对性的健康知识标语口号，要求通俗易懂、内容科学、适宜在乡村地区传播；以贫困村为重点，发挥家庭医生、驻村第一书记、驻村工作队员、村"两委"干部等优势，深入贫困家庭，帮助贫困家庭加强健康管理，根据村民的疾病特点提供健康教育服务。

·专 栏·

重庆：实干苦干"真扶贫"

近年来，重庆创新思路，蹚出一条实干苦干、韧性奋斗的健康扶贫路子，取得良好成效。

"三看"识别"帮扶谁"

如何让健康扶贫政策的阳光雨露洒在"关键少数"，需要找准穷根。对识别"贫困"，重庆有一套自己的方法：一看房、二看粮、三看有无药罐郎。看房、看粮，是指要了解农户收入情况，从经济方面判断其贫困程度；看药罐郎，主要了解农户家庭成员的身体健康状况，走访贫困户是否有因病致贫、因病返贫现象。重庆"三看识真贫"，从收入、健康两方面，从经济、精神两层面，识别因病致贫、因病返贫户。随后又多次进行大走访，对贫困家庭致贫原因、健康状况、相关疾病进行核实调查，并及时录入全国健康扶贫动态管理系统，核准率达99.95%。"健康扶贫，来不得半点水分，我们就是要从一个个具体细节开始抓落实，否则有的地方就会形成'破窗效应'，导致真正的因病致贫户得不到救助和帮扶。"重庆市卫生健康委有关负责人说。

"四策"指引"怎么扶"

重庆给出健康扶贫总目标——到2020年，实现基本医保、托底保障、大病专项救治、签约服务管理、公共卫生服务覆盖全部农村贫困人口。在总目标的指引下，重庆为因病致贫户分类制定四条脱贫路径。

打好"7+3+2"政策组合拳，让贫困群众有钱看病。建立健全"三保险""两救助""两基金"七大保障线，减轻贫困人口医疗费用负担。通过大病集中救治一批、慢病签约服务管理一批、重病兜底保障一批"三个一批"，对贫困群众开展分类救治。实行住院"先诊疗，后付费"、出院"一站式结算"两项便民服务，贫困患者只支付个人自付部分费用，各类报销由平台自动核算。

提升基层能力，确保贫困群众有地方看病。加强贫困地区县乡村三级医疗卫生机构建设，每个贫困区县建好1~2所区县级公立医院，改善乡镇卫生院和村卫生室服务条件。推进远程医疗服务逐步向乡镇卫生院和村卫生室延伸，方便开展群众远程就医和保健指导等健康管理服务。

加强人才队伍建设，确保贫困群众有人看病。推进全市卫生人才培养和使用，实施基层"守门人才"培养工程，启动基层优秀卫生人才选拔培养项目，每年选拔100名重点培养。"一乡一策"抓深度贫困乡镇帮扶，为18个乡镇量身定制健康扶贫方案，帮助基层配齐设施设备，改善基本医疗、公卫服务和人居环境。实施鲁渝卫生与健康扶贫协作三年行动，构建山东省19所省市级医院与重庆市14个贫困区县医院结对帮扶长效机制。

加强公共卫生和疾病预防控制工作，让贫困群众少得病。抓好疾病预防控制、健康促进行动、爱国卫生运动等，提高贫困人口"防大于治"的健康意识。从政策兜底、基层能力提升、队伍建设到公卫防治，重庆"对症下药"，实现精准健康扶贫到村到户到人，确保扶到点上、扶到根上。

资料来源：摘编自《人口报》2019年4月10日

五、山西巩固拓展健康脱贫成果的政策建议

习近平总书记深刻指出，没有全民健康，就没有全面小康。健康扶贫是打赢脱贫攻坚战的关键举措。山西省委、省政府要认真贯彻落实党的二十大精神和中央部署要求，巩固拓展健康扶贫成果，为乡村振兴提供更加坚实的健康保障。

（一）发展思路

到2025年，山西要实现农村低收入人口基本医疗卫生保障水平明显提升；脱贫地区县乡村三级医疗卫生服务体系进一步完善，服务能力和可及性进一步提升；重大疾病危害得到控制和消除，卫生环境进一步改善，居民健康素养明显提升；城乡、区域间卫生资源配置逐

步均衡，居民健康水平差距进一步缩小。具体讲，要持续巩固和完成6个主要指标：一是乡村两级医疗卫生机构和人员"空白点"动态清零；二是常住人口超过10万人的脱贫县有1所县级医院达到二级医院医疗服务能力；三是脱贫地区乡镇卫生院和行政村卫生室完成标准化建设，乡镇卫生院中医馆设置全覆盖；四是签约家庭医生的农村低收入人口高血压、糖尿病、结核病和严重精神障碍的规范管理率达到90%；五是大病专项救治病种≥30种；六是脱贫地区居民健康素养水平"十四五"期间总上升幅度达到5个百分点。

（二）政策建议

围绕巩固拓展健康扶贫成果与乡村振兴有效衔接，坚持新时代卫生健康工作方针，过渡期内保持健康扶贫主要政策总体稳定，调整优化支持政策，补齐脱贫地区卫生健康服务体系短板弱项。深化县域综合医改，深入推进健康乡村建设，完善国民健康促进政策，提升乡村卫生健康服务能力和群众健康水平。

一是巩固拓展健康脱贫重要成果。逐步扩大大病专项救治病种和慢病签约服务重点人群范围，做好对脱贫地区大病患者的规范化诊治和慢病患者的公共卫生、慢病管理、中医干预等综合服务。动态监测脱贫人口、边缘易致贫人口大病、重病救治情况及乡村医疗卫生机构和人员变化情况，主动发现，及时跟进，有效解决，确保患者及时享受救治、康复等健康服务。

二是强化脱贫地区卫生健康服务。完善县乡一体化管理机制，推进乡村一体化管理，依托现有资源建立开放共享的县域影像、心电、病理诊断和医学检验等中心，调动基层医疗卫生服务的积极性，实现基层检查、上级诊断和区域内互认。继续开展"组团式"精准帮扶，加强脱贫地区临床重点专科建设和乡镇卫生院中医馆建设，注重提升远程医疗服务利用效率。要重点抓好县乡村三级健康服务网络建设，落实三级医院对口帮扶、优质医疗资源下沉。由三级医院对口帮助脱贫地区县级医院建设好职能科室、重点项目，做到技术兜底，推进乡镇卫生院、村卫生室标准化建设全覆盖；更新升级换代乡镇卫生院、村卫生室的医疗器械设备，提高其诊疗能力。要依托"互联网＋医疗健康"，使远程医疗服务全面覆盖公立医院、乡镇卫生院、村卫生室。通过不断改善就医条件，给予贫困群众全面的健康保障。要加强基层医疗卫生人才队伍建设，允许脱贫地区采取面试、直接考察等方式对高学历、急需紧缺专业人才等公开招聘，对长期在艰苦地区、基层一线工作的优秀专业技术人员给予职称聘任政策倾斜。要通过"上派下送"、办培训班和学术讲座、组织基层卫生技术人员跟班学习或脱产进修等形式，提高基层医疗机构诊疗技术水平。要加大人才引进力度，并在职称评定、岗位编制、薪酬待遇等方面对愿意扎根艰苦地区的医疗卫生人才给予政策支持，做到"真诚留人、待遇留人、事业留人"。

三是组织开展健康教育普及行动。加强健康知识教育是提升群众健康素养和防病治病能力的有效途径，是引导群众做到"有病早治、无病早防"的重要手段。要成立开展健康普及的专业机构和专业队伍，广泛开展健康教育进校园进农村进社区进家庭活动，精准识别不同人群的健康状况与需求，做到分类指导。要通过农村广播、农家书屋、文化大院、微信短信等宣传平台和形式，把健康知识送到基层群众手里；要通过知识讲座、义诊咨询，现场为群众提供求医问药、防病治病的指导；要依托家庭医生签约服务，进村入户发放健康知识读本，实现"一人一张健康处方"，对慢性病患者开展"一对一"心理疏导和个性化施治。

四是扎实推进"健康山西"行动计划。加强传染病监测报告和分析研判，落实针对性防控措施。对地方病高危地区重点人群采取预防和应急干预措施，对现症病人开展救治和定期随访工作。加强癌症、心血管疾病等早期筛查和早诊、早治。深入实施农村妇女宫颈癌、乳腺癌和免费孕前优生健康检查项目。在脱贫地区继续实施儿童营养改善项目和新生儿疾病筛查项目，强化出生缺陷防治。积极开展健康促进行动，推动健康教育进乡村、进家庭、进学校。要持续开展爱国卫生运动，把健康教育融入美丽乡村建设，改厕改水美化环境，指导农村群众科学膳食、注重食品安全，不断提高群众防病治病意识，减少患病风险，筑牢群众抵御疾病的"防火墙"。

分报告六
山西金融脱贫
政策研究

　　金融扶贫是国家实行精准扶贫、精准脱贫战略的重要组成部分。习近平总书记强调，要做好金融扶贫这篇文章，通过完善激励和约束机制，推动各类金融机构实施特惠金融政策，加大对脱贫攻坚的金融支持力度。党的十八大以来，中央作出金融扶贫的制度安排，把金融扶贫作为精准扶贫的重要一环，围绕精准扶贫、精准脱贫制定了一系列政策措施。国家有关部委相继出台一系列金融助推脱贫攻坚的指导性意见，明确了农村金融扶贫开发的工作要求，推动了金融扶贫特别是小额信贷扶贫的创新。山西是全国脱贫攻坚重点省份，也是全国著名的革命老区，贫困人口多，贫困程度深，脱贫任务重。实施精准金融扶贫，是山西立足脱贫攻坚新形势、适应脱贫攻坚新要求的重要举措，是农村贫困人口如期脱贫、实现全面小康的重要途径。

一、金融扶贫的理论政策创新

　　金融扶贫是打赢脱贫攻坚战的重要内容。党的十八大以来，以习近平同志为核心的党中央高度重视金融扶贫工作，制定出台了一系列政策措施，有力地推动了金融扶贫的各项工作。

（一）习近平总书记关于金融扶贫的重要论述

　　金融扶贫是脱贫攻坚战略的重要组成部分，习近平总书记对做好金融扶贫工作多次作出重要指示，是新时代我国金融扶贫理论创新的集中体现，指明了金融扶贫的前进方向、提供了根本遵循。

　　2015年2月13日，习近平总书记在陕甘宁革命老区脱贫致富座谈会上指出，在顶层设计上，要采取更加倾斜的政策，加大对老区发展的支持，增加扶贫开发的财政资金投入和项目布局，增加金融支持和服务，鼓励引导社会资金投向老区建设，鼓励引导企事业单位到老区兴办各类事业和提供服务，形成支持老区发展的强大社会合力。2015年6月18日，习近平总书记在贵州视察时指出，要增加金融资金对扶贫开发的投放，吸引社会资金参与扶贫开发，要积极开辟扶贫开发新的资金渠道，多渠道增加扶贫开发资金。2015年11月27日，习近平总书记在中央扶贫开发工作会议上指出，要做好金融扶贫这篇文章，要加大对脱贫攻坚的金融支持力度。2017年6月23日，习近平总书记在山西太原主持召开深度贫困地区脱贫攻坚座谈会时强调，要发挥政府投入的主体和主导作用，发挥金融资金的引导和协同作用。2017年7月14日，习近平总书记在全国金融工作会议上指出，要建设普惠金融体系，加强对小微企业、"三农"和偏远地区的金融服务，推进金融精准扶贫，鼓励发展绿色金融。2018年2月12日，习近平总书记在打好精准脱贫攻坚战座谈会上指出，脱贫攻坚，资金投入是保障。必须坚持发挥政府投入主体和主导作用，增加金融资金对脱贫攻坚的投放，发挥资本市场支持贫困地区发展作用，吸引社会资金广泛参与脱贫攻坚，形成脱贫攻坚资金多渠道、多样化投入。2020年3月6日，习近平总书记在决战决胜脱贫攻坚座谈会上强调，要加大产业扶贫力度，注重长期培育和支持种养业发展，继续坚持扶贫小额信贷，加大易地扶贫搬迁后续扶持力度，确保稳得住、有就业、逐步能致富。

（二）金融扶贫的政策设计和制度安排

2015年11月29日，中共中央、国务院下发《关于打赢脱贫攻坚战的决定》，对金融扶贫政策作出总体要求。加大金融扶贫力度。鼓励和引导商业性、政策性、开发性、合作性等各类金融机构加大对扶贫开发的金融支持。运用多种货币政策工具，向金融机构提供长期、低成本的资金，用于支持扶贫开发。设立扶贫再贷款，实行比支农再贷款更优惠的利率，重点支持贫困地区发展特色产业和贫困人口就业创业。运用适当的政策安排，动用财政贴息资金及部分金融机构的富余资金，对接政策性、开发性金融机构的资金需求，拓宽扶贫资金来源渠道。由国家开发银行和中国农业发展银行发行政策性金融债，按照微利或保本的原则发放长期贷款，中央财政给予90%的贷款贴息，专项用于易地扶贫搬迁。国家开发银行、中国农业发展银行分别设立扶贫金融事业部，依法享受税收优惠。中国农业银行、邮政储蓄银行、农村信用社等金融机构要延伸服务网络，创新金融产品，增加贫困地区信贷投放。对有稳定还款来源的扶贫项目，允许采用过桥贷款方式，撬动信贷资金投入。按照省（区、市）负总责的要求，建立和完善省级扶贫开发投融资主体。支持农村信用社、村镇银行等金融机构为贫困户提供免抵押、免担保扶贫小额信贷，由财政按基础利率贴息。加大创业担保贷款、助学贷款、妇女小额贷款、康复扶贫贷款实施力度。优先支持在贫困地区设立村镇银行、小额贷款公司等机构。支持贫困地区培育发展农民资金互助组织，开展农民合作社信用合作试点。支持贫困地区设立扶贫贷款风险补偿基金。支持贫困地区设立政府出资的融资担保机构，重点开展扶贫担保业务。积极发展扶贫小额贷款保证保险，对贫困户保证保险保费予以补助。扩大农业保险覆盖面，通过中央财政以奖代补等支持贫困地区特色农产品保险发展。加强贫困地区金融服务基础设施建设，优化金融生态环境。支持贫困地区开展特色农产品价格保险，有条件的地方可给予一定保费补贴。有效拓展贫困地区抵押物担保范围。

2016年3月16日，中国人民银行、国家发展改革委、财政部、中国银监会、中国证监会、中国保监会、国务院扶贫开发领导小组办公室联合印发《关于金融助推脱贫攻坚的实施意见》，从精准对接脱贫攻坚多元化融资需求、大力推进贫困地区普惠金融发展、充分发挥各类金融机构助推脱贫攻坚主体作用、完善精准扶贫金融支持保障措施等方面对金融扶贫作出具体要求。

2018年6月15日，在《中共中央 国务院关于打赢脱贫攻坚战三年行动的指导意见》中，对金融扶贫工作作出进一步要求。加大金融扶贫支持力度。加强扶贫再贷款使用管理，优化运用扶贫再贷款发放贷款定价机制，引导金融机构合理合规增加对带动贫困户就业的企业和贫困户生产经营的信贷投放。加强金融精准扶贫服务。支持国家开发银行和中国农业发展银行进一步发挥好扶贫金融事业部的作用，支持中国农业银行、中国邮政储蓄银行、农村信用社、村镇银行等金融机构增加扶贫信贷投放，推动大中型商业银行完善普惠金融事业部体制机制。创新产业扶贫信贷产品和模式，建立健全金融支持产业发展与带动贫困户脱贫的挂钩机制和扶持政策。规范扶贫小额信贷发放，在风险可控前提下可办理无还本续贷业务，对确因非主观因素不能到期偿还贷款的贫困户可协助其办理贷款展期业务。加强扶贫信贷风险防范，支持贫困地区完善风险补偿机制。推进贫困地区信用体系建设。支持贫困地区金融服务站建设，推广电子支付方式，逐步实现基础金融服务不出村。支持贫困地区开发特色农业险种，开展扶贫小额贷款保证保险等业务，探索发展价格保险、产值保险、"保险+期货"等新型险种。扩大贫困地区涉农保险保障范围，开发物流仓储、设施农业、"互联网+"等险种。鼓励上市公司、证券公司等市场主体依法依规设立或参与市场化运作的贫困地区产业投资基金和扶贫公益基金。贫困地区企业首次公开发行股票、在全国中小企业股份转让系统挂牌、发行公司债券等按规定实行"绿色通道"政策。

二、山西金融扶贫的主要做法

山西省委、省政府深入贯彻落实习近平总书记关于扶贫工作的重要论述和对山西工作的重要讲话重要指示精神，以"打不赢脱贫攻坚战，就对不起这块红色土地"的态度和决心，高位推动、综合施策、精准发力，在财政金融扶贫方面实施精准帮扶，通过有限的财政资金引导和撬动更多的社会资本投向扶贫开发工作，取得了显著成效。

一是狠抓投放保规模。扶贫小额信贷必须有一定的覆盖面和信贷规模，只有达到一定的规模，才能发挥作用。扶贫小额信贷的首要任务还是精准投放，能贷尽贷，确保规模。扶贫小额信贷与产业相结合，要选好项目，以脱贫规划为引领，以重点项目为平台，引导扶贫小额信贷聚焦"一村一品一主体"投放，帮助贫困户选准选好产业项目，并纳入县级脱贫攻坚项目库，使贫困户融入产业发展并长期受益。创新模式，支持和鼓励贫困户通过户贷户用自我发展、户贷户用合伙发展、户贷社管合作发展、户贷社管合营发展等多种模式，实现增收致富。充实力量，充分发挥驻村帮扶工作队、第一书记的作用，深入开展驻村帮扶"六大行动"。各村确定一名信贷管理员、产业指导员、科技服务员、电商销售员，配合放贷银行做好信用评级，贷前调查、贷中审查、贷后管理，跟踪信贷资金使用和产业项目实施情况。

二是分类施策解难题。解决"户贷企用"问题是工作重点。对于有一定产业基础、有良好社会责任担当的企业或其他组织实际使用的扶贫小额信贷，经办银行切实加强贷后管理，密切跟踪，科学评估，到期收回贷款或转为企业产业扶贫贷款；不规范的及时解决纠正。对于贫困户不知情、不享受扶贫小额信贷优惠政策或贫困户只享受利息、分红而不参与生产劳动的情况，地方政府和经办银行切实采取措施，坚决予以纠正；出现风险的及时收回。对于已出现风险或经营管理不善的企业，经办银行及时收回贷款，或及时转为企业商业贷款，防止风险向贫困户转移。

三是坚定不移促规范。扶贫小额信贷的质量，是扶贫小额信贷政策的生命。"续"上着力，防止一"退"了之。要坚持和完善政策，政策不变，力度不减，不能说扶贫小额信贷有风险了，就不搞了，坚决禁止简单采取一律收回的方式，不再给符合条件的贫困户办理贷款。"稳"上施策，防止一"续"了之。严格遵守条件和原则，稳妥办理续贷和展期，禁止简单采取续贷、展期等方式延长贷款期限，致使风险关口后移，掩盖还贷风险。"好"上谋划，防止一"偿"了之。用好财政贴息和风险保证金，细化风险补偿金启动条件和运行办法，严禁没有摸清贫困户、承接扶贫小额信贷的经营主体是否有能力还款就匆忙启动风险补偿金，造成财政资金不合理使用。

四是未雨绸缪防风险。木桶有短板就装不满水，底板有洞就装不下水。解决问题补齐短板，防范风险加固底板。提前监测预警。充分运用全国扶贫开发信息系统（扶贫小额信贷模块）及放贷银行工作系统，一月一监测、一月一分析、一月一调度，将系统数据作为监测、预警等工作的重要依据，牢牢把握工作主动权。防范潜在风险。以县为主体，建立扶贫小额信贷台账，加强资金跟踪和监管服务。对即将到期贷款提前开展预测分析。对到期贷款统筹考虑农户生产周期匹配、自然灾害、市场波动等情况，相应采取清收、续贷、追加贷款、信用惩戒等方式，分类处置，妥善应对。发展保险扶贫。推广以返贫险为基础的"一保通"保险扶贫模式。支持保险机构开发推广特色农产品保险、人身意外险、大病保险、扶贫小额信贷保证保险等保险产品。

五是总结宣传推典型。扶贫小额信贷是脱贫攻坚的品牌工程，做好总结宣传尤为重要。宣传政策成效。开展有针对性的宣传，进一步提高政策知晓度，让贫困群众用好用足政策。广泛宣传扶贫小额信贷政策实施以来取得的成效，让正面宣传占领舆论阵地，坚定各方面继续发展扶贫小额信贷的信心。总结谋划工作。全面梳理总结扶贫小额信贷政策实施情况，有多少贫困人口贷了款、贷款干了什么，多少人发展了产业、增收多少、脱贫多少，有哪些好做法、好经验等等。消除绝对贫困后，扶贫小额信贷应该转为常态化支持政策，围绕支持额度、政策措施等提前研究谋划。

六是部门协作聚合力。实践证明政府用心、银行尽心、监管精心、带动连心，贫困户就会收益开心。坚持"国家统筹，省负总责，市县抓落实"的工作机制，完善"双组长"制，健全"三级联动、政银融合"服务体系，各级加强沟通、密切配合，各部门齐心协力、共同给力，为抓好扶贫小额信贷工作提供坚实保障。

·专栏·

山西深化扶贫小额信贷主要做法

近年来，山西深入贯彻落实习近平总书记扶贫开发重要战略思想，主动作为、精准发力，推进扶贫小额信贷健康发展。

一是制度引领牵紧"牛鼻子"。研究出台一系列政策措施，加强政策解读，完善工作机制，落实扶贫小额信贷乡镇包干责任制和首问负责制。

二是监管引领深耕"责任田"。坚持一手抓精准投放，一手抓风险防控，督促指导银行业强化社会责任，主动分解扶贫小额信贷目标规划，采取监测通报、监管约谈、现场督查等措施，倒逼责任落实。

三是作风引领筑牢"防火墙"。突出重点治理领域和重点治理内容，坚持求真务实，推动问题解决，力促整改零死角。

四是目标引领当好"联络员"。围绕重点难点开展专题调研，建立与有关部门常态化联络机制，加强沟通协调，推进资源统筹、信息共享。

资料来源：根据有关资料编辑整理

·专栏·

山西农信助推精准扶贫

山西省农村信用社联合社创立于1945年，目前在全省已有3156个机构、1888个自助网点、16000多个助农服务点，覆盖全省所有城镇和乡村。截至2016年6月末，农信社资产总额达到9289亿元，贷款余额3633亿元，存款余额6310亿元，居全省金融机构首位。

作为扎根农村的"百姓银行"和地方金融的主力军，多年来，省农村信用社始终坚持服务"三农"宗旨，坚守农村金融阵地，不断提升金融扶贫服务水平，全力支持贫困地区脱贫致富。目前，面向贫困县投放的贷款总额达到994.35亿元，其中农户贷款余额达473.8亿元。

一是依托"山西农信强农兴社金融普惠工程"，开展普惠扶贫。按照"一次核定、随用随贷、余额控制、周转使用"的方式，为贫困地区农户发放利率优惠的农户小额信用贷款。截至6月末，全省58个贫困县农村信用社和有关外设机构为25.24万农户发放小额信用贷款余额达98.1亿元。此外，通过增设物理网点、自助网点，配备流动服务车，开设金融综合服务站等新型服务载体，拓展网上银行、手机银行、微信银行、电话银行等现代电子渠道的方式，为偏远贫困地区客户提供了便捷的普惠金融服务。

二是依托"百企千村产业扶贫开发工程"，开展产业扶贫。省联社和国资委建立战略合作关系，携手支持企业开展产业扶贫。截至6月末，全省农信社为30户省属国企农业开发公司开立账户，达成贷款意向14.8亿元；对接市属企业16户；对接民营企业31户，开立账户28户，投放贷款达3.34亿元。

三是依托"金融支持特色产业发展富民扶贫工程"，开展精准扶贫。各级农信社利用"脱贫贷""富民贷""强农贷"，对全省建档立卡贫困户实施精准扶贫，大力支持扶贫企业、能人大户等好项目、好产业，带动贫困人口脱贫致富。截至6月末，全省农信社面向建档立卡贫困户发放的扶贫小额贷款余额达7.24亿元。

此外，开展创新扶贫，积极创新担保方式，扩大抵押范围，降低贷款门槛，涌现出大学生村干部创业贷款、巾帼妇女创业贷款、诚信续贷通贷款等诸多特色产品，积极加大林权、土地承包经营权、大型农机具为主的"三权抵押"贷款试点开办力度。截至6月末，全省农信

社林权抵押贷款余额达4.41亿元，土地收益保证贷款和土地承包经营
权抵押贷款余额达1.12亿元。

资料来源：摘编自《发展导报》2016年8月26日

三、山西金融扶贫存在的困难问题

在肯定成绩的同时，也要清醒地认识到，当前全省银行业金融扶
贫工作还存在一些问题，部分银行业金融机构金融扶贫工作特别是扶贫
小额信贷工作抓得还不够硬、紧、实，导致任务落实情况不够理想。

（一）思想认识不到位，落实任务不积极

一是思想认识存在偏差。有的机构对金融扶贫工作重要性认识
不足，认为有贷款意愿、符合贷款条件的贫困户已基本得到满足，剩
余贫困户应由社会保障兜底，忽视了内源式扶贫的重要性，要通过让
贫困户不断融入产业发展，激活贫困户内生脱贫动力，增强其自我发
展能力，从而实现稳定增收、逐步致富。二是工作开展浮于形式。尽
管监管部门三令五申银行业要强化金融扶贫责任和担当，有的机构仍
旧一味追求经济利益，金融扶贫工作停留在"喊口号""做样子"，
没有具体的扶贫小额信贷工作计划。三是工作主动性不足。有的机构
"上交问题"代替"主动应对"，被动等待总行出台统一的制度、设
计统一的产品。有的机构"摆困难"代替"想办法"，以政策发生变
化等为由，至今还在消极观望。

（二）工作机制未建立，政策规定不落实

一是相关制度没有建起来。近年来，山西银监局出台多个金融

扶贫指导意见，督促各银行业金融机构建立扶贫小额信贷尽职免责机制，提高不良容忍度，将扶贫小额信贷工作纳入内部考核，但一些机构落实不到位。二是督导推动措施没有跟上。山西银监局高度重视扶贫小额信贷督导工作，局领导多次带头开展包片督导。反观各机构情况：有的机构一把手以工作繁忙为由，从未或很少深入基层调研督导，不了解基层实际情况，自然也就找不到对接贫困户信贷需求的有效途径；有的机构与扶贫等部门对接不紧密，政策、信息共享不充分，无法形成扶贫工作合力。三是扶贫小额信贷政策宣传没有落地见效。有的非涉农银行业金融机构以没有县域网点为由，未落实"一季度开展一次进农村活动"的要求，或将宣传活动集中在乡镇政府所在地，未深入贫困地区开展政策宣传解读，没有达到预期效果。四是贷款管理不到位。个别机构扶贫小额信贷管理不够尽职，"重放轻管"，存在将扶贫小额信贷资金用于非生产性领域的现象。

（三）工作方法不对路，造成事倍功半

有的机构金融扶贫基础工作做了不少，但收效甚微，主要是工作方法出了问题。一是工作计划不科学。个别机构金融扶贫工作安排滞后，没有制定投放计划。二是工作思路僵化，创新能力不足。有的机构扶贫小额信贷模式单一，在产品和模式方面缺乏灵活创新，发放扶贫小额信贷仅局限于支持传统农业产业领域，未从光伏、旅游、电商等特色产业领域做文章，未深挖贫困户信贷需求。三是产业带动作用不明显，金融加速脱贫效能不足。有的机构对接当地产业发展规划不紧密，以"撒胡椒面"的方式发放产业扶贫贷款，无法形成产业集聚效应，扶贫带动效果不好。

四、国内金融扶贫的先进经验

安徽：推广"一自三合"模式，强化机制创新。坚持精准方略和户贷户用户还方向，瞄准有评级授信、有劳动能力、有贷款意愿和产业发展需求的贫困户，创新推广扶贫小额信贷"一自三合"模式。一是户贷户用自我发展模式。即有自主发展能力和发展条件的贫困户，通过户贷户用"自我发展"扶贫产业，独立生产经营实现增收脱贫。二是户贷户用合伙发展模式。即贫困户与贫困户，或与一般农户，或与能人大户、农民合作社、致富带头人等新型农业经营主体开展代种代养、租赁、托管、订单生产等合伙生产经营，通过互帮互助带动贫困户共同发展产业，形成抱团发展的合力。三是户贷社管合作发展模式。即贷款贫困户加入或抱团成立特色种养业、手工业专业合作社，由合作社提供产前培训、产中指导、产后销售等一条龙服务，统一采购原材料，统一标准生产加工，统一销售，让贫困群众在参与中学有标杆、干有标准，学习技术、学会经营，变"输血"为"造血"，形成脱贫致富长效机制。四是户贷社管合营发展模式。即贷款贫困户加入或抱团成立农民合作社，与龙头企业等新型经营主体协作合营，成立新的经营主体，并确立抱团贫困户的主体地位和合作社的经营主导权，引入和发挥龙头企业等新型经营主体的资金、技术、信息、销售和服务优势，充分发挥新型经营主体的带动作用，保证合作社和贫困户资金安全、稳定收益和生产就业能力的提升。

江西：以"四个到位"持续推进扶贫小额信贷健康发展。一是省级政策制度设计到位。中国人民银行南昌中心支行等三部门联合制定了《江西省产业扶贫贷款贴息管理（暂行）办法》，中国人民银行总行对其做法给予了肯定和认可，并在全行业转发文件推广；省扶贫和移民办等七部门联合制定了《关于全面推行"扶贫和移民产业信贷通"风险补偿机制的实施方案》，完善小额信贷工作机制，规范运行；省扶贫和移民办等四部门联合制定了《江西省建档立卡贫困户评级授信工作方案》，从省级层面对这项工作进行制度设计，有利于整体推进这项工作、规范推进这项工作。同时，省扶贫和移民办、省财政厅、省农信社、省农业银行等单位为落实这些政策，都制定了具体的实施意见，确保扶贫小额信贷工作落到实处。二是部门协作推进到位。在推进扶贫小额信贷工作过程中注重部门分工协作，从制度上理顺工作关系，凝聚工作合力。扶贫和移民部门抓好工作的组织实施，严把贫困人口认定关；财政部门抓好风险补偿金使用监管，保证资金使用的合规性；农业、林业等部门大力扶持特色优势主导产业发展，做好技术指导和产业风险预警；人民银行加强统筹协调，推动产业金融扶贫政策的落实；银监部门加强扶贫产业信贷扶持政策落实的监督考核；保监部门鼓励保险机构提供保险产品和产业增信服务。相关合作银行加大扶贫产业贷款放贷力度，建立全流程运行管理机制。三是风险防控到位。首先是坚持规范管理，严格按照政策要点，坚持贫困户自愿和参与原则，加强贫困户有效信贷需求的甄别，严格规范贷款资金使用模式。其次是强化风险监测，根据不同放贷年限和批次，结合每月系统数据填报，及时监控扶贫小额信贷运行情况，积极主动研判可能发生的各类风险，采取有针对性的防控措施，切实保障工作安全稳定发展。再次是探索制度创新，以县为单位按贷款实际需求安排风险补偿基金规模，与合作银行实行最合理的风险分担机制；推行"小贷扶贫保"等贷款保证保险服务，为贫困户发展产业提供融资增信支持，并叠加贷款贴息、保费补贴、产业直补、免费技术培训等扶持政策，极大地缓解了贷款风险，降低了贷款成本，提升了资金使用效果。为更好贯彻落实《中共中央 国务院关于打赢脱贫攻坚战三年行动的指导意见》精神，制定了《江西省产业扶贫运行机制管理办法》，其中对产业扶贫贷款的信贷政策、政府支持政策、贴息政策和产业扶贫保险政策进行了规范完善，并从技术、市场和小额信贷三方面对产业扶贫风险防范机制进行了细化。四是跟踪问效到位。实行了严格的通报、监测、督察和考核制度，压实工作责任，突出工作成效，主要表现为"四个强化"。强化统计通报，建立了月度统计通报制度，每月通报结果抄送省扶贫开发领导小组组长（省委书记、省长）、副组长（省委副书记、常务副省长、分管副省长），各设区市委书记、市长、副书记、常务副市长、分管副市长，各县（市、区）委书记、县（市、区）长，将工作中存在的政策落实不到位、工作推进不平衡等问题直接点名通报，限期整改。强化数据监测，专门安排了一位同志负责，每日对各地扶贫小额信贷信息系统数据进行动态监测，第一时间将发现的问题在工作交流群中通报。建立数据监测问题台账，实行问题登记和整改销号的动态管理，督促各地核查整改，确保早发现问题，早整改到位。强化督察考核，用好考核指挥棒，印发了《关于加强扶贫小额信贷工作督察的通知》，将扶贫小额信贷工作列入全省9个省派脱贫攻坚督察组常规督察重要内容，明确将政策要点执行、贷款使用方式、金融风险防控等方面作为督察重点，并要求各督察组将各地扶贫小额信贷工作情况列入督察报告内容。强化结果运用，将系统数据监测和工作督察情况，作为省对市、县党委、政府脱贫攻坚工作成效考核的重要依据。

湖南：以"三个坚持"为路径，科学有序推进小额信贷。牢牢把握产品设计初衷和政策核心要素，在对象瞄准、机制创新、产融结合等方面，努力做到对象不脱靶、政策不跑偏。一是坚持精确瞄准，合规发放贷款。瞄准"四有两好一项目"（有劳动能力、有致富愿望、有贷款意愿、有收入保障，遵纪守法好、信用观念好，参与产业扶贫开发或自主选择了较好的小型生产经营项目）建档立卡贫困户，严格执行"1万~5万元额度、基准利率、期限灵活确定、财政最长3年贴息"几个核心要素，为符合条件的贫困户合规发放贷款。二是坚持政府主导，完善制度体系。在制度设计上，始终坚持政府主导，不断创新完善。2014年以来，先后出台了《关于进一步明确全省扶贫小额信贷贴息工作的通知》《关于进一步明确扶贫小额信贷风险补偿金和分贷统还问题的意见》《关于进一步规范扶贫小额信贷分贷统还工作的通知》《关于建立扶贫小额信贷分贷统还项目跟踪监管制度的通知》《关于规范整改扶贫小额信贷分贷统还业务的通知》等5个规范性文件，从顶层设计上不断完善扶贫小额信贷制度体系。三是坚持产融结合，助力发展增收。始终坚持扶贫小额信贷为产业发展和贫困户增收服务，要求各地按照"四跟四走"金融产业扶贫思路，加大对扶贫优势产业的培育力度，使贫困户深度融入产业，最大程度地释放信贷需求。鼓励各地创新融合发展模式，采取"以社带户、以企带村"的方式，一方面，继续探索完善由贫困户建设和经营产业基地，合作社提供技术指导和管理服务，"企业+电商"负责产品销售的帮扶机制，通过打通上下游产业链，让贫困户成为产业发展的生产主体和受益主体；另一方面，在确保贫困户是借款、使用和还款主体的前提下，将信贷资金、土地资源等生产要素进行整合，与企业或能人合伙发展产业，实现抱团发展。

人民银行成都分行：构建"四位一体"的正向激励机制，精准引导扶贫小额信贷投放。一是运用货币信贷政策工具加强引导。在广元先行试点取得成功经验的基础上，印发"扶贫再贷款+扶贫小额信贷"金融精准扶贫到村操作指南，引导金融机构积极运用扶贫再贷款低成本资金发放扶贫小额信贷。建立"核定额度、循环使用、随借随还"的扶贫再贷款审批发放制度，提高扶贫再贷款资金使用效率。建立完善扶贫再贷款"台账、回访、考核、通报"四环节监督管理机制，确保资金精准用于脱贫攻坚领域。运用扶贫再贷款资金发放的扶贫小额信贷利率不超过4.35%，比其他农村商业贷款利率低2个百分点以上。二是运用财政资金撬动金融资源投入。制定出台财政金融互动政策，按扶贫小额信贷发放额的1%给予金融机构费用补贴，对采集建档立卡贫困户信用信息的机构给予每户2元的费用补助。财政补贴后，金融机构运用自有资金发放扶贫小额信贷约有0.4%的息差、运用扶贫再贷款资金发放扶贫小额信贷约有0.9%的息差，实现了"保本微利"。三是运用风险补偿基金为贫困户增信。推动160个有扶贫任务的县100%建立扶贫小额信贷风险基金，与银行按7∶3的比例（深度贫困地区为8∶2）分担信贷风险。积极探索引入保险、担保、再担保等分担扶贫小额信贷风险，全面推广"扶贫保"、扶贫小额信贷保证保险等保险产品和"政担银企户"五方互动扶贫模式。四是运用差异化监管政策充分调动金融机构的积极性。全面落实差异化监管要求，要求主要涉农金融机构针对脱贫攻坚单列信贷资源、单设扶贫机构、单独考核扶贫绩效、单独研发金融产品。全面落实扶贫小额信贷尽职免责制度，在风险可控的前提下办理扶贫贷款无还本续贷业务。区别对待逾期和不良，提高扶贫贷款不良率容忍度，对深度贫困地区银行业机构扶贫小额贷款不良率高于其各项贷款不良率2个百分点以内的，在机构监管评价中给予一定的容忍度。

·专　栏·

河南三门峡市完善扶贫贷款风险分担防控机制

近年来，三门峡探索建立"211"风险分担防控机制，进一步完善"政银保"风险分担合作方式，解除银行和保险机构的后顾之忧，让银行放心贷、保险机构放心保。

（一）设立"两个风险补偿资金池"

对银行设立金融扶贫风险补偿资金池，破解银行机构不愿放贷问题。县级风险补偿金按各主办银行放贷比例合理分配、存入放贷行，并随着放贷规模扩大，及时追加风险补偿金。目前，各县级财政已累计安排金融扶贫风险补偿资金1.51亿元。

对保险公司设立保证保险专项风险补偿金池，破解保险机构不愿保问题。风险补偿金额度大小主要综合本年度预期放款金额、目前辖区内融资类业务违约率及保险公司责任比例等来确定，同时风险补偿金额度随贷款投放规模而调整，确保可持续使用。目前，全市五个非贫困县（市、区）均已设立保证保险专项补偿金，其中湖滨区100万保险专项补偿金已到位。

（二）施行"一张大保单"

以县为单位，将所有政策性保险险种和扶贫小额信贷保证保险进行打包整合，形成"一张大保单"。一是把与政府签订"政银保"合作协议作为保险公司报名参加政策性保险招标的首要条件，在协议中明确要求相关保险公司采用"政银保"风险分担模式为贫困户、非贫困户和新型经营主体提供金融扶贫保证保险。二是将盈利的政策性保险作为保险公司承担扶贫小额信贷保证保险的补偿激励措施。各县级财政根据保险公司扶贫小额信贷保证保险业务的承保规模，分配政策性保险的市场份额，拨付相关政策性保险的财政补贴。"一张大保单"和保险专项风险补偿金的设立，为保险公司承担风险上了"双保险"，调动了保险公司承保积极性，保单出具速度加快，2018年全市新增扶贫小额贷款3565户1.81亿元，户贷率增加6%。

（三）建立"一套监管服务机制"

把好四道关，确保贫困群众和带贷新型经营主体贷款"还得上"，争取实现贷款到期还款率100%，严守不发生系统性金融风险的底线。一是把好审核关，严格贷前调查。通过村推荐、乡审核、县审批和银行、保险机构贷前调查的方式，对每笔贷款使用意向严格把关，确保贷款"贷得准"。二是做好服务关，持续贷中跟踪问效。乡村干部、驻村工作队员、第一书记、帮扶责任人持续对贫困户发展项目提供市场信息、技术培训、产品销售等方面服务，跟踪解决生产中遇到的各种问题，确保贷款"用得好"。三是建立管控关，加强贷后风险监管。制定《贷后管理办法》，建立县乡村三级扶贫小额信贷管理台账，从贷款发放到本息收回的全过程进行贷款动态监测管理，包括账户监管、贷后检查、风险监控、档案管理、风险预警、贷款收回、有问题贷款处理等，确保贷款"还得上"。同时建立"熔断机制"，对扶贫贷款不良率超过5%的村整体停止贷款，对30%的村被熔断的乡（镇），停止对该乡（镇）贷款的发放。四是筑牢思想关，将诚信教育贯穿始终。通过帮扶夜校、入户宣传等方式对建档立卡贫困户进行自强、诚信、感恩教育和扶贫小额信贷政策宣讲，让贫困群众树立诚信意识，斩断"赖账"思想，确保贷款"还得快"。

资料来源：根据网络资源整理

五、山西巩固拓展金融脱贫成果的政策建议

金融脱贫作为扶贫开发战略体系的重要组成部分，必须紧密结合脱贫地区的实际情况，更新理念，创新模式，以省级政策性金融扶贫实验示范区为平台，以金融支持脱贫地区发展和脱贫农户增收为核心，实行全方位、多品种、整区域金融组合支持，改善金融生态，配合金融部门在脱贫地区形成"贷得出、用得好、还得上"的良性机制。

（一）继续扩大脱贫地区融资规模

巩固拓展金融脱贫攻坚成果，仅靠有限的财政资金难以满足需要，必须将财政资金和金融资金有机结合起来，形成强大合力。其实质就是以富民为出发点，以资金扶持为主导，以信贷资金市场化运作为基础，以建立有效风险防控机制为支撑，以帮扶机制创新为保障，解决农民担保难、贷款难问题，放大资金效益，做大做强特色优势产业，加快脱贫地区农民增收致富步伐。

一是持续增加脱贫地区贷款投放。脱贫地区银行业金融机构可贷资金主要用于当地信贷投放，银行业金融机构要抓紧制定信贷计划，做好台账建立工作，不断加大对脱贫地区的信贷投放。过渡期内，力

争脱贫县每年各项贷款增速高于当年全省各项贷款平均增速，新增贷款占全省贷款增量的比重高于上年水平；脱贫户贷款增速高于农户贷款平均增速。脱贫县银行业金融机构当年新增可用资金80%以上用于当地。国家开发银行省分行、农业发展银行省分行、农业银行省分行、邮储银行省分行、省农村信用联社、村镇银行要认真落实与各级农业农村等部门合作协议，加大资金投入力度。

二是宏观调控释放资金定向用于巩固拓展脱贫攻坚成果。脱贫地区金融机构可尝试采取定向降准、提高合意贷款容忍度等措施，确保定向释放的可用资金100%用于帮扶工作。

三是扩大直接融资规模。积极支持脱贫地区企业对接多层次资本市场，实现股权和债券融资。大力推进帮扶龙头企业首发上市和"新三板"挂牌，鼓励支持省股权托管交易中心壮大农业板块，设立林业板块，拓宽脱贫地区企业融资渠道。支持引导脱贫地区符合条件的企业首次公开发行股票并上市，力争有更多的企业在股权金融资产交易中心挂牌、在"新三板"挂牌，进一步建立和健全农村产权交易中心。

四是构建金融帮扶支撑体系。银行要创新运用货币政策工具，发挥支农支小再贷款、再贴现、差别存款准备金率、差异化监管政策等工具的正向激励作用，引导和鼓励金融资源向脱贫地区聚集。运用好扶贫再贷款，提升帮扶的精准度。加强农村信用体系建设，深入开展信用户、信用乡镇创建活动，加强金融知识和金融帮扶政策宣传，提高脱贫地区农户的金融素养和风险识别能力，培育"有借有还、再借不难"的金融意识和诚信意识。国家开发银行、农业发展银行等政策性银行分支机构重点做好易地扶贫搬迁、基础设施以及新型城镇化建设项目的储备、包装与对接工作，充分利用低成本、长周期的开发性、政策性资金，为贫困人口发展生产、改善生活提供良好的外部环境。大型商业银行和股份制银行等金融机构积极向脱贫地区延伸服务网点，实现脱贫地区金融服务全覆盖。重点支持脱贫地区特色优势产业以及涉农龙头企业、专业合作社、家庭农场、专业大户等新型经营主体，通过产业发展引领和新型经营主体带动，为脱贫人口提供更多的就业和创业机会。农村信用社等合作性金融机构进一步完善法人治理结构，实现商业化经营，推动小额信贷、农户联保等金融产品和服务创新，通过"农户信用评分+信贷"等方式强化风险管理，将资金投向农村，发挥农村金融主力军功能。

（二）不断加大金融精准帮扶力度

金融帮扶贵在精准，重在精准，成败之举在于精准。一方面，要认识到支持脱贫户增收致富，是金融机构应尽的政治任务和社会责任。对能够带动和促进脱贫群众增收致富的特色产业，即使微利甚至没有收益，也要不遗余力予以支持；另一方面，在经济新常态下，农村金融已成为值得开拓的"蓝海"，开展金融帮扶正是金融机构开拓新领域、培育新优势的重要途径。涉农金融机构要利用"本乡本土"和"地缘人缘"优势，立足当地、沉下身子，运用互联网思维和大数据信息，摸深、摸透本地市场，主动与地方政府部门及帮扶机构联袂合作，依据脱贫户生产、收入、资产等实际，确定刚性的精准识别措施，探索建立金融帮扶档案，精准识别脱贫地区有生产能力及金融服务需求的脱贫户以及能带动脱贫户增收致富的新型农业经营主体、涉农小微企业、种养殖大户等并建档立卡，明确扶持对象。涉农金融机构要从农业供给侧角度思考问题，运用差异化信贷培育帮扶主导产业，创新推出农房、土地、林权、果园抵押贷款，以及农用生产设备、库存商品抵押，仓单质押，订单农业贷款，果蔬打包贷款等，盘活农村存量资产。完善农村金融服务方式，支持产业帮扶，从增加额度、简化手续等服务创新入手，利用"公司+农户""企业+农民合作社+农户""家庭农场+农民合作社"等农业产业链金融服务模式，以产业链带动帮扶工作发展。充分运用"金融+"思维，将金融机构自身优势与帮扶政策、财政资金相结合，探索创新帮扶贷款新模式，推动信贷资金流向农村，流向脱贫户。可借鉴"政府担保+金融机构+农户"的杠杆模式、"公司+农户+信贷"的产业链带动模式、"农户信用评分+信贷"的征信模式、"政银保"小额帮扶贷款模式等。

一是保证产业帮扶贷款的增长。脱贫地区发展，产业是依托，金融是支撑。各类金融机构要把对产业的支持作为金融帮扶的重中之重。要增加产业帮扶信贷额度。有关金融机构要加大信贷资源投入，划定专门的信贷额度，要用好再贷款政策，把政策性低成本资金优先用于支持脱贫县发展带动脱贫户的特色产业。要把支持重点放在脱贫人口参与度高、带动脱贫人口增收能力强的产业、龙头企业、新型农业经营主体，让脱贫户参与经营和分配，帮助脱贫户创业增收。要借力资本市场拓宽融资渠道，建立新型农业经营主体直接融资后备库，推动特色产业龙头企业股份制改造，支持条件较好的农业帮扶龙头企业，在"新三板"和区域性股权市场挂牌。建立资本市场精准帮扶长效机制，通过发行短期融资券、中小企业集合票据等工具，支持特色龙头企业发展。

二是要促进脱贫户小额信贷的增长。如何让脱贫户获得普惠金融支持，这是金融精准帮扶的重点，也是难点，是检验金融精准帮扶成效的重要标尺。要进一步推动财政帮扶政策与金融良性互动，用好风险补偿金和财政贴息政策，提高帮扶小额信贷的覆盖面、精准性。第一，涉农金融机构要按照实际投入风险补偿金额度合理确定贷款放大倍数，原则8倍是最低限度，有条件的地方要适当放大比例，争取更多惠及建档立卡脱贫户。同时各级政府和有关部门要进一步创新风险补偿金投入机制，用好各类帮扶资金，扩大风险补偿金规模。第二，要想方设法打通金融机构和脱贫户之间的利益共享机制，金融机构要平衡好追求商业利益和履行金融帮扶的社会责任之间的关系，从内部授权、绩效考核、资源配置等方面对脱贫地区和脱贫户予以倾斜，要创新信贷审批方式，吸收农民、村"两委"成员组建农户信用状况评议小组，提高村民对信贷活动的参与度，使面向脱贫户的信贷贷得出、能增收，还收得回。第三，对于经营能力不足、需要帮助发展的脱贫户，可探索"脱贫户贷款+带资入企+就业分红"方式。将贷款以受托支付方式交由龙头企业、农民专业合作社或能人大户等集中使用，让脱贫户参与经营和分配，帮助脱贫户创业增收。

三是要创新金融帮扶模式手段。积极稳妥开展农村"两权"抵押贷款试点，完善农村生产要素确权、登记、评估市场，鼓励将法律不禁止、产权归属清晰的农村集体房屋、土地等不动产，机器设备等农村资产纳入担保品范围，有效扩大农村企业、农户的抵质品范围。探索开展"互联网+"帮扶模式。利用互联网信息手段，搭建农村与城市消费者的供需链接平台，把脱贫户的土鸡、红枣等农产品推介出去，让城市的爱心帮扶者与农村脱贫户结成对子，用以买代捐的方式，让其获得稳定收益。

四是要发挥保险业的重要作用。积极探索构筑以农业保险、大病保险为核心，民生保险为补充的多层次、全险种保险网，对脱贫人口实现"愿保尽保",脱贫地区的保险深度、保险密度达到或高于全省平均水平,着力解决农户"因灾致贫返贫、因病致贫返贫"的难题。精准对接多元化的保险需求,因地制宜开展特色优势农产品保险,量身定制农业产业链的组合型农业保险产品。鼓励保险公司开发针对脱贫户的公益性、政策性农业保险。继续扩大特色产业保险、涉农信贷保险、天气指数保险、目标价格保险、设施农业保险以及脱贫地区返乡创业等保险的研究和推广。推广大型农业机械设备、运输工具、林地所有权、林地使用权、水域滩涂养殖权等新型抵质押担保方式,有效拓展脱贫地区抵押物担保范围。

(三)建立帮扶信贷风险补偿机制

建立健全信贷风险分散补偿机制,是推动金融帮扶可持续发展的重要支撑。金融帮扶必须坚持可持续性原则,在加大帮扶资金投入的同时,需要做好风险防控。支持脱贫地区设立贷款风险补偿基金,支持脱贫地区设立政府出资的融资担保机构,重点开展担保业务。积极发展小额贷款保证保险,对脱贫户保证保险保费予以补助。支持商业性担保机构积极拓展符合脱贫地区特点的担保业务,建立各类产权流转交易和抵押登记服务平台,有效防控和化解金融机构经营风险,促进在脱贫地区形成"贷得出、用得好、还得上"的良性循环机制。扩大农业保险覆盖面,通过财政以奖代补等支持脱贫地区特色农产品保险发展。支持脱贫地区开展特色农产品价格保险,有条件的地方可给予一定保费补贴。

一是建立风险补偿来源可持续扩充机制。要保障农村金融支农信贷的健康运行,必须建立风险补偿来源可持续扩充机制。第一,国家应建立支农贷款风险补偿专项储备基金。风险补偿专项储备基金来源主要是财政资金，每年按一定比例提取拨付，用于对农村金融机构支农贷款进行财政补贴，并对非人为因素造成的贷款损失实行全额核销。第二，内生金融资源的运用。在市场自行无法调节的情况下，必须采用强制手段保证内生金融资源在本地区使用，即通过行政立法形式固定农业领域的内生金融资源。主要包括：金融资源运营，本地内生金融资源由本地区使用，即在本地农业领域的金融主体聚集的金融资源，必须用于本地农业领域的投资；金融资源储备，若本地内生金融资源超过本地农业领域的投资需求，可以将剩余的资源转入当地中央银行，以实现保值增值，为当地农业领域今后的资金需求储备资源；剩余金融资源再分配，由中央银行将剩余内生金融资金通过拆借形式转借给农业资金不足地区的农村合作金融机构，再由其向当地"三农"发放支农再贷款，确保农业领域内的资金在农业领域内部循环。第三，实行农村专项债券和基金补偿。探索在城市发行农业建设债券或建立农业发展基金用于农村建设，实行专款专用，实现工业反哺农业、城市反哺农村。

二是实行财政金融政策直接补偿机制。要拓宽财政金融政策补偿思路，制定补偿措施，确保财政金融政策补偿机制行之有效。第一，对购买农业政策性金融债券的支农金融机构予以补偿。在农村地区发行农业政策性金融债券，规定县域金融机构在保证资金安全的前提下将一定比例的新增存款购买农业政策性金融债券，对购买的金融机构实行适当的优惠，真正体现取之于农、用之于农。第二，实行财政贴息补偿。对应由国家承担自然灾害造成支农贷款的损失和支农实行基准利率造成的让利损失，实行财政贴息予以弥补，确保农村金融机构稳健发展。第三，用于支持农业发展和农民增收方面的贷款给予税收补偿。应对欠发达地区以及受灾地区的支农贷款给予税收补偿，降低或减免其税金。要本着分类优惠、"放水养鱼"的原则，刺激农村金融机构加大支农贷款的投放力度，逐步帮助农村金融机构走出经营困境。

三是建立健全农业保险和担保的间接补偿机制。第一，必须建立健全一套完整的农业保险和担保补偿机制，降低系统性农村金融经营风险。借鉴政策性银行资金来源筹集方式，通过财政拨款、发行金融债券等组建政策性农业保险机构，也可在经营农业保险基础较好的地区，设立专业性的农业保险公司；扩大风险补偿范围，鼓励商业性保险机构从事涉农保险业务，根据农业生产特点不断推出农业保险险种，增强农业应对各种自然灾害的能力，降低农业风险，对商业性保险机构从事的多种生产性保险业务予以补贴，分散和转移保险机构经营损失，稳定农民收入和农业生产，增强信贷偿还能力；防止巨大自然灾害对农业保险公司的损害，为商业性保险创造良好的平台，可以考虑设立再保险公司实行再保险，也可以由财政、保险公司和农村金融机构共同出资成立农业保险基金，用于弥补农业保险损失。第二，建立农业贷款担保体系。由政府出资或多方筹资组建农业贷款担保中心，或引进境外涉农担保机构，为农户和农村中小企业提供担保，并鼓励其从事低风险的投资业务，实现保值增值，提高其担保能力，切实解决农户及农村个体私营经济融资担保难的"瓶颈"问题。

（四）提高脱贫地区金融服务水平

精准定位脱贫地区多元化融资需求，找准政策性金融支持的切入点。继续发挥好新型城镇化和农业现代化对脱贫的辐射带动作用，在坚持"精准帮扶、风险可控、保本经营"的前提下，大力推动脱贫地区基础设施和基本公共服务设施建设、生态保护、特色产业发展等扶贫信贷业务。一是推进金融体系建设。支持和引导银行、证券、保险等金融机构到脱贫地区设立分支机构，并向乡镇延伸服务网点。加快推进新型农村金融组织建设，充分发挥供销合作社基层经营服务网络优势和作用，探索供销合作社参与脱贫地区金融服务模式，实现农村金融服务全覆盖。二是改善农村支付环境。搭建农村金融综合服务平台，拓展助农取款服务点功能，将其建成集查询、取款、转账、消费、金融知识宣传等农村金融功能于一体的综合性服务点，进一步满足农民群众基础金融服务的需求。探索移动金融、互联网金融在脱贫地区的运用，支持打造电商与实体结合、线上和线下联动的乡镇商贸示范点，以商贸活跃经济、促进发展。大力发展县域手机支付服务，推动金融机构在农村地区发展移动金融服务，构建覆盖广大农村和边远地区的支付结算网络。实施基础金融服务"村村通"工程，加快建设惠农金融服务室，不断丰富惠农金融服务室功能，建设集自助银行、反假货币工作站、金融消费维权受理站、金融知识宣传站等功能于一体的便民金融服务中心。三是优化金融生态环境。脱贫县要率先运用金融生态环境测评结果，从金融外部环境、社会信用环境、金融服务水平、金融生态满意度等方面开展创建工作，为金融帮扶开发创造良好的金融环境。

（五）加大金融帮扶政策支持力度

重视加强财政与信贷政策配合，发挥财政政策的支持和引导作用，实施"金融+财政"联动的金融帮扶模式，实行县域财政帮扶资金，如社保资金、民政资金、项目资金，及财政性存款与金融机构扶贫贷款、小额信用贷款、农户联保贷款发放情况相挂钩，发挥财政资金与信贷资金结合的杠杆撬动效应，调动农村金融机构帮扶积极性。

一是地方财政设立风险补偿基金。帮助涉农金融机构消化帮扶资金损失，分担金融风险，并制定涉农贷款增量奖励、涉农金融机构定向费用补贴等政策，降低脱贫地区涉农金融机构经营成本。监管部门要提高对涉农金融服务不良贷款容忍度等约束性、鼓励性措施，促进脱贫地区金融服务水平的不断提高。二是加大货币政策的支持力度。合理设置差别准备金动态调整参数，支持脱贫县法人金融机构增加信贷投放。对符合条件的金融机构新发放的支农再贷款实行在现有优惠支农再贷款利率的基础上再降低1个百分点。三是实施金融帮扶奖励政策。财政、税务部门对金融机构和新型农村合作金融组织在脱贫县发放帮扶小额信贷、开展助农取款服务、填补农村金融服务空白点等工作进行奖励，并纳入预算。

分报告七

山西脱贫攻坚与乡村振兴有效衔接政策研究

　　脱贫攻坚与乡村振兴是新时代党中央基于构建以国内大循环为主体，国内国际双循环相互促进的新发展格局，全面建设社会主义现代化国家全局进而实现第二个百年奋斗目标而作出的重大战略部署。科学研究并统筹谋划脱贫攻坚和乡村振兴有机衔接战略问题，既有利于更好地巩固脱贫攻坚成果，培育长效脱贫机制，又有利于更有效地促进农业农村优先发展，推动乡村全面振兴。

　　近年来，党中央明确提出要做好脱贫攻坚和乡村振兴的统筹衔接工作，各项政策的顶层设计和制度安排更加明晰。2018年2月，《中共中央 国务院关于实施乡村振兴战略的意见》明确提出"做好实施乡村振兴战略与打好精准脱贫攻坚战有机衔接"的工作。2018年8月，《中共中央 国务院关于打赢脱贫攻坚战三年行动的指导意见》再次提出"统筹衔接脱贫攻坚与乡村振兴"的要求。2018年9月，《乡村振兴战略规划（2018—2022年）》提出"推动脱贫攻坚与乡村振兴有机结合相互促进"的要求。2019年1月，《中共中央 国务院关于坚持农业农村优先发展做好"三农"工作的若干意见》进一步提出"做好脱贫攻坚与乡村振兴的衔接，对摘帽后的贫困县要通过实施乡村振兴战略巩固发展成果，接续推动经济社会发展和群众生活改善"。2020年1月，《中共中央 国务院关于抓好"三农"领域重点工作确保如期实现全面小康的意见》提出"抓紧研究制定脱贫攻坚与实施乡村振兴战略有机衔接"的意见。2020年3月，习近平总书记在决战脱贫攻坚座谈会上明确提出要"接续推进全面脱贫与乡村振兴的有效衔接"。

　　山西是国家脱贫攻坚的重要战场。全国14个集中连片特困区，山西有吕梁山、燕山—太行山两个。全省117个县（市、区）中，有国定贫困县36个、省定贫困县22个。党的十八大以来，特别是脱贫攻坚战打响以来，山西省委、省政府深入贯彻落实习近平总书记关于扶贫工作的重要论述和党中央的重大决策部署，自觉扛起政治责任，持续强化交账意识，全力做足质量成色。通过抓好产业就业扶贫、易地扶贫搬迁、教育扶贫、健康扶贫、低保兜底等措施，贫困群众的生产生活条件显著改善，贫困地区经济发展基础更加坚实，乡村治理水平有效提升，全省贫困群众的获得感、幸福感、安全感得到进一步提高。2020年5月，习近平总书记在视察山西时指出，要千方百计巩固好脱贫攻坚成果，接下来要把乡村振兴这篇文章做好，让乡亲们生活越来越美好。而如何在摆脱贫困的基础上深入推进乡村振兴战略，实现脱贫攻坚与乡村振兴的有机衔接，不仅是重大的理论课题，而且是紧迫的实践命题。

一、新时代推进脱贫攻坚与乡村振兴有效衔接的重大意义

习近平总书记指出，打好脱贫攻坚战是实施乡村振兴战略的优先任务。乡村振兴从来不是另起炉灶，而是在脱贫攻坚的基础上推进。在脱贫攻坚的基础上接续乡村振兴战略已经成为越来越紧迫的任务，要清醒认识其重要意义。

推进脱贫攻坚与乡村振兴有效衔接，是顺利实现"两个一百年"奋斗目标的重要保障。全面脱贫是全面建成小康社会具有决定性意义的重大战略举措，打赢脱贫攻坚战的目的就是顺利实现第一个百年奋斗目标；乡村振兴则是瞄准第二个百年奋斗目标，以全面建设社会主义现代化国家为重大历史任务。全面脱贫与乡村振兴紧扣"两个一百年"奋斗目标，本质上都是为建成社会主义现代化强国，实现城乡居民共同富裕。决战决胜脱贫攻坚、实施乡村振兴战略，是党和国家作

出的重大决策部署，是中国共产党勇于担当的历史使命。当前，农业农村现代化仍是国家现代化的基础支撑和突出短板。在"三农"基础性地位、全局性影响和战略性作用更加凸显的政策背景下，党中央统筹推进全面脱贫与乡村振兴有效衔接，既是在全面建成小康社会的关键历史交汇点上推进历史任务交替衔接的必然要求，也是在打好打赢脱贫攻坚战基础上乘势而上、顺利实现"两个一百年"奋斗目标交汇过渡的重要保证。

推进脱贫攻坚与乡村振兴有效衔接，是探索建立解决相对贫困长效机制的必然要求。党的十九届四中全会明确提出："坚决打赢脱贫攻坚战，巩固脱贫攻坚成果，建立解决相对贫困的长效机制。"2020年山西已如期全面完成脱贫攻坚任务，今后脱贫工作的重心将从解决显性的绝对贫困转向瞄准隐性的相对贫困。解决相对贫困远比解决绝对贫困更复杂，持续时间更长，遇到问题更多，需要更明确的思路、更稳定的举措、更可持续的制度设计。从实践层面讲，推进全面脱贫与乡村振兴有效衔接，推动减贫战略和工作体系平稳转型，是制定今后山西减贫发展新战略，探索建立解决相对贫困长效机制的必然要求。

推进脱贫攻坚与乡村振兴有效衔接，是有效解决"三农"问题的现实需要。习近平总书记指出，农业农村农民问题是关系国计民生的根本性问题，必须始终把解决好"三农"问题作为全党工作重中之重。"三农"问题不仅是决定我国经济发展和社会稳定的根本问题，也直接关系到山西全面小康的成色和社会主义现代化的进程。目前，山西经济发展已进入"新常态"，经济结构不断优化升级，经济增长日趋平稳，正从高增长速度向高质量发展阶段迈进。一方面，农业现代化稳步推进，目前正处于取得丰硕成果和阶段性成就阶段。另一方面，"三农"工作短板依然明显，生产力落后、生态环境恶化、治理效率低、人口过度流失、老龄化加剧等问题依旧突出。推进全面脱贫和乡村振兴有效衔接是有效解决"三农"问题，实现全面建成小康社会、建设社会主义现代化强国的一项重大战略任务。

二、脱贫攻坚与乡村振兴有效衔接的政策内涵及逻辑关系

脱贫攻坚与乡村振兴是关系我国农村改革发展的两项重大战略部署，在逻辑关系上具有接续性和延展性，在政策设计上具有协调性和兼容性，在具体实施上具有关联性和统筹性。

（一）脱贫攻坚的政策内涵

贫困问题一直以来都是困扰经济社会发展进步的世界性难题，中国历来高度重视减贫问题，将扶贫开发摆在重要位置，持续开展反贫困行动，并取得了举世瞩目的伟大成就，为全人类减贫事业作出突出贡献。新中国成立以来，我国扶贫事业先后经历了小规模救济式扶贫、体制改革推动扶贫、大规模开发式扶贫、整村推进式扶贫、精准式扶贫五个阶段，实现了农村扶贫工作由粗放扶贫向精准扶贫的根本性转变。特别是党的十八大以来，以习近平同志为核心的党中央把脱贫攻坚作为治国理政的重要内容，提出一系列新思想新观点，作出一系列新决策新部署，为新时期打赢脱贫攻坚战提供了根本遵循。2013年11月，习近平总书记在湖南十八洞村考察时首次提出"精准扶贫"理念。2015年6月，习近平总书记在贵州考察时又进一步提出"六个精准"的基本要求。同年10月，在减贫与发展高层论坛上又提出了以发展生产脱贫一批、易地搬迁脱贫一批、生态补偿脱贫一批、发展教育

脱贫一批、社会保障兜底一批为主要内容的"五个一批"工作方法，为精准扶贫提出实践举措。精准扶贫是脱贫攻坚的基本方略和重要作战方式，它不同于以往的粗放式扶贫，是改"漫灌"为"滴灌"，进行精准识别、实施精准帮扶、实现精准脱贫，目的是确保每一个农村贫困人口都能真正实现脱贫。习近平总书记指出，打好脱贫攻坚战，成败在于精准。对不同原因、不同类型的贫困，采取不同的脱贫措施，对症下药、精准滴灌、靶向治疗。脱贫攻坚集中各方力量，整合各类资源，政府、企业、社会等多方参与，政策、资金、项目等迅速集聚，信息、理念、管理等密集输入，从而为广大农村贫困地区和贫困人口脱贫致富注入强大动力。习近平总书记强调，脱贫攻坚，各方参与是合力。脱贫攻坚的科学决策和扎实推进，不仅对农村、农民脱贫致富具有直接促进作用，而且对农村建设和农民发展具有更加广泛而深远的影响。

表1　中国扶贫开发的发展历程

阶段	时间节点	特征	主要内容
第一阶段	1949—1978年	小规模救济式扶贫阶段	新中国成立初期，我国经济基础较为薄弱，农村生产力水平极其低下，农民生活水平不高，整体上处于绝对贫困状况，扶贫任务十分艰巨。为了改变农村地区贫困落后的面貌，以毛泽东同志为代表的中国共产党人对农村贫困群体、边远落后地区群体、因灾致贫群体、战争伤残群体实施了救济式扶贫。通过提供物资或现金，帮助他们维持基本的生活需要。 根据1978年我国的贫困线标准测算，农村贫困人口规模为2.5亿人，占全国人口总数的25.97%，农村贫困发生率达到30.7%。

续表

阶段	时间节点	特征	主要内容
第二阶段	1978—1985年	体制改革推动扶贫阶段	1978年，党的十一届三中全会拉开了农村经济体制改革的序幕，这一阶段实施的农村经济体制改革措施，包括实施家庭联产承包责任制、提高部分农产品的价格、扶持乡镇企业发展等，极大地解放了农村生产力，调动了农民劳动的积极性，推动了农村经济的快速发展，减少了农村贫困人口的数量。 按照1978年我国的贫困线标准测算，农村贫困人口由1978年的2.5亿人减少到1985年的1.25亿人，农村贫困发生率从30.7%下降到14.8%，年均减贫1786万人。
第三阶段	1986—2000年	大规模开发式扶贫阶段	1986年6月，国务院成立了贫困地区经济开发领导小组，制定了扶贫开发方针，确定了以县为对象的瞄准机制，我国农村扶贫工作进入大规模开发式扶贫阶段。 1986年确定了331个国家级贫困县，1988年确定了370个国家级贫困县。 1994年，国务院印发的《国家八七扶贫攻坚计划》将国家级贫困县调整到592个，提出要用7年时间解决全国农村8000万贫困人口的温饱问题。 2000年底，"八七扶贫攻坚计划"的目标基本实现，农村贫困人口大幅度减少，农村贫困地区群众温饱问题基本得到解决。
第四阶段	2001—2012年	整村推进式扶贫阶段	进入21世纪，我国农村贫困人口分布逐渐从国家级贫困县区域向村级区域集中。基于这一现状，2001年6月，国务院发布了《中国农村扶贫开发纲要（2001—2010年）》。国务院扶贫办以贫困村为重点扶贫对象，在全国开展了整村推进扶贫工作，推动我国扶贫工作进入整村推进式扶贫阶段。 其间，我国确定了14.8万个贫困村，扶贫资金、扶贫政策以及扶贫项目直接向贫困村倾斜，改善了贫困村的生活条件，提高了贫困村的收入水平。 2012年底，在现行标准下，我国农村贫困人口为9899万人。

续表

阶段	时间节点	特征	主要内容
第五阶段	2013—2020年	精准式扶贫阶段	2013年11月，习近平总书记到湖南湘西十八洞村调研时，提出了"实事求是、因地制宜、分类指导、精准扶贫"的明确要求。此后"精准扶贫"成为全国扶贫开发工作的指导思想。农村区域发展也从"区域扶贫"向"精准扶贫"转变。 2015年11月，中共中央、国务院作出《关于打赢脱贫攻坚战的决定》，对"十三五"期间的扶贫工作作出了全面部署。 2016年11月，国务院组织编制印发《"十三五"脱贫攻坚规划》。 2017年10月，党的十九大把打好精准脱贫攻坚战作为决胜全面建成小康社会的三大攻坚战之一。 2018年6月，根据党的十九大精神和《关于打赢脱贫攻坚战的决定》贯彻落实中出现的新情况新问题，中共中央、国务院印发《关于打赢脱贫攻坚战三年行动的指导意见》，进一步完善顶层设计、强化政策措施、加强统筹协调，推动脱贫攻坚工作更加有效开展。 2019年1月，为贯彻落实《中共中央 国务院关于打赢脱贫攻坚战三年行动的指导意见》，深入开展消费扶贫，助力打赢脱贫攻坚战，国务院提出《关于深入开展消费扶贫 助力打赢脱贫攻坚战的指导意见》。 2020年3月，国务院扶贫开发领导小组发布《关于建立防止返贫监测和帮扶机制的指导意见》，围绕"两不愁三保障"主要指标，统筹政府、市场和社会资源，建立防止返贫监测和帮扶机制，巩固脱贫成果，确保高质量全面打赢脱贫攻坚战。 2020年5月，国务院总理李克强在2020年国务院政府工作报告中提出，2020年要优先稳就业保民生，坚决打赢脱贫攻坚战，努力实现全面建成小康社会目标任务。

（二）乡村振兴的政策内涵

乡村振兴是党的十九大作出的重大战略部署，是实现"两个一百年"奋斗目标的重大历史任务，是新时代做好"三农"工作的总抓手。乡村振兴是聚焦"三农"问题，突出农业、农村和农民的优先发展，将"产业兴旺、生态宜居、乡风文明、治理有效、生活富裕"作为实践要求，从推动和实现城乡融合发展的宏大视角，通过建立健全相应的完备的体制机制和制度政策，全方面、整体性、系统化推进乡村建设发展的一项重大战略决策。乡村振兴战略"二十字"总要求是中国特色社会主义"五位一体"总体布局在农村的具体体现和生动实践，强调的是农村的全面振兴，包括产业振兴、人才振兴、文化振兴、生态振兴和组织振兴。其中，产业振兴是前提，只有大力发展乡村的生产力，才能为乡村其他一切发展奠定坚实基础。人才振兴是关键，乡村振兴需要大量的乡村发展建设人才，没有人才或缺乏人才，乡村振兴就难以实现。文化振兴是核心，乡村文化的发展繁荣能够为乡村振兴提供强大的精神动力，持久而深刻。生态振兴是条件，人与自然和谐相处的关系实现以及乡村人居环境的改善既是农民对美好生活的向往的必然要求，又是乡村振兴的重要体现。组织振兴是保障，乡村振兴的实现需要强大的组织保障，只有农村党组织和村民自治组织充分发挥组织领导作用，乡村振兴才能有序推进。"五个振兴"相互联系、相互制约，既是乡村全面振兴的重要构成，又是乡村振兴"二十字"总要求的实践方法，对乡村振兴的伟大实践具有重要的指导性意义和方法论意义。

表2　关于乡村振兴的重要会议和政策文件

时间	重要会议及文件	主要内容
2017年 10月18日	党的十九大报告	明确要坚持农业农村优先发展，并提出乡村振兴战略，与科教兴国、人才强国等战略并列。
2017年 12月	全国发展和改革工作会议	提出科学制定国家乡村振兴战略规划，建设美丽乡村等目标。
2017年 12月29日	中央农村工作会议	首次提出走中国特色社会主义乡村振兴道路，并指出乡村振兴战略要分"三步走"的规划。明确到2020年，乡村振兴要取得重大进展，制度框架和政策体系要基本形成。
2018年 1月2日	中央一号文件《中共中央 国务院关于实施乡村振兴战略的意见》	指出乡村振兴战略是新时代"三农"工作的总抓手，要提升农业发展质量，培育乡村发展新动能，持续改善农村人居环境。同时在确保农业农村财政投入持续增长，集中力量推进高标准农田建设，提高金融机构对农业农村支持力度三个方面保障乡村振兴战略的资金投入。
2018年 3月5日	政府工作报告	要求大力实施乡村振兴战略，科学制定规划，健全城乡融合发展体制机制，依靠改革创新壮大乡村发展新动能。其中包括新增高标准农田8000万亩以上、高效节水灌溉面积2000万亩，培育新型经营主体，加强面向小农户的社会化服务，促进农村一二三产业融合发展。
2018年 9月	《乡村振兴战略规划（2018—2022年）》	明确至2020年和2022年时乡村振兴战略的目标任务。提出优化乡村发展布局、分类推进乡村发展等具体要求。
2018年 9月21日	中共中央政治局第八次集体学习	强调乡村振兴战略是"三农"工作的总抓手，是关系全面建设社会主义现代化国家的全局性、历史性任务的重要地位。

时间	重要会议及文件	主要内容
2019年1月3日	中央一号文件《中共中央 国务院关于坚持农业农村优先发展做好"三农"工作的若干意见》	围绕坚持农业农村优先发展总方针和实施乡村振兴战略这一总抓手,对当前做好全国"三农"工作进行了总体安排和部署。
2019年3月18日	十三届全国人大常委会专题讲座	再次明确实施乡村振兴战略中确保国家粮食安全,大力发展乡村产业改善农村人居环境,改善农村基础设施和公共服务等重点任务,并提出强化政策保障,推进人地钱等资源向乡村振兴配置的要求。
2019年4月15日	《中共中央 国务院关于建立健全城乡融合发展体制机制和政策体系的意见》	对实施乡村振兴战略的制度保障作出全面安排。
2019年6月28日	国务院《关于促进乡村产业振兴的指导意见》	在以往政策的基础上进行集成、延伸、拓展、细化和实化,乡村产业定位更加准确,乡村产业振兴的路径更加清晰,促进乡村产业振兴要求更加具体。
2020年1月2日	《中共中央 国务院关于抓好"三农"领域重点工作确保如期实现全面小康的意见》	对标对表全面建成小康社会目标,强化举措、狠抓落实,集中力量完成打赢脱贫攻坚战和补上全面小康"三农"领域突出短板两大重点任务,持续抓好农业稳产保供和农民增收,推进农业高质量发展,保持农村社会和谐稳定,提升农民群众获得感、幸福感、安全感,确保脱贫攻坚战圆满收官,确保农村同步全面建成小康社会。
2020年10月29日	《中共中央关于制定国民经济和社会发展第十四个五年规划和二〇三五年远景目标的建议》	对新发展阶段优先发展农业农村、全面推进乡村振兴作出总体部署,为做好当前和今后一个时期"三农"工作指明了方向。

(三)脱贫攻坚与乡村振兴有效衔接的内在逻辑

脱贫攻坚和乡村振兴是以习近平同志为核心的党中央,从实现中华民族伟大复兴的中国梦的历史使命出发,在深切关心、深刻认识和深入思考"三农"问题的基础上,为推进农村建设发展而提出的重大战略部署。习近平总书记指出,要把脱贫攻坚同实施乡村振兴战略有机结合起来。脱贫攻坚是实施乡村振兴的重要基础和优先任务，乡村振兴是巩固拓展脱贫攻坚成果的重要保障。脱贫攻坚与乡村振兴需要有效衔接，才能提高各类资源的使用效率，确保各项目标有序实现。因此，需要清醒地认识脱贫攻坚与乡村振兴有效衔接的逻辑关系。从脱贫攻坚与乡村振兴各自的政策内涵出发，二者具有明显的内在联系和承接关系。

表3　脱贫攻坚与乡村振兴的逻辑关系

类别	脱贫攻坚	乡村振兴
战略目标	到2020年，稳定实现农村贫困人口不愁吃、不愁穿，义务教育、基本医疗和住房安全有保障。实现贫困地区农民人均可支配收入增长幅度高于全国平均水平，基本公共服务主要领域指标接近全国平均水平。确保我国现行标准下农村贫困人口实现脱贫，贫困县全部摘帽，解决区域性整体贫困。	实现农业农村现代化。到2020年，乡村振兴的制度框架和政策体系基本形成，各地区各部门乡村振兴的思路举措得以确立，全面建成小康社会的目标如期实现。到2022年，乡村振兴的制度框架和政策体系初步健全。到2035年，乡村振兴取得决定性进展，农业农村现代化基本实现。到2050年，乡村全面振兴，农业强、农村美、农民富全面实现。
实施时间	2013—2020年	2017—2050年
目标要求	贫困人口稳定实现"两不愁三保障"和稳定增收	产业兴旺、生态宜居、乡风文明、治理有效、生活富裕
实施内容	产业扶贫、人才帮扶、文化扶贫、生态扶贫、党建扶贫等	乡村产业振兴、乡村人才振兴、乡村文化振兴、乡村生态振兴、乡村组织振兴
作用对象	建档立卡贫困人口与贫困地区	全部的农村人口和农村区域
贫困瞄准	绝对贫困	相对贫困
施策方式	特惠性、福利性、紧迫性、突击性、超常化、阶段性	普惠性、发展性、渐进性、持久性、常态化、长期性

战略目标的承接性。脱贫攻坚和乡村振兴的战略出发点是实现"两个一百年"奋斗目标，前者聚力"第一个百年奋斗目标"，后者则着眼"第二个百年奋斗目标"，是以2020年"两个一百年"奋斗目标重要时间节点为衔接契机，在实现"现行标准下农村贫困人口实现脱贫，贫困县全部摘帽，解决区域性整体贫困"的基础上推进乡村振兴战略。只有如期实现现行标准下的农村贫困人口全部脱贫，才能实现全面建成小康社会的目标。只有包括贫困乡村在内的乡镇共同实现了乡村振兴，才能实现"到本世纪中叶把我国建成富强民主文明和谐美丽的社会主义现代化强国"的目标。可见，脱贫攻坚与乡村振兴两大战略的目标具有承接性，一方面，脱贫攻坚的首要任务、短期目标是确保贫困人口实现脱贫；另一方面，脱贫攻坚的终极任务、长远目标是要实现乡村的全面振兴，使脱贫乡村同样实现"产业兴旺、生态宜居、乡风文明、治理有效、生活富裕"的目标要求，共同描绘新时代乡村振兴的美丽画卷。

战略主体的同一性。农民既是脱贫攻坚的主体，也是乡村振兴的主体。马克思主义认为，人民群众是社会历史的主体、社会实践的主体、社会价值的主体。脱贫攻坚战略的实施，农民是脱贫攻坚的主体、项目实施的主体、收益共享的主体；乡村振兴战略的实施，农民是乡村振兴的主体，即意愿出自农民、动力来自农民，以维护农民群众根本利益为出发点和落脚点。无论是脱贫攻坚还是乡村振兴都强调能力建设，激发农民的积极性和主动性，增强他们脱贫致富的内生动力。可以说，两大战略坚持发挥农民的主体地位，是以人民为中心的发展理念的客观要求的具体体现。

战略内容的融合性。《中共中央 国务院关于实施乡村振兴战略的意见》提出"打好精准脱贫攻坚战"，《乡村振兴战略规划（2018—2022年）》明确"把打好精准脱贫攻坚战作为实施乡村振兴战略的优先任务"，《中共中央 国务院关于打赢脱贫攻坚战三年行动的指导意见》则要求"脱贫攻坚期内，贫困地区乡村振兴主要任务是脱贫攻坚"。同时，脱贫攻坚与乡村振兴在具体政策内容方面也存在互融性。在精准扶贫阶段，脱贫攻坚战略中的"五个一批"政策内容，从农业生产，农村生态，农民教育、社保、搬迁等方面着手，形成稳定脱贫合力；减贫战略中的"十大工程"政策内容，核心围绕产业发展扶贫，覆盖电商、旅游、光伏等要素资源领域。这些内容与乡村振兴的产业、人才、文化、生态、组织五个方面的内容在着力点、增长点、对接点等方面存在诸多交融。这也深层次反映了二者的顺接逻辑关系，即贫困地区脱贫攻坚的过程也是乡村振兴的过程。

实践过程的接续性。脱贫攻坚是"三农"工作的重要任务，而乡村振兴是其持续和深化。脱贫攻坚通过贫困户的精准识别和精准退出，从根源上消除绝对贫困，解决农村贫困人口基本温饱的问题；而乡村振兴在此基础上不断深化，统筹推进农村"五位一体"建设，解决脱贫攻坚后巩固拓展脱贫攻坚成果、提升脱贫质量以及让脱贫群众过上更加美好的生活的问题。两者在实践过程上并不是互相割裂的，而是一场一脉相承、前后相继的解决"三农"问题实现农业农村现代化的"接力赛"。脱贫攻坚任务完成后，实现农业农村现代化这一历史主题将具体化为乡村振兴这一时代课题。因此，乡村振兴不是要推倒重来、另起炉灶，而是在脱贫攻坚的基础上接着干、往前行。习近平总书记指出，打好脱贫攻坚战是实施乡村振兴战略的优先任务。贫困村和所在县乡当前的工作重点就是脱贫攻坚，要保持目标不变、靶心不散、频道不换。

功能作用的互助性。脱贫攻坚属于短期性减贫策略，而乡村振兴属于中长期宏观战略。一方面，脱贫攻坚为乡村振兴奠定了坚实的物质基础和组织前提。脱贫攻坚解决了贫困地区人民群众安全饮水、通公路、生活用电等基本问题，极大地改善了农民的生产生活条件，为进一步实施乡村振兴战略准备了必要的物质基础。特别是在脱贫攻坚中所形成的"五个一批"、党建扶贫、乡村治理等组织载体和运作经验，为乡村振兴提供了有益借鉴。另一方面，乡村振兴为巩固拓展脱贫攻坚成果、提升脱贫质量提供了保障。脱贫攻坚任务完成后，并非意味着减贫工作就可以鸣金收兵。由于内生动力不足和诸多不确定因素，部分脱贫群众脱贫之后易再次返贫。而乡村振兴通过补齐乡村产业发展短板、夯实基础设施、完善公共服务体系、提高治理能力，并激发出乡村发展的内生动力，能够增强脱贫的可持续性，最大程度地减少返贫现象。

表4 脱贫攻坚与乡村振兴有效衔接的相关政策

时间	重要会议及文件	主要内容
2018年3月5日	全国两会	习近平总书记提出，要把脱贫攻坚同实施乡村振兴战略有机结合起来。这是重要的理论和实践创新。这一指示精神成为实现脱贫攻坚与乡村振兴有机衔接的政策实践指南。
2018年9月26日	中央农村工作领导小组出台《国家乡村振兴战略规划（2018—2022年）》	明确提出"推动脱贫攻坚与乡村振兴有机结合相互促进"，并在乡村振兴战略总体框架下，从深入实施精准扶贫、精准脱贫，重点攻克深度贫困，巩固脱贫攻坚成果三个方面对打好精准脱贫攻坚战进行了全面政策规划。

续表

时间	重要会议及文件	主要内容
2019年1月3日	《中共中央 国务院关于坚持农业农村优先发展做好"三农"工作的若干意见》	提出"做好脱贫攻坚与乡村振兴的衔接，对摘帽后的贫困县要通过实施乡村振兴战略巩固发展成果，接续推动经济社会发展和群众生活改善"的工作要求。
2020年1月2日	《中共中央 国务院关于抓好"三农"领域重点工作确保如期实现全面小康的意见》	明确提出"抓紧研究制定脱贫攻坚与实施乡村振兴战略有机衔接"的意见。
2020年10月26日	党的十九届五中全会	审议通过了《中共中央关于制定国民经济和社会发展第十四个五年规划和二〇三五年远景目标的建议》，首次明确提出"实现巩固拓展脱贫攻坚成果同乡村振兴有效衔接"。
2020年12月16日	《中共中央 国务院关于实现巩固拓展脱贫攻坚成果同乡村振兴有效衔接的意见》	对我国打赢脱贫攻坚战、全面建成小康社会，进一步巩固拓展脱贫攻坚成果，接续推动脱贫地区发展和乡村全面振兴作出制度安排和总体部署。
2021年2月21日	《中共中央 国务院关于全面推进乡村振兴加快农业农村现代化的意见》	提出"实现巩固拓展脱贫攻坚成果同乡村振兴有效衔接。脱贫攻坚目标任务完成后，对摆脱贫困的县，从脱贫之日起设立5年过渡期"。

　　推进脱贫攻坚与乡村振兴有效衔接，要求实现"变"与"不变"的有机统一，变化的是发展阶段、目标对象、方式方法等，不变的是思想不松、力度不减等推进"三农"工作的情怀和要求，以及在衔接期内可能通用的一些具体工作机制等。概言之，脱贫攻坚与乡村振兴有效衔接，就是要顺应发展形势和战略的演进，推动工作理念、工作重点、方式方法等进行及时有效的总结、拓展和提升，实现目标任务

的统一、战略思路的持续、发展阶段的贯通、政策举措的结合、发展效能的提升，从而进一步巩固拓展脱贫攻坚成果，持续推进乡村全面振兴和农业农村现代化。

三、山西脱贫攻坚与乡村振兴有效衔接的主要做法

近年来，山西选择长治市和阳曲县、云州区、怀仁市、岢岚县、阳泉市郊区、左权县、中阳县、沁水县、安泽县、万荣县等1市10县作为脱贫攻坚与乡村振兴有机衔接试点，坚持先行先试、深入谋划、大胆探索，着力在巩固拓展脱贫攻坚成果、目标任务、规划编制、政策统筹、队伍支撑、体制机制等方面做好衔接，加快推动脱贫政策机制与乡村"五大振兴"无缝衔接，为顺利实现减贫战略和工作体系向乡村振兴平稳转型，为解决相对贫困、实现乡村全面振兴提供思路路径。

2020年7月以来，山西各试点市县在抓好脱贫攻坚巩固提升的同时，按照省、市部署，积极思考脱贫攻坚任务完成后的发展，各地总体围绕"规划、组织、政策、人才、产业"五个方面，按照"保留一批、调整一批、退出一批"的思路进行衔接，有效推动产业、生态、文化、人才、组织"五大振兴"，并根据阶段性任务的变化，转变工作方式，积极推进各试点市县乡村走向全面振兴，为全省提供可复制的经验。

一是做好规划衔接，谋划振兴路径。规划是发展的"导航图"。任何一项工作，如果不做好顶层设计和规划，就会迷失方向。沁水县为解决好规划"两张皮"、衔接不紧密的问题，精准实施《"十三五"脱贫攻坚规划》，在持续巩固脱贫攻坚成效的基础上，结合乡村振兴的长期性、差异性和渐进性，制定《沁水县脱贫攻坚与乡村振兴有机衔接

工作方案》，编制完成《沁水县乡村振兴战略总体规划》和"5+1"六个专项规划，推动脱贫攻坚规划在村级层面与乡村振兴规划"多规合一"，实现脱贫攻坚八大工程24个专项行动，与产业、生态、文化、人才、组织"五大振兴"有效衔接。左权县以项目为引领，推进规划衔接。把项目作为规划有机衔接的引领，以项目支持规划、以项目引领规划，将试点工作与有机中药材大县、全域旅游示范区、百里画廊景区、太行一号旅游公路、清漳河全流域治理、农村人居环境整治等重点工作相结合，形成相互支撑、相互补充的发展格局。左权县把脱贫攻坚作为实施乡村振兴战略的阶段性任务，纳入乡村振兴战略规划，保持规划的一致性、连续性、可行性。按照"群众参与、经济适用、简便易行、通俗易懂、多规合一"原则，加快推进村庄规划编制。

二是强化组织衔接，健全领导体系。要实现脱贫攻坚与乡村振兴的有机衔接就需要借鉴脱贫攻坚构建的责任体系，建立一套科学的乡村振兴工作领导体制机制。沁水县深入推进"一梁三柱"农村党建工作机制，规范和落实党组织生活"六项制度"和乡村治理"五个管好"，实施"两定一考"农村干部岗位绩效管理制度，推动基层党组织书记扛牢主体责任，让党员树牢规矩意识。定期组织开展农村"领头雁"培训活动；开展选派机关事业单位干部到村任职工作，选派31名政治硬、素质高、能力强的机关事业单位干部到村任职。阳曲县继续坚持"五级书记"抓乡村振兴，借鉴脱贫攻坚"三落实"的做法，层层压实责任，引导广大干部投身农村大舞台，推动乡村振兴战略落实落地落细。万荣县总结脱贫攻坚过程中的成功经验，通过完善和创新，逐步运用到乡村振兴战略实施中来，实现"以党建促脱贫"到"以党建促振兴"的承接和转变，同时强化党建引领，落实三级书记齐抓振兴机制并制定实施细则，继续发挥第一书记"领头雁"作用，做好帮扶队伍与乡村振兴队伍的衔接。

三是制定政策衔接，形成长效机制。为落实习近平总书记关于"摘帽不摘责任、摘帽不摘政策、摘帽不摘帮扶、摘帽不摘监管"要求，为脱贫攻坚巩固提升和推动乡村振兴提供政策保障，各试点市县全面梳理脱贫攻坚现有各项政策，总结提炼脱贫攻坚中成熟的理论成果、实践经验，完善乡村振兴政策体系、制度框架，均衡发展农村基础设施和教育、医疗等公共服务。沁水县制定了干部配备、要素配置、资金投入、公共服务"四个优先"专项政策，促进相关政策向常规性、普惠性和长效性转变。如特色农业扶贫、农村人居环境整治、文化和旅游扶贫、电商扶贫、培训就业扶贫、林业生态扶贫、农村低保扶贫、县属企业扶贫、特殊群体关爱等纳入接续保留类，易地扶贫搬迁、贫困残疾人扶贫、健康扶贫、巩固提升交通脱贫、水利扶贫、电力扶贫、教育扶贫、科技扶贫、"千企帮千村——精准到户专项行动"、社会扶贫、住房安全保障动态清零、农村饮水安全工程巩固提升等纳入调整完善类，光伏扶贫、以工代赈脱贫巩固行动、网络扶贫等纳入转换退出类。阳曲县将单纯针对贫困户的扶持政策，转变为对乡村低收入群体的常态化扶持政策；将兜底政策并入乡村振兴政策的民生领域，形成乡村低收入群体的保障政策；将易地扶贫搬迁政策、危旧房改造政策并入农村人居环境整治政策，协同推进乡村住房条件改善与人居环境提升；将针对贫困户的小额信贷支持扩大到对所有主体的普惠金融支持。

四是抓好产业衔接，推进产业兴旺。产业振兴不仅是实现乡村振兴与脱贫攻坚的重要标志，也是实现二者有机链接的必然要求。要想顺利实现从脱贫攻坚到乡村振兴的转换，就必须从根本上遏制产业扶贫的短期化倾向，要以产业振兴为抓手，构建可持续的产业发展长效机制。不仅坚持因地制宜，培育和发展优势产业及主导产业，而且还采取积极有效措施提高产业带贫益贫能力。万荣县一方面坚持因地制宜，放大中国农民丰收节效应，用好国家现代农业产业园和省级农业开发区建设机遇，依托5个万亩以上现代水果产业园、10万亩水果标准化生产基地建设，以及"万吨粮仓、万亩莲塘"等滩涂现代生态农业发展，持续推动"四长四短"脱贫产业发展壮大；另一方面延长农业产业链、价值链，推动一二三产业融合发展，有效提升产业发展的综合效益，通过创新农户与新型经营主体的利益联结等机制，提高产业带贫益贫能力，提升产业扶贫质量与成色。沁水县着力抓实现代农业产业，积极培育壮大新型农业经营主体。目前，已创建省级产业园1个，认定市级产业园1个，认定县级产业园14个；推进农林文旅康产业融合发展，聚焦"一核两带三区多点"旅游空间规划布局，以康养特色村建设为载体，积极打造"一带一廊"农林文旅康产业融合发展试点；发展特色产业助农增收，重新修订《沁水县发展现代农业促进农民增收扶持办法》，整合锦源养牛专业合作社等4家农业企业，依托沁水县农林投资发展有限公司，与15家村级电商服务站签订带动协议，线上线下共同发力，助力农产品销售，逐步解决扶贫产业项目规模小而散、带动主体竞争力不强的问题，实现农业产业发展格局由"小而散"到"精而特"的转变。

五是引导人才衔接，培育振兴队伍。巩固脱贫攻坚成果，促进乡村人才振兴。通过巩固脱贫攻坚成果，稳定现有的帮扶人才队伍，健全长期帮扶激励机制，将愿意在农村地区干事创业的帮扶人才留在农村，继续为乡村振兴贡献力量。持续推进家庭劳动力职业教育和各类技能培训，培养贫困村产业发展带头人。建立健全农村人才引进机制，引导更多大学毕业生到农村创新创业，回引外出成功人士返乡发展特色产业。沁水县聚焦乡村振兴人才需求，引进12名全日制硕士研究生充实到乡镇岗位，先后为全县民营企业、乡村振兴示范村、省级贫困村和农林文旅康产业融合发展试点村储备大学生120余人；把技能培训作为助推脱贫攻坚和乡村振兴的有力抓手，针对不同培训需求，重点打造工匠培训、扶贫培训、入职培训、富民培训四大特色培训，为乡村振兴提供了人员和技术支撑；悉心挖掘本土人才，选拔出优秀乡土人才54人次，着力扶持培养了一批有影响力、有致富能力的合作社领头人、乡村工匠、民间巧手、非遗传承人。岢岚县推选337名农村本土人才成为村支"两委"骨干，建立1098人的乡土人才信息库和373名的村级后备干部库；全力开展"人人持证、技能社会"培训工作，着力打造一支有文化、懂技术、善经营、会管理的新型职业农民队伍，培训农民2500人，其中贫困户2479人取得职业农民等级证书。

· 专栏 ·

建立健全巩固拓展脱贫攻坚成果长效机制

保持主要帮扶政策总体稳定。过渡期内严格落实"四个不摘"要求，摘帽不摘责任，防止松劲懈怠；摘帽不摘政策，防止急刹车；摘帽不摘帮扶，防止一撤了之；摘帽不摘监管，防止贫困反弹。现有帮扶政策该延续的延续、该优化的优化、该调整的调整，确保政策连续性。兜底救助类政策要继续保持稳定。落实好教育、医疗、住房、饮水等民生保障普惠性政策，并根据脱贫人口实际困难给予适度倾斜。优化产业就业等发展类政策。

健全防止返贫动态监测和帮扶机制。对脱贫不稳定户、边缘易致贫户，以及因病因灾因意外事故等刚性支出较大或收入大幅缩减导致基本生活出现严重困难户，开展定期检查、动态管理，重点监测其收入支出状况、"两不愁三保障"及饮水安全状况，合理确定监测标准。建立健全易返贫致贫人口快速发现和响应机制，分层分类及时纳入帮扶政策范围，实行动态清零。健全防止返贫大数据监测平台，加强相关部门、单位数据共享和对接，充分利用先进技术手段提升监测准确性，以国家脱贫攻坚普查结果为依据，进一步完善基础数据库。建立农户主动申请、部门信息比对、基层干部定期跟踪回访相结合的易返贫致贫人口发现和核查机制，实施帮扶对象动态管理。坚持预防性措施和事后帮扶相结合，精准分析返贫致贫原因，采取有针对性的帮扶措施。

巩固"两不愁三保障"成果。落实行业主管部门工作责任。健全控辍保学工作机制，确保除身体原因不具备学习条件外脱贫家庭义务教育阶段适龄儿童少年不失学辍学。有效防范因病返贫致贫风险，落实分类资助参保政策，做好脱贫人口参保动员工作。建立农村脱贫人口住房安全动态监测机制，通过农村危房改造等多种方式保障低收入人口基本住房安全。巩固维护好已建农村供水工程成果，不断提升农村供水保障水平。

做好易地扶贫搬迁后续扶持工作。聚焦原深度贫困地区、大型特大型安置区，从就业需要、产业发展和后续配套设施建设提升完善等方面加大扶持力度，完善后续扶持政策体系，持续巩固易地搬迁脱贫成果，确保搬迁群众稳得住、有就业、逐步能致富。提升安置区社区管理服务水平，建立关爱机制，促进社会融入。

加强扶贫项目资产管理和监督。分类摸清各类扶贫项目形成的资产底数。公益性资产要落实管护主体，明确管护责任，确保继续发挥作用。经营性资产要明晰产权关系，防止资产流失和被侵占，资产收益重点用于项目运行管护、巩固拓展脱贫攻坚成果、村级公益事业等。确权到农户或其他经营主体的扶贫资产，依法维护其财产权利，由其自主管理和运营。

资料来源：摘编自《中共中央 国务院关于实现巩固拓展脱贫攻坚成果同乡村振兴有效衔接的意见》

四、国内推进脱贫攻坚与乡村振兴有效衔接的经验及启示

为深入推进山西脱贫攻坚与乡村振兴有效衔接，我们认真收集整理了国内先进地区推进脱贫攻坚与乡村振兴有效衔接的基本经验和典型做法，并得到一些重要启示。

吉林：培育发展农业产业化联合体，夯实产业振兴基础。引导龙头企业、农民专业合作社和家庭农场等新型农业经营主体，以分工协作为前提，以规模经营为依托，以利益联结为纽带，组建农业产业化联合体。重点围绕吉林大米、专用玉米、长白山特产、优质杂粮杂豆等特色生产，鼓励龙头企业制定农产品生产、服务和加工标准，示范引导农民

专业合作社和家庭农场从事标准化生产，以"公司+农民专业合作社+家庭农场""公司+家庭农场"等形式，实行产销一体化经营，降低违约风险和交易成本。引导农户以土地经营权入股农业产业化联合体，通过保底分红、股份合作、利润返还等多种形式，合理分享增值收益。

湖北、广西：推动农业园区建设，创建区域公共品牌，发展乡村特色产业。湖北推进特色农产品优势区创建，建设现代农业产业园、农业科技园。整合区域农业资源，着力打造10个荆楚农优品区域公共品牌、50个企业品牌和200个产品品牌。广西依托国家畜禽标准化示范场、水产健康养殖场、菜果标准园和省级农业标准化示范基地建设，推进现代农业产业园、科技园、创业园和田园综合体建设，大力发展以循环农业为主的现代农业，突出打好"绿色牌""长寿牌""富硒牌"，打造一批"桂"字号区域公共品牌，鼓励企业争创驰名商标、培育知名品牌。

湖南、贵州：发展休闲农业，打造乡村旅游精品。统筹发展全域旅游，重点建设一批知名休闲农庄、森林人家、康养基地、乡村研学旅行基地、乡村民宿、特色旅游村镇、星级乡村旅游区（点）和精品线路，打造一批休闲观光农业示范县（镇、园、农庄），支持利用闲置农房发展民宿、养老、特色餐饮等项目，鼓励发展乡村共享经济、创意农业。

江苏：以乡情乡愁为纽带，引导鼓励各类优秀人才回乡创业，推进乡村人才振兴。积极引导和鼓励企业家、专家学者、医生教师、规划师、建筑师、技能人才等，到乡村投资兴业、行医办学、提供志愿服务，参与乡村振兴；鼓励符合条件的公职人员回乡到村任职；引导鼓励工商资本积极投入乡村振兴事业，完善工商资本与新型农业经营主体、农户之间的利益共享机制。

安徽：加强新型职业农民的培训教育，鼓励开展职业农民职称评定试点。支持农民专业合作社、专业技术协会、龙头企业等主体承担培训，落实以县级人民政府为主体的新型职业农民认定管理责任制，引导符合条件的新型职业农民参加城镇职工养老、医疗等社会保障；支持新型职业农民通过弹性学制参加中高等农业职业教育；鼓励各地开展职业农民职称评定试点。逐步建立"定向评价、定向使用"的职称评聘和专业技术人才申报高级职称"单独分组、单独评审"制度，对长期在乡村一线工作且作出重要贡献的基层专业技术人才，可破格晋升职称等级，适当提高职称评聘比例。

江西：开展美丽宜居乡村"四精"工程，打造美好田园风光。积极推广"设计、采购、施工"工程总承包模式，做到精心规划、精致建设、精细管理、精美呈现，打造一批田园乡村、文化古村、休闲旅游乡村、现代宜居乡村，形成"连点成线、拓线扩面、突出特色、整片推进"的建设格局，打造山清水秀、天蓝地绿、村美人和的田园风光。

甘肃：发展和壮大农业保险，支持农业农村发展。充分发挥地方法人财产保险公司的主导作用，加大对农村新产业、新业态、农村住房等保险的支持力度，探索开展玉米、小麦、马铃薯三大粮食作物完全成本保险和收入保险试点，特色农产品价格保险等新型农业保险试点，推进建立财政支持的农业保险大灾风险分散机制。

江西：深化普惠金融改革试点，创建农村普惠金融服务站。在试点地区积极推进农村承包土地经营权和农民住房财产权抵押贷款；深入推进林权抵押贷款业务，创新开展林地经营权流转证抵押贷款，探索公益林和天然林补偿收益权质押贷款；探索开展以仓单、订单质押以及大型农机具在内的农业生产设备等抵押贷款融资方式。

浙江：以"三农、三产、三生、三创"四个融合推进乡村振兴。推进农业农村农民"三农"融合，建设100个现代农业园区、200个农业可持续发展示范园、100个特色农业强镇、80条每条产值10亿元以上的全产业链和800万亩粮食生产功能区。推进一二三产业的"三产"融合，重点培育特色农业全产业链经济、粮食产业经济、美丽农业经济、农业社会化服务经济、农机装备产业经济等"千亿农业产业经济"。推进生产生活生态"三生"融合，发展农业旅游、文化创意、健康养生等产业，产出生态品、健康品、文化品；推进万村景区化建设，打造一批宜居宜业宜游的现代农村；推进全省大景区、美丽大花园建设，把农村建成城市居民休闲度假、养生养性的好场所。推进创新创业创造"三创"融合，助推"农创客"创业创新，培育新型职业农民走向市场。加快推进"互联网+现代农业"，提高劳动生产率、土地产出率。

湖北：实施市民下乡、能人回乡、企业兴乡工程，增加乡村振兴新动能。引导市民长期租用农村空闲农房和农地资源，下乡过田园生活；鼓励在外创业有成、热爱家乡的创业能人、社会贤达等，返乡创办实业，反哺家乡建设；支持企业家到农村投资兴业，利用农村资源，推动农村股份合作开发，发展现代农业。特别是在保障工程建设用地方面，出台零星分散设施可使用机动指标、复垦耕地和建设用地等量置换、鼓励空闲农房改成农业农村体验场所、开通项目用地绿色通道等优惠政策。

·专栏·

云南接续推动脱贫地区全面发展和乡村全面振兴

脱贫攻坚取得胜利后，云南深入学习贯彻习近平总书记关于巩固拓展脱贫攻坚成果同乡村振兴有效衔接重要指示批示和考察云南重要讲话精神，大力弘扬伟大脱贫攻坚精神，把巩固拓展脱贫攻坚成果作为压倒性的政治任务，牢牢守住不发生规模性返贫底线，接续推动脱贫地区全面发展和乡村全面振兴。

一是保持组织领导体系的稳定性和连续性。落实省、市、县、乡、村五级书记抓巩固拓展脱贫攻坚成果的责任，建立党委、政府主要领导牵头抓总的"双组长、双办公室、双月调度"领导体制和工作机制，建立了省领导挂县、部门包乡、干部驻村的定点帮扶机制，省委、省政府主要领导分别挂联巩固拓展脱贫攻坚成果难度最大、任务最重的会泽县、镇雄县及原"三区三州"中的怒江州、迪庆州，省委常委、副省长分别挂联2个重点帮扶县，39位省级领导全部挂联重点帮扶县，选派驻村第一书记和工作队员2.8万名，推动各级、各部门层层压实责任，确保政策、工作、责任落细落实。

二是建立健全防止返贫动态监测帮扶体系。严格落实"四个不摘"要求，建设"云南省政府救助平台"，将民政、教育、住建、医保等7个部门15个救助服务事项纳入其中，让困难群众"找政府"无障碍。强化干部定期入户排查、行业部门常态化监测筛查，实现"政府找"无死角。建立防返贫动态监测问题清单，对纳入监测的对象，根据风险类别、发展需求，因人因户精准施策，坚决守住不发生规模性返贫底线。今年，确定防返贫监测线7000元，1.63万支工作队、22.04万名干部开展防止返贫监测帮扶集中大排查，入户核查484.86万户。

三是把一切为了脱贫户增收作为巩固拓展脱贫攻坚成果的鲜明工作导向。出台实施《云南省脱贫人口持续增收三年行动方案（2022—2024年）》，提出"六个一批"重点任务，推动脱贫人口和监测对象帮扶全覆盖，促进脱贫人口收入持续增长。按照"一户一方案、一定三年、逐年推动落实"机制，推动县乡村和定点帮扶单位沉到村户，摸清脱贫户和监测对象家底，制定了198万户796.7万人的三年增收措施，同时，对70万户年人均纯收入在1万元以下有劳动力的脱贫户，组建了"一对一"帮扶专班。建立全省脱贫人口收入监测体系，对脱贫人口和监测对象收入变化、增收措施落实、增收目标实现情况等进行"按月分析、按季监测、适时调度"，有针对性地制定2022年促进脱贫人口和监测对象增收9条措施，开展了5期新冠肺炎疫情影响脱贫攻坚成果工作调度，从前三季度脱贫人口收入监测系统和调研情况来看，2022年脱贫人口人均纯收入增势较好。

四是持续巩固提升"三保障"和饮水安全水平。义务教育方面，完善"双线四级"责任体系和多部门联控联保责任机制，控辍保学实现"动态清零"。基本医疗方面，将监测对象全部纳入参保资助范围，住院医疗费用报销比例83.6%，36种大病患者救治率99.5%。住房安全方面，开工农房抗震改造6万户，竣工3.4万户，竣工率42.9%。饮水安全方面，完成供水工程34项，建设农村饮水工程1083处、维护6403处，改变现状依靠水窖供水8900余人、辅助供水9300余人，解决中度干旱条件下应急供水2.1万人，同步提升供水10.5万人。强化易地扶贫搬迁后续扶持，抓实就业帮扶和帮扶车间建设，不断完善集中安置区配套设施和社会管理，促进搬迁脱贫人口稳得住、能融入、有发展、能致富。

五是聚焦乡村振兴重点帮扶县集中发力。对27个国家级、30个省级乡村振兴重点帮扶县，统筹各方资源，从财政、金融、土地、人才、基础设施建设、公共服务保障等15个方面，集中力量予以支持，做到领导力量、资源配置、帮扶力量、帮扶资金"四个倾斜"。编制乡村振兴重点帮扶县有效衔接实施方案，今年安排27个国家级重点县衔接资金114.56亿元、30个省级重点县44.57亿元，集中实施一批补短板、促发展项目，提升农村基础设施和基本公共服务水平。

资料来源：摘编自国务院新闻办公室官网　2022年9月5日

启示一：发展产业是基础。脱贫攻坚与乡村振兴衔接的基础在于产业振兴。产业发展是摆脱贫困的根本之策，也是乡村振兴的长远之计。脱贫攻坚任务完成后，继续把产业振兴摆在重要位置，这样才能进一步巩固拓展脱贫攻坚成果，建立逐步解决相对贫困的长效机制。各地资源禀赋不同，应发挥各自产业优势，寻优推进、错位发展，避免过度规模化和同构化，加快形成地区具有市场竞争力的优势特色产业体系。应善于利用市场"无形的手"，打造优势农产品区域公共品牌。同时，要积极推动乡村一二三产业融合发展，重视产业链和价值链的拓展，实现三次产业的深度融合，提升乡村产品的附加值，促进乡村产业转型升级，构建现代农业产业体系，推进脱贫攻坚与乡村振兴多元化有机衔接。

启示二：人才队伍是关键。人才是推动脱贫攻坚与乡村振兴有效衔接的关键。习近平总书记强调，人才振兴是乡村振兴的基础，要创新乡村人才工作体制机制，充分激发乡村现有人才活力，把更多城市人才引向乡村创新创业。因此，实现"激活存量"和"吸纳增量"，成为强化人才支撑、做好统筹衔接的关键。应立足乡村振兴需求，明确目标人群，以新型职业农民、农业科技领军人才、创新型管理人才为重点，实施精准的人才培养和引进政策，为有意愿在乡村发展的各类人才能够充分施展才华创设良好发展环境。另外，应把整体乡村人口作为战略资源，促进全员素质稳步提升，让人的全面发展成为乡村振兴的基石。

启示三：党的领导是核心。党的领导是脱贫攻坚与乡村振兴衔接的基石和保障，基层党组织在脱贫攻坚中发挥了重要作用，是"不走的工作队"，是实施乡村振兴战略的"主心骨"，是乡村振兴的政治保障和组织保障。因此，要加强组织领导，充分发挥基层党组织的战斗堡垒作用。继续发挥基层党组织的组织优势，把广大基层党员和群众的思想、行动、力量和智慧凝聚起来，使他们齐心聚力投身乡村经济社会建设中。

启示四：制度创新是保障。制度创新是脱贫攻坚与乡村振兴衔接的根本保障。制度稳则乡村稳，制度兴则乡村兴，制度强则乡村强。要聚焦乡村振兴的关键要素，积极探索人才政策、土地政策、金融政策改革创新，如江西深化普惠金融改革试点，创新开展林地经营权流转证抵押贷款，探索开展以仓单、订单质押以及大型农机具在内的农业生产设备等抵押贷款融资方式，解决农业发展的融资难题。要破除阻碍乡村振兴的体制机制弊端，创新发展机制，推动要素市场化配置，更好地发挥政府作用，推动城乡要素自由流动、平等交换。要加强对各地区推进脱贫攻坚与乡村振兴衔接的经验总结，将成效明显、具有普遍性的改革创新经验上升为制度，为推进脱贫攻坚与乡村振兴有效衔接提供制度支撑。

启示五：文化建设是灵魂。文化建设既是乡村建设的难点，也是乡村建设的灵魂。乡村文化的振兴是产业兴旺、生态宜居、乡风文明、治理有效的重要内容，同时也是实现乡村振兴目标的重要途径，为脱贫攻坚与乡村振兴衔接提供了智力支持和精神动力。中华文明根植于农耕文化，乡村是中华文明的基本载体。推动乡村文化振兴，要以乡村公共文化服务体系建设为载体，培育文明乡风、良好家风、淳朴民风；要让中华优秀文化精髓如邻里守望、诚信重礼、勤俭节约的文明之风在乡村兴盛起来。乡村文化振兴，不仅可以为乡村全面振兴提供精神动力，而且把乡村优秀文化与乡村优美环境结合起来，成为宝贵的乡村旅游资源。

启示六：绿色发展是根本。绿色发展是人民对美好生活追求的重要体现，是脱贫攻坚与乡村振兴有效衔接的根本要求。在乡村振兴的道路上坚持绿色发展，坚持绿水青山就是金山银山理念，坚持尊重自然、顺应自然、保护自然，坚持节约优先、保护优先、自然恢复为主，守住自然生态安全边界。要深入实施乡村可持续发展战略，完善乡村生态文明领域统筹协调机制，构建乡村生态文明体系，促进乡村经济社会发展全面绿色转型，建设人与自然和谐共生的现代化，加快推动乡村绿色低碳发展。

五、山西推进脱贫攻坚与乡村振兴有效衔接的基本路径

推动脱贫攻坚与乡村振兴战略有效衔接，做好脱贫攻坚与乡村

振兴的深度融合，是实现第二个百年奋斗目标的重要保证。站在新的历史起点上，山西以习近平总书记对山西工作的重要讲话重要指示为指引，坚持以巩固成果为基础，以有效衔接为重点，深入推动思想理念、规划设计、体制机制、制度政策、工作方法的衔接工作，为推进脱贫攻坚与乡村振兴有效衔接提供基本路径。

（一）推进脱贫攻坚与乡村振兴思想理念的有效衔接

做好思想理念的衔接，是巩固拓展脱贫攻坚成果有效衔接乡村振兴的重要基础。要持续强化理论指导的连续性，深刻领会和把握习近平总书记关于扶贫工作重要论述和乡村振兴战略思想精神实质，始终坚持"精准扶贫、精准脱贫"的工作理念，将脱贫攻坚的先进经验和成功做法引入乡村振兴的实践。要切实转变群众主体的思想认识，脱贫攻坚向乡村振兴过渡是从被动式的政府扶持转为主动自愿式的自发运动。要尊重群众主体地位，发挥群众首创精神，科学引导脱贫人口和普通群众在思想上由"被动扶"向"主动兴"转变，由"被动依赖"向"主动参与"转变，进一步强化生产生活的积极性和主动性，牢固树立"幸福是奋斗出来的"的生活理念，主动依靠自身的勤奋努力去追求美好生活。

（二）推进脱贫攻坚与乡村振兴规划设计的有效衔接

做好规划设计的衔接，是巩固拓展脱贫攻坚成果有效衔接乡村振兴的基本前提。在遵循乡村发展建设基本规律的基础上，根据山西经济社会发展的实际情况，科学合理编制全省巩固拓展脱贫攻坚成果同乡村振兴有效衔接规划。要树立"一张图、一盘棋"的全局思维和大局意识，通盘考虑土地利用、村庄建设、人居环境、生态保护、历史文化等各类因素，将原先脱贫攻坚过程中还需持续推进的任务、工程、项目等纳入规划范畴，强化工作的接续性和延展性。要做好与各类专项和行业规划的精准对接，着力构建城乡融合、区域一体、多规合一的规划体系。

（三）推进脱贫攻坚与乡村振兴体制机制的有效衔接

做好体制机制的衔接，是巩固拓展脱贫攻坚成果有效衔接乡村振兴的关键所在。要完善领导体制，持续深化"中央统筹、省负总责、市县乡抓落实"的领导机制，建立责任清晰、各负其责、执行有力的领导体系。要健全工作机制，做好省市县乡村五级书记抓脱贫成果巩固与抓乡村振兴的同频共振，充分发挥各级党委农村工作领导小组的作用，建立统一高效的议事协调工作机制，统筹规划编制、政策制定、项目实施等重要事项，有效提升财政、土地、科技、人才、金融等相关领域的协同性，整体协调推进各项重点任务。要强化考核机制，坚持目标结果导向，科学设置考核指标，将巩固拓展脱贫攻坚成果纳入党政领导干部推进乡村振兴实绩考核范围，并建立相应的激励机制和问责机制，确保各项工作落地落实。建立健全监督评估机制，强化防止返贫监测和帮扶机制，持续增强巩固脱贫成果及内生发展能力。

（四）推进脱贫攻坚与乡村振兴制度政策的有效衔接

做好制度政策的衔接，是巩固拓展脱贫攻坚成果有效衔接乡村振兴的重要保障。要调整完善现行政策，根据乡村振兴的目标要求，在充分吸收和总结脱贫攻坚实践经验的基础上，对已有政策进行系统梳理，明确需要取消的、接续的、完善的或强化的政策，进一步完善乡村振兴的政策体系和制度框架。要强化政策转变，将脱贫攻坚特惠型政策逐步向常规性、普惠性政策转变，把脱贫攻坚的临时性帮扶政策向常态化支持政策转变，均衡发展农村基础设施和教育、医疗等各类公共服务，持续强化产业、金融等政策供给，全面推进城乡融合发展。

（五）推进脱贫攻坚与乡村振兴工作方法的有效衔接

做好工作方法的衔接，是巩固拓展脱贫攻坚成果有效衔接乡村振兴的题中之义。从脱贫攻坚到乡村振兴，工作重心发生了转变，工作方法也需作出相应调整。要完善资金投入方式，由现在的财政投入为主向多元投入转变，强化企业、社会的功能和作用，建立"财政资金+企业资金+社会资金"多元化投入机制。要转化管理方式方法，从政府单向主导和控制式扶贫转变为多元主体合作减贫，注重市场化运作，积极发挥社会组织的优势和力量，不断提升治理能力和治理水平。

六、山西推进脱贫攻坚与乡村振兴有效衔接的政策建议

脱贫摘帽不是终点，而是新生活、新奋斗的起点。推动脱贫攻坚和乡村振兴有效衔接，不仅关系脱贫攻坚成果的巩固拓展，关系接续推进脱贫地区经济社会发展和人民群众生活改善，而且关系构建以国内大循环为主体、国内国际双循环相互促进的新发展格局，关系全面建设社会主义现代化国家全局和实现第二个百年奋斗目标。今后，山西要在巩固拓展脱贫攻坚成果的基础上，健全乡村振兴领导体制和工作体系，加快推进脱贫地区乡村产业、人才、文化、生态、组织等全面振兴，接续推动脱贫地区发展和群众生活改善，为推进乡村全面振兴提供重要支撑。

（一）促进产业减贫升级，实现产业兴旺

发展乡村产业是巩固脱贫攻坚成果、全面推进乡村振兴的根本大计。习近平总书记指出，要因地制宜探索精准脱贫的有效路子，多给贫困群众培育可持续发展产业，多给贫困群众培育可持续脱贫的机

制，多给贫困群众培育可持续致富的动力。山西要持续深化农业供给侧结构性改革，围绕特色化、优质化、绿色化、品牌化做文章，推进农业转型升级、促进农业提质增效。一是深化农业"特""优"战略。要坚持特色兴农，按照区域化布局、板块化推进、集群化发展、园区化引领的思路，重点发展杂粮、畜牧、蔬菜、药茶、鲜干果、中药材等特色农业产业，着力打造一批"特""优"种养基地，做优做大产业集群，创新创建一批现代农业产业园和示范区。持续推进农村一二三产融合发展，做强休闲农业、城郊农业、乡村旅游、农村电商，实现农业、林业、文化、旅游、康养互通互赢。二是壮大农业经营主体。积极发展农业龙头企业，在农产品精深加工优势集群中成立产业联盟，探索开展企业混改和股份合作试点，组建特色优势农业产业"集群航母"。通过以奖代补等方式重点支持家庭农场、农民合作社、农业产业化联合体等各类新型经营主体，促进规模经营与小农生产有机结合。三是实施品牌强农战略。培育和壮大山西小米、运城苹果、吕梁核桃、隰县玉露香梨等一批区域公共品牌和功能食品品牌，支持区域公用品牌、企业品牌、产品品牌创建。持续加强老字号、地理标志产品的开发和保护，进一步提升品牌知名度和美誉度。

（二）坚持绿色减贫发展，实现生态宜居

实现脱贫攻坚与生态振兴的有效衔接，关键在于树牢和践行绿色减贫与可持续发展的理念。一是深化生态减贫发展理念。深入贯彻落实"绿水青山就是金山银山"的指导思想，坚持节约优先、保护优先、自然恢复为主，统筹好山水林田湖草系统治理，严守生态保护红线，以产业生态化和生态产业化为重点推进产业发展，着力构建人与自然和谐共生、绿色减贫与乡村发展互促共赢的新格局。二是增强生

态项目帮扶效果。持续落实退耕还林奖补、造林绿化务工、森林管护就业、经济林提质增效、特色林产业增收帮扶政策，吸纳有劳动能力的脱贫户参与绿化生态建设项目，增加工资性收入。积极发展干果经济林、林下经济、种苗花卉和森林康养产业，促进生态振兴与产业振兴有机融合，推动生态资源向资产资金的有效转变。三是推进农村人居环境改善。实施农村垃圾分类，开展源头减量，完善农村垃圾收运处置体系建设。坚持因地制宜，对城郊村、中心村等不同类型村镇分类推进污水处理。深化农村厕所革命，提高农村卫生厕所供给，推进厕所无害化改造，探索畜禽粪污与厕所粪污协同处置方式。推进农业清洁生产，实施化肥、农药减量增效，发展节水灌溉设施，推广节水新技术和新品种，加大畜禽养殖废弃物和农作物秸秆综合利用。落实最严格的耕地保护制度，统筹山水林田湖草系统治理，合理划定城镇开发边界、永久基本农田、生态保护三条红线和城镇、农业、生态三类空间。扎实推进乡村生态修复治理，做好水土流失综合治理。

（三）强化基层党组织衔接，实现治理有效

组织振兴是乡村振兴的第一工程。做好脱贫攻坚与乡村振兴的有效衔接必须加强党的全面领导，发挥好党组织的政治优势和组织优势，发挥好总揽全局、协调各方的重要作用。一是强化农村基层党组织建设。党的基层组织是党肌体的末梢神经，要结合村"两委"换届工作，选优配强农村基层党组织，把思想过硬、能力突出、纪律严明的党员干部充实到基层党组织，发挥好党组织战斗堡垒的关键作用。要继续深化省市县乡村五级书记"抓脱贫"与"抓乡村振兴"有效衔接，健全常态化驻村帮扶工作机制，对巩固拓展脱贫攻坚成果和乡村振兴任务重的村、基层组织力量薄弱的村继续选派农村第一书记和驻

村工作队，夯实乡村振兴的组织基础。二是引导企业和社会组织参与乡村振兴。巩固脱贫攻坚和乡村振兴有效衔接是一项系统工程，需要发挥党委政府、企业以及社会的合力。要积极引导和支持企业以及各类农村经济合作组织、行业协会、基金会、志愿者组织等社会组织的广泛参与，最大限度地提供各类支持，积极营造良好的发展环境。三是构建自治法治德治相融合的乡村治理体系。要完善村民代表会议制度，发展农村协商民主，健全完善"四议两公开"制度，健全村务监督机构。要加强农村普法教育，提高农村干部群众的依法治事、依法管事、依法办事能力。要完善依法维权和矛盾调处机制，引导和支持农民群众通过合法途径维护自身权益，理性表达合理诉求。深入挖掘乡村熟人社会蕴含的道德规范，利用村中事、身边人，开展形式多样的社会公德、职业道德、家庭美德、个人品德教育，促使农民群众更加明理知耻、崇德向善，进一步促进乡村长治久安、文明和谐。

（四）推动文化繁荣振兴，实现乡风文明

乡村文化振兴是脱贫攻坚与乡村振兴有效衔接的应有之义，是脱贫攻坚与乡村振兴有效衔接的文化基础与精神动力。一是加强农村思想教育文化建设。要采取符合乡村特点、易于村民接受的方式方法大力培育和弘扬社会主义核心价值观，要通过教育引导、舆论宣传、文化熏陶、道德教化、实践养成和制度保障等渠道，持续推进农村精神文明建设，提升农民精神风貌，形成良好家风家规。要传承和发展中华优秀传统文化，深刻发掘各地特色文化资源，并结合乡村实际打造富有地域特色的乡村文化。二是完善农村文化基础设施建设。要大力建设农家书屋、文化广场、党群活动中心，增设乡村网络阅览室、信息咨询站等电子信息服务平台，逐步实现乡村两级公共服务全覆

盖，进一步优化乡村文化环境，丰富村民精神文化生活，激发村民摆脱贫困、参与乡村振兴的积极性和创造性。三是推进乡村文化产业深度发展。要充分利用好各地乡村特色文化资源优势，构建"文化+旅游""文化+产品""文化+科技"等乡村文化产业，深刻发掘乡村文化价值，推动脱贫地区乡村文明建设。要促进红色文化、关隘文化、渡口文化、生态文化等优质资源与乡村旅游的深度融合，培养一批特色鲜明、带动效应显著的乡村旅游示范点，吸纳更多的农村劳动力生产就业，增强农村地区特别是脱贫地区发展的内生动力。

（五）健全人才培养体系，实现人才振兴

脱贫攻坚与乡村振兴有效衔接的关键在于人才振兴。要坚持以乡村振兴的人才需求为导向，通过"内育"与"外引"相结合，扎实做好乡村人才的培育与引进工作。一是培养引进农业科技人才。围绕农业转型升级，在培育本土农业科技专家的同时，积极吸收和引进农业科技高端人才。深入推进乡村人才技能培训，完善农业科技特派员制度，定期开展农业科技人员下乡帮扶活动，充分发挥好农业专家顾问团、现代农业产业技术体系创新团队和农村专业技术协会作用，鼓励农业科技人才在基层创新创业。二是鼓励城市人才下乡创业。以乡情乡愁为纽带，落实和完善融资贷款、配套设施建筑补助、税费减免等优惠扶持政策，引导和支持党政干部、医生、教师、律师等各类人才，通过投资兴业、包村包项目、行医办学、担任志愿者、提供法律服务等方式投身乡村建设。三是培育发展新乡贤队伍。建立和完善新乡贤吸纳机制，鼓励和引导离退休党员干部、知识分子、工商界知名人士等回到故乡施展才能、发挥余热，为巩固脱贫攻坚成果、推动乡村振兴贡献力量。

（六）加大政策扶持力度，实现制度保障

推进脱贫攻坚与乡村振兴有效衔接，要注重总结梳理脱贫攻坚中成熟的理论成果、实践经验，不断完善和优化现有政策体系，促进相关政策向常规性、普惠性和长效性转变，形成更加有效的政策体系和制度框架。一是加强财税政策衔接。省市县根据需要和财力状况，合理安排财政投入规模，优化支出结构，调整支持重点。保留并调整优化原财政专项扶贫资金，向乡村振兴重点帮扶县倾斜，重点用于特色产业发展。现有财政相关转移支付继续倾斜支持脱贫地区。对支持脱贫地区产业发展效果明显的贷款贴息、周转金、政府采购等政策，调整优化并继续实施。全面落实巩固拓展脱贫攻坚成果有效衔接乡村振兴的各项税收优惠政策。二是加强金融政策衔接。继续发挥再贷款精准"滴灌"作用，落实好扶贫再贷款展期政策，运用好支农、支小再贷款，引导地方法人金融机构扩大对乡村振兴的信贷投入力度。支持金融机构发行"三农"专项金融债券，募集资金主要用于支持巩固脱贫攻坚成果和乡村振兴。持续开展特色农业保险和防止返贫致贫保险。支持脱贫地区发展特色产业，探索建立金融支持产业发展带动脱贫户增收致富的挂钩机制。鼓励金融机构创新金融产品和服务，拓宽抵质押物范围，鼓励依法合规开展温室大棚、养殖圈舍、大型农机具抵押融资。三是加强土地政策衔接。过渡期内，每年继续对脱贫县单列建设用地计划指标，专项用于巩固拓展脱贫攻坚成果和乡村振兴。对脱贫地区继续实施城乡建设用地增减挂钩节余指标省内交易政策。

分报告八

山西相对贫困治理

政策研究

反贫困始终是古今中外治国安邦的大事，战胜贫困是中华民族的千年夙愿。习近平总书记深刻指出，消除贫困、改善民生、实现共同富裕，是社会主义的本质要求，是我们党的重要使命。2020年，随着脱贫攻坚战的全面胜利，我国贫困治理的重心和难点已经由绝对贫困逐渐转变为相对贫困。相对贫困是一种发展机会、生活条件及社会权利与其他群体和区域相比相对匮乏的贫困状态，具有长期性、多维性、动态性、相对性等一系列显著特征，相对于绝对贫困而言，治理相对贫困难度更大、任务更为艰巨。

党的十八大以来，中国发展进入新时代。以习近平同志为核心的党中央把人民对美好生活的向往作为奋斗目标，统筹把握中华民族伟大复兴战略全局和世界百年未有之大变局，打赢脱贫攻坚战、全面建成小康社会、扎实推动共同富裕，开启了全面建设社会主义现代化国家新征程。治理相对贫困是实现全体人民共同富裕的内在要求。党的十九届四中全会提出要建立解决相对贫困的长效机制；党的十九届五中全会提出要实现巩固拓展脱贫攻坚成果同乡村振兴有效衔接，要建立农村低收入人口和欠发达地区帮扶机制；党的二十大提出要巩固拓展脱贫攻坚成果，增强脱贫地区和脱贫群众内生发展动力。这一系列重要指示和重要论述为我国相对贫困治理指明了前进方向。曾经，山西是全国扶贫开发重点省份，是全国脱贫攻坚的重要战场。目前，已脱贫地区仍然是欠发达地区，脱贫群众的收入仍然偏低，可持续发展后劲仍显不足。在全面推进乡村振兴的大背景下，有效治理农村相对贫困问题仍然存在较大的困难和挑战。山西要吸收借鉴国内先进地区相对贫困治理的典型经验做法，立足省情、创新突破，积极探索建立缓解农村相对贫困的长效机制，为实现农民农村共同富裕奠定坚实基础。

一、相对贫困问题及其治理的研究综述

相对贫困是近几年学术界关注的热点话题，围绕相对贫困的概念、影响因素、治理手段等问题，国内外学者们做了大量的研究。

一是关于相对贫困概念的讨论。阿马蒂亚·森在他的《贫困与饥荒》中提到，除粮食生产外，包括个人在社会经济结构中的地位、社会生产方式、社会保障和就业权利在内的综合权力关系，也可以导致贫困，引发了人们对相对贫困的关注和思考。郭文华（2009）借用阿马蒂亚·森的"可行能力"来解释相对贫困，认为个人相对贫困源于现实生活没有达到个人所期待的状态。张青（2012）提出相对贫困是指收入相当于社会平均收入水平一个较低水平的社会生活状态。程永宏等（2013）则认为相对贫困指的是收入水平不足以维持正常的社会联系的状况。杨舸（2017）提出除了从满足基本生活需求方面来实施扶贫外，还应注意到贫困表现为人内心的相对剥夺感，是一种主观感受。凌经球（2019）认为相对贫困是一种发展型贫困，是由于收入分配差距或基本公共服务不均等因素导致部分家庭或个体的福利水平处于社会平均水平之下。总体来说，相对贫困是通过社会比较产生的，它更强调一种主观感受。

二是关于相对贫困的影响因素研究。曾晨晨（2010）探究了农村居民健康对农村人口相对贫困的影响，结果发现健康状况的良好可以有效降低农村居民发生贫困的概率。秦建军、戎爱萍（2012）分析了财政支出结构对农村相对贫困的影响，发现劳动力价格差异对农村相对贫困具有决定意义。刘雨桐（2014）探究了社会资本对相对贫困的影响，结果发现随着市场化的深入，社会资本减少城市个体相对贫困

发生概率的作用总体上会增强。杨帆、庄天慧（2018）从代际传递视角探索新生代农民工相对贫困的生成机理，发现父亲教育和政治面貌总体上显著影响新生代农民工的多维相对贫困。上官子恒、施国庆等（2019）通过对湖北省农村贫困状况以及脱贫影响因素的分析，发现劳动技能培训和政府减免税收政策能有效降低相对贫困发生率。不难看出，影响相对贫困的因素是多重的，要想有效治理相对贫困，必须综合施策。

三是关于相对贫困治理机制的研究。刘宗飞、姚顺波等（2013）提出应适当加大贫困群体内部收入差距，分阶段实施扶贫计划，先重点扶持贫困群体内部有号召力的农户，进而激励其他贫困农户的发展，再对剩余贫困农户进行项目扶贫，通过贫困互助的方式，促进农村相对贫困问题的治理，还可以通过提高贫困农户自身的能力以及完善农村保障体制来解决农村的相对贫困问题。张彦、孙帅（2016）从现实依据、历史依据和理论依据三方面论证构建相对贫困伦理关怀的可能性，并提出将马克思主义正义理念同中国相对贫困问题的实际结合起来，使相对贫困伦理关怀更多体现"生存""尊严""自由"这三重人类基本发展价值。申浩（2019）认为应该增强对相对贫困治理的文化软实力建设，通过思想教育使贫困群体树立正确意识，建立可持续治理贫困的政策框架并采用更加灵活和实用的贫困标准提高反贫困效率。唐任伍（2019）提出后小康时代的贫困治理进入"攻心"时代，重点在于矫正精神贫困，克服穷人心态和贫困思维，扩展相对贫困人口的认知"带宽"，塑造公平正义的价值取向，克服资源配置上的碎片化，破解相对贫困治理的"碎片化"困境。还有学者研究借鉴其他国家或地区的经验，提出对我国扶贫的启示，如白增博、孙庆刚等（2017）通过借鉴美国贫困救助经验做法，提出我国扶贫工作应在贫困救助立法、贫困线制度、鼓励就业分类救助以及多元主体参与方面作出更多努力。刘祖云、刘敏（2009）通过总结中国香港地区在贫困救助方面的经验，提出内地应进一步深化社会救助改革，立足地区实际逐步提高救助水平，更加强调穷人的资产和能力建设。

综上所述，贫困治理的研究正在逐步发展和完善，经历了从简单到复杂、从单一到全面、从理论到实践的发展过程，取得了一定成果和宝贵经验。我们可以发现国内外学者从不同侧面对贫困治理开展了长期的大量研究，但现在已有的研究还有一定的局限性：第一，有关相对贫困的研究处于初始阶段，研究成果有待加强和丰富；第二，理论研究多于实践调查研究，实证性略显不足；第三，研究区域和视角比较宏观，区域聚焦不明确。对此，本研究将在吸收借鉴前人和当今专家学者们优秀成果的基础上，以山西农村相对贫困治理为研究对象，对其存在的问题及其产生原因进行深入剖析，并提出政策建议。

二、相对贫困的内涵及理论基础

（一）相对贫困的有关概念界定

1.绝对贫困与相对贫困的内涵

贫困是经济社会发展中始终存在的社会现象，绝对贫困和相对贫困是两种表现形态。1990年，国家统计局曾对绝对贫困作出过定义。绝对贫困是指个人或家庭在现在的经济社会条件下，其收入无法满足最基本的生存生活需要，温饱问题无法解决，难以维持劳动再生产，其标准在一定社会的一定阶段上具有客观物质性。具体来讲，就是无法满足"两不愁三保障"最低生活标准，处于吃不饱、穿不暖、饮水有问题，基本医疗、义务教育、住房安全无保障的状态。而相对贫困强调社会相对排斥、相对剥夺等带来的边缘化与不平等，更多的是含有社会比较的意味，这是相对贫困最核心的观点。因此，本文认为，相对贫困是在特定阶段、特定区域、特定人群中，某个人或家庭的收入足够维持家庭成员基本生活需求，但无法达到当地当时条件下大多数人所能享有的其他基本生活状态，相对贫困具有明显的时效性、区域性、相对性特征。相对贫困个体之间存在着相对排斥与剥夺，能够反映社会财富或物资收入在不同阶层与群体之间的分布分配情况。

表1　绝对贫困与相对贫困的比较

贫困类型	特征识别	共同点	不同点
绝对贫困	①它以贫困线为衡量标准，低于贫困线就是绝对贫困；绝对贫困的国际标准由下限标准和上限标准以及区间范围组成，下限标准以下为赤贫人口。②贫困线就是购买基本的必需品或维持最低限度生活需要的最低收入水平。这里的必需品一般包括人体最低需要摄取的食品，以及最简单的衣物、住房等，这些只是为了维持最基本的生存需要。③强调贫困的客观性和绝对数量。④绝对贫困是可以消除的。	缺乏足够收入来维持一种社会认定的生活标准的状态	绝对贫困只是为了维持最基本的生存需要，而相对贫困是相对于社会上的其他收入而言的
相对贫困	①相对贫困是以社会平均生活水平为衡量标准，它是介于贫困线和社会认定的某种平均水平间的一种生活状态。②相对贫困的出发点是人们之间收入的比较和差距，它是低收入者解决了温饱问题，是相对于全社会而言表现出来的贫困状态。本质上已经与分配不公、生活质量下降及其引起的精神痛苦等因素联系在了一起。③强调在一定区域范围内人的生存质量和水平的相互比较，具有一定的主观偏好，它依赖于一定的主观价值判断。④任何社会都存在相对贫困。		

2.相对贫困治理问题基本特点

与绝对贫困相比，相对贫困治理主要呈现如下特点。

一是治理对象的多元性。2020年之前，绝对贫困治理的主要对象为低于贫困线的贫困户，当时为建档立卡的贫困户。2020年后，随着我国脱贫攻坚战取得全面胜利，贫困人口结构正在发生结构性转变，曾经的脱贫户正在转变为相对贫困户。与此同时，未进入建档立卡的贫困"边缘户"、进城农民工、城市低收入者都将随之纳入相对贫困治理范畴。现实中存在的高杠杆率家庭、隐形贫困人口以及能力贫困人群、因病因灾人群等都将是潜在的相对贫困人群。

二是致贫要素的复杂性。与绝对贫困相比较，影响相对贫困的因素更多、更为复杂，既有市场波动等经济性因素，又有自然灾害、意外事故等非经济性因素；既有产业更替等周期性因素，又有技术进步等结构性因素；既有贫苦人口自身的脆弱性等客观性因素，又有贫困文化融入、社会排斥等主观性因素，还有教育、医疗、社会保障等公共产品供给因素，且呈现出交叉融合的特点。现实中的风险也呈现多元化，包括自然风险、市场风险、技术风险、政策风险等。因此，对于致贫风险仍要采取精准识别的方式，从经济、政治、社会、文化、生态多个维度综合研判。

三是治理任务的多重性。结合相对贫困治理对象的多元性、致贫要素的复杂性，相对贫困治理将面临治理体系的重塑，其主要任务是完成以下六个转变：从降低贫困发生率向建立防止返贫机制转变，从解决收入贫困为主向解决多维贫困转变，从"运动式"扶贫向常规化扶贫机制构建转变，从解决农村贫困为主向农村贫困与城市贫困兼重转化，从多头治理向归口管理转化，从国内减贫向国内减贫与国际减贫合作相结合转变。

3.相对贫困判断标准及其探索

贫困标准，又称贫困线，用于识别贫困人口规模和贫困程度。由于各个国家和地区经济发展水平不同，对贫困的界定标准不同，导致目前在世界范围内相对贫困的测度还未形成一个统一的标准。1976年，经济合作与发展组织（OECD）对其成员国进行了一次大规模调查后提出一个贫困标准，即以一个国家或社会中位收入或平均收入的50%作为这个国家或地区的贫困线，这就是后来被广泛运用的国际贫困标准。

当前，国际上主要有五种判断相对贫困的标准。第一种是欧盟国家标准，将全体居民可支配收入中位数的60%作为参考标准来测算相对贫困发生率。第二种是美国标准，采用绝对标准和相对标准相结合的方法划定两条贫困线，一条是美国人口调查局根据不同类型家庭食物与资源的基本需求所划定的贫困线，且每年根据通货膨胀适度调整门槛；另一条是健康和人类服务部门颁布的、主要用于判断个人或家庭是否具有获得财政支持资格的贫困指导线。第三种是日本标准，以中等家庭收入的60%为基本标准，并适时根据四口之家的消费水平，按年龄、家庭规模、家庭结构和地区物价指数进行调整。第四种是澳大利亚标准，以家庭同等可支配收入中位数的50%作为低贫困线，60%作为高贫困线，并度量处于贫困线以下的人口占比以及贫困人口收入与贫困线的距离。第五种是拉美国家标准，综合考虑收入、教育、医疗、就业等多个方面，将收入与多维贫困有机结合。

在中国农村的扶贫开发历程中，一方面根据人均收入水平设定的国家贫困线具有绝对贫困的特征，另一方面许多经济发达省份也以收入为主要依据来探索相对贫困的标准划定。如成都设定的相对贫困村的标准是人均年收入低于10000元，相对贫困人口的标准是收入低于2014年同区县人均可支配收入的50%。广东省按2012年全省农民人均年纯收入的33%确定2013年至2015年农村扶贫标准，而2016年至2020年则以2015年为基期，根据当年经济社会发展情况和相对贫困人口规模确定扶贫标准。

（二）相对贫困治理的理论基础

1.马克思主义反贫困理论

要铲除无产阶级贫困，根本方法只能是消灭私有制。马克思最早从制度层面出发，天才而犀利地揭示了资本主义社会贫困的根本原因。他认为工人阶级的贫困和窘迫产生的根源不是这个阶级的愚昧、落后，而是资本主义私有制，并且这种所有制才是无产阶级落后的罪魁祸首。只要资本主义私有制存在一天，资产阶级就不会停止对无产阶级的剥削。因此，马克思提出，"剥夺剥夺者"是无产阶级摆脱贫困的根本途径。无产阶级要建立无产阶级专政的国家政权，实现共产主义，才能彻底摆脱贫困。消除贫困，就必须要大力发展生产力，马克思和恩格斯曾谈到如果不发展生产力，"那就只会有贫穷、极端贫困的普遍化"，资本家疯狂占有生产资料，不断扩大贸易市场，甚至进行殖民侵略，使得私有制空前强化。其结果必然是贫富差距日益加深，社会矛盾更加突出。只有当生产力发展到一定程度使得私有制的存在成为社会发展的桎梏时，私有制才能为新的生产关系让路。这也正如马克思所认为的："只有在集体财富的源泉充分涌流之后，社会分配才能超出资产阶级权利的狭隘眼界，才能实现各尽所能，按需分配。"消灭贫困，实现全体人民共同富裕是社会主义的本质要求，也是中国共产党的重要使命。因此，深入研究缓解农村相对贫困的长效机制，意义重大、势在必行。

2.经济学的内生增长理论

内生增长理论是指经济在没有外部动力的情况下，依靠自身动力就可以实现持续性增长。其中，科技取得的进步成为推动经济增长的重要因素。20世纪40年代，哈罗德和多马在凯恩斯收入决定论的基础上，建立了哈罗德—多马模型。该模型认为，在资本比率及产出不变的情况下，资本积累率是经济长期可持续增长的决定性因素。20世纪50年代，索罗、斯旺等专家学者对哈罗德—多马模型进行了一定程度的修改，强调了科学技术的进步对于经济增长的重要作用。罗默、卢卡斯等人从收益递增和不完全竞争方面出发，重新定义了内生增长理论的假设，罗默通过将知识积累加入生产函数来进行研究，提出知识积累是经济增长的重要动力，不断增加知识的积累、加大对技术的研发投入，可以有效促进社会经济发展。卢卡斯提出，经济增长动力源自专业化人力资本的积累。发达国家用知识和技术推动经济更快更好发展，从而吸引更多发展中国家的人力、知识和技术加入。长此以往，发达国家与欠发达国家之间的差距将会越来越大。历经对内生增长理论发展的多次修正之后，该理论认为经济增长的根本动力来自科学技术的进步、知识的积累和人力资本的积累。内生增长理论对地区经济增长问题具有现实指导意义，应该加快知识积累，下大气力引进人力资本，鼓励科学技术创新，引领经济增长向高质量发展阶段迈进。将该理论运用到本文中就是针对目前在解决相对贫困面临的制约因素中，关键的内因内生动力不足的问题。劳动力是社会生产力中最活跃、最重要的因素，只有提高劳动力知识技能和专业化水平，增强相对贫困群体自力更生的能力，才能从关键源头上做到长效减贫事半功倍。

3.经济学新公共服务理论

新公共服务理论强调打造"服务型政府",最突出的表现就是政府公共服务职能的强化和政府服务公民意识的加强。新公共服务理论首次以服务治理取代管理治理,这是与以往公共政策理论最大的不同之处,同时也是对行政领域最大的挑战和颠覆。在服务治理理念引领下,政府最大的作用是应该站在全局角度上,及时发现制度中存在的问题并迅速加以解决,充分协调各方面利益关系。新公共服务理论认为在传统管理中,把政府利益和社会利益作为终极追求目标是片面的。政府的角色应该是让市民在自由真诚的交流氛围中汇聚一堂,协商未来社会的走向。这一理念重新定义了政府的职能,使公民参与政府治理成为一种趋势。公共管理者的角色更多的是帮助全体公民实现共同利益。同时,政府应该充分尊重并保障每个公民依法享有的权利,与公民大众建立起相互信任、互相支持的新型关系。新公共服务理论积极倡导的民主治理、公共服务、公共利益、公民价值等先进理念,对于提高政府透明度,建设责任型、参与型政府具有重要意义,同时对提高政府治理能力和治理水平提供了强有力的理论支撑。将该理论运用到本文中就是针对目前在构建解决相对贫困长效机制的过程中政府应该扮演的角色,要发挥政府引导作用,加大扶贫资金投入,筑牢保障基础。同时也要注重提升政府自身建设,提高治理能力,打造新型服务型政府。

(三)农村相对贫困的形成因素

1.农村相对贫困形成的内在因素

人力资本不足是相对贫困形成的关键原因。舒尔茨在《贫困经济学》中指出,人力资本不足是重要的致贫原因,摆脱贫困的关键在于人力资本的提升。贫困群体的人力资本不足具体表现在健康、教育、技能等多个方面。首先，良好的健康和营养水平是个体获得收入的前提。健康不仅能提高个人生产力，也能增加个人效用水平，进而提升农户收入水平和缩小农户收入差距，而疾病风险冲击不仅会造成累积财富损失而致贫，还会造成生命价值蕴含的潜在财富损失而致贫。在相对贫困治理阶段，老弱病残等特殊弱势群体由于生理因素影响基本不具备脱贫的能力，难以享受发展红利和获取高收入，是相对贫困长期稳定的承受者。其次，因教致贫具有通过代际传递的特征，导致农村贫困家庭子女未来发展受限。相对贫困人口受教育程度低，知识储备少，适应社会变化的能力比较弱，桎梏于传统习惯而难以接受新的生产生活方式以及大多数新事物、新现象，其非农就业机会受到严重影响；教育的缺失和对教育回报的低预期进一步限制了农村地区人口自我发展能力的形成和提升，贫困家庭会减少子女教育投资，进一步加大子代贫困的概率和导致子代犯罪率的提升。因此，贫困群体自身综合素质是未来摆脱相对贫困的核心竞争力。

社会资本缺失是相对贫困形成的重要原因。中国农村是一个典型的"关系社会"，社会资本作为一种网络性资源，依存于社会成员的人际社会关系网中，并为其行动提供便利和支持，具有显著的减贫效应。社会资本是人们从事经济活动、获得收益和福利的基础与资源，其通过形成非正式制度和资源分配两种渠道发挥作用，但相关制度的完善会在一定程度上挤出社会资本的减贫作用。充裕的社会资本有利于社会成员获得更有益的资源配置，从而降低贫困发生概率，但农村地区贫困群体社会资本的匮乏导致扶贫资源存在明显的"精英俘获"问题。在中国目前的扶贫开发体制下，如果政策希望瞄准的贫困人口并不具有相应的社会资本，他们也无法从相应的政策支持中受益，无法摆脱贫困陷阱。市场化改革进程中未及时规划和构建能够适应新环境和新机制的社会资本，这增加了相对贫困问题解决的难度。

自我发展动力不足是相对贫困形成的主要原因。相对贫困是贫困者与非贫困者之间比较上的心理感觉，与主体感受和客体评价相关，普遍存在于贫困认知的发展过程中。物质贫困和心理贫困二者之间极易形成恶性循环，物质贫困会导致心理贫困，心理贫困又会加速物质贫困。"输血式"的扶贫模式在一定程度上滋长了农村贫困群体"等靠要"依赖思想，而且针对不同贫困类型的差别化扶贫政策使部分贫困群体产生巨大的心理落差和不公平感，这影响着贫困主体的自我努力程度，进而导致贫困主体自我发展动力不足、参与脱贫的主动性和积极性不高。贫困人群会因个体视野受到限制而容易产生负面情绪和压力，从而导致非理性的现实偏差并陷入持久性的贫困状态当中。可见，贫困的根源离不开根深蒂固的心理因素，贫困主体自身意识淡薄和脱贫动力不足、能力不强、观念落后等因素对其有着长期影响，是将来相对贫困治理面临的主要困境。

2.农村相对贫困形成的外在因素

相对贫困的演化与制度贫困导致的资源错配息息相关。首先，相对贫困产生的重要原因是收入分配不均导致的贫富差距拉大、社会转型过程中部分群体福利改善较少、城乡二元化体制和政策造成的社会公共服务供给不足和分配不公、社会排斥对个人能力实现的影响，以及金融资本在不同地区间的转移所带来的弱势群体与弱势区域的形成和加剧。其次，制度与教育、投资、消费等众多因素共同形成一种具有循环累积性的"联动机制"，最终使得贫困群体既缺乏能力又缺乏权利和机会，陷入制度性贫困。在既有的社会制度安排之下，贫困群体往往因为民族、等级地位、地理位置、性别等多种原因一定程度上被排除在公共决策体系之外，缺少进入各类决策的机会。过度城市化、户籍制度改革和公共资源供给制度改革的滞后是城市边缘性贫困和失业性贫困的部分致贫原因；过分关注效率的市场经济体制改革、就业歧视、代际歧视和收入分配不平等等多种因素是农民陷入相对贫困的重要原因。

相对贫困的形成与自然环境等外部因素也密切相关。一般而言，在自然条件恶劣的村落，农民的生产生活和居住条件相对较差，其获得生计资本的机会也比较有限，相对贫困问题往往比较突出。从贫困人口空间分布来看，贫困群众大多居住在自然资源匮乏与环境恶劣的高寒地区、深石地区，其特殊的生态环境直接制约着贫困户的生产生活方式，形成了特殊的生态贫困。农村自然环境和地形条件恶劣、交通环境不便以及自然灾害频发等导致各类设施建设成本高、施工难度大、使用寿命短，不利于形成系统完善的基础设施建设体系，极大地制约了贫困村落的发展潜力。可见，经济功能单一、生态功能退化、村落产业发展滞后是农村相对贫困发生的重要原因，其产业发展功能受限使得农民经济收入偏低且不稳定，生态功能退化将影响居民健康与可持续发展。

综上可知，农村相对贫困的形成是内部因素和外部因素共同作用的结果，其中内部因素是相对贫困形成的决定性因素，外部因素通过影响内部因素进而加速相对贫困形成。内部因素方面，贫困群体人力资本不足限制了其发展能力提升和专业技能获得，社会资本缺失使贫困群体难以有效获取社会资源，内生发展动力不足影响贫困群体参与脱贫的自我努力程度、主动性和积极性。外部因素方面，收入分配、教育、医疗、就业等方面的制度贫困将导致社会资源错配和公共服务供给不均等，恶劣的自然环境将导致生态贫困并抑制产业发展，农村相对贫困便由此产生。

三、中国减贫的主要历程和贫困治理经验

新中国成立以来，中国共产党立足国情，尊重基层实践创新，领导全国人民在社会主义建设进程中与贫困问题作斗争，到2020年消除了绝对贫困，实现了全面建成小康社会的第一个百年奋斗目标。

（一）中国减贫的主要发展历程

70多年来，中国的减贫历程涵盖了前30年在社会主义建设中消除多维贫困的探索、改革开放初通过经济体制改革实现大规模减贫、1986年以来制度化的以区域瞄准为主的农村扶贫开发进程以及党的十八大以来的精准扶贫、精准脱贫进而到2020年终结绝对贫困。

1.1949—1978年：探索多维度消除贫困的社会主义建设

新中国成立后，积贫积弱，百业待兴。1949年至1978年，从人均国民收入来看，中国是世界上最不发达的国家之一。用世界银行每人每天消费1美元的绝对贫困标准衡量，90%以上的中国人生活在极端贫困线以下。摆脱贫穷，无疑是全中国人民的梦想。在1978年改革开放之前，中国经历了1949年至1956年的新民主主义建设时期和1957年至1977年的社会主义建设时期。

在1949年至1956年的新民主主义建设时期，前三年的主要任务是迅速恢复国民经济，遏止通货膨胀，稳定物价，完成土地制度改革，全国约有3亿无地少地的农民获得了约7亿亩土地。宏观经济的恢复和

稳定以及土地制度改革，为新中国成立之初奠定了大规模消除饥饿的经济制度基础。1952年开始的农业合作化运动，是消除绝对贫困的另一个重要制度安排。通过农业合作化，把一家一户的小农经济改造为社会主义集体经济。在新民主主义建设阶段，新中国成立之初的经济建设动力、基本平均分配的土地制度以及以自愿为主的农业合作化，总体上激发了广大农民的劳动热情，农业全要素生产率明显提高，人民生活水平随之得到明显改善。

在1957年至1977年的社会主义建设过程中，以计划经济和农村集体经济为代表的经济体制难以持续，实践证明也导致农业全要素生产率的长期停滞。消除饥饿以及应对饥荒是大多数中国人面临的主要挑战。但是，改革开放前至少在以下四个方面为改革开放后的减贫奠定了必要的基础。一是农村集体经济时期，中国广大农民用"战天斗地"的精神，大兴农田水利建设，农业基础设施显著改善，直到改革开放后的20多年，农产品产量的大幅度增长仍得益于集体经济时代的农村基础设施。二是普及小学教育、开办农村夜校扫除文盲，为改革开放后大规模发展劳动密集型制造业提供了合格的劳动力。中国人的平均受教育年限，1950年只有1.79年，到1980年已经达到5.74年。三是"赤脚医生"和农村合作医疗制度的低水平、广覆盖，不仅显著延长了中国人的寿命，更为重要的是为改革开放后提供了健康的劳动力大军。中国人的平均预期寿命从1960年的43.7岁提高到1978年的65.6岁。四是《1956年到1967年全国农业发展纲要》明确提出："农业合作社对于社内缺乏劳动力、生活没有依靠的鳏寡孤独的社员，应当统一筹划……在生活上给以适当的照顾，做到保吃、保穿、保烧（燃料）、保教（儿童和少年）、保葬，使他们生养死葬都有指靠。"从此，人们便将吃、穿、烧、教、葬这五项保障简称"五保",将享受"五保"的家庭称为"五保户",形成了独具中国特色的农村"五保"供养制度的雏形。

2.1978—1985年:开创益贫性增长带动减贫的经济体制改革

一是益贫性的土地制度改革。按照经济学原理,土地、劳动力、资本是人类社会发展生产的三大要素,而"地盘"之争也是古今中外战争、冲突和产生贫困的重要原因。因此,人们拥有和使用土地的权利和机会及其相应的制度安排就成为消除绝对贫困最为重要的基础。农村土地家庭联产承包责任制改革,激发了广大农民的劳动积极性,在经济制度安排上使得土地与劳动力两大农村生产要素高效率结合,显著提升了农业全要素生产率。按照当时的贫困标准,1978年至1985年,中国农村贫困人口减少了1.25亿,平均每年减少1700万人。

二是益贫性农产品价格改革。改革开放前,中国实行的是粮食计划收购与计划供应,即统购统销政策。1978年至1984年,国家大幅度提高了粮食收购价格,调整了征购基数,实行了议购议销。1985年开始,开放了农村集贸市场和鲜活农产品购销,用合同定购取代粮食统购派购政策,逐步建立了粮食初级市场、批发市场。从计划经济时期的统购统销,逐步推进粮食等重要农产品的价格形成机制,缩小工农产品"剪刀差"。这种益贫性经济制度改革,为农村大规模消除贫困奠定了制度基础。

3.1986—2010年:建立规范化制度化的开发式扶贫体制机制

1985年后,农业生产徘徊不前,连续几年粮食产量停留在4000亿公斤左右。为了扭转这种局面,国家推行了一系列益贫性增长制度,主要包括四个方面。

一是实施农业综合开发。自1988年开始，国家专门设立土地开发建设基金（后改为农业综合开发资金），专项用于农业综合开发，到2007年开发县数占全国总县数的2/3左右。农业综合开发的重点内容是通过山水田林路综合治理，进行大面积的中低产田改造，提高农业综合生产能力。

二是加强农业科技进步。在新品种选育、改良提纯、农业耕作技术、植物保护、设施农业、畜禽养殖、屠宰加工、冷链运输、农业信息化、农产品质量安全等方面不断加大农业科技投入力度，并探索政府、社会、市场相结合的新技术、新品种推广制度，农业现代化装备和技术水平不断得到提升。

三是建立对农业的支持和保护制度。为了支持农业发展，减免农业税并到2006年在全国范围内取消农业税、牧业税。加强对农业的支持和保护，陆续出台了种粮农民直接补贴、良种补贴、农机购置补贴、农资综合直补"四补贴"。利用长期建设国债安排"六小工程"，即农村节水灌溉、人畜饮水、乡村道路、农村沼气、农村水电、草场围栏。

四是充分利用工业化、城市化机遇，实现大规模转移就业。工资性收入成为农民收入的重要组成部分。从1986年开始，中国探索建立制度化的开发式扶贫体制机制。在经历了农村土地制度改革和农产品市场改革之后，农民的生产活力得到大幅度释放，但仍然有一部分地区和一部分群众无法摆脱贫困。针对这一现实，国家开始建立制度化的开发式扶贫体制机制。1986年设立国务院贫困地区经济开发领导小组，1993年更名为国务院扶贫开发领导小组。设立专门负责减贫的机构，并给予国家财政预算支持，确立中央统筹、省（区、市）负总责、地县抓落实的工作责任机制。制定了《国家八七扶贫攻坚计划》《中国农村扶贫开发纲要（2001—2010年）》。制定阶段性的减贫目标和任务，确定贫困区域、贫困县、贫困村，形成开发式扶贫为主的制度化扶贫体制机制。2007年在全国建立农村最低生活保障制度，农村基本形成了涵盖开发式扶贫、救灾救济、"五保"制度和"低保"制度在内的比较完备的反贫困政策体系。

4.2011—2020年：实施多维度精准扶贫、精准脱贫的治理方略

2011年国家制定并实施《中国农村扶贫开发纲要（2011—2020年）》，提高扶贫标准，确定14个集中连片特困地区为扶贫开发主战场。党的十八大以来，针对2020年全面建成小康社会的短板问题，党中央提出实施精准扶贫、精准脱贫方略。习近平总书记针对脱贫攻坚面临的"扶持谁""怎么扶""谁来扶""如何退"等问题，作出系列重要批示和讲话，形成习近平扶贫重要论述。这些论述主要包括坚持党对脱贫攻坚的领导，实施精准扶贫、精准脱贫方略，构建政府、市场和社会大扶贫格局，扶贫与扶志、扶智结合并激发内生动力，实行最严格的考核制度，携手共建人类命运共同体。

为了做到"六个精准"，从2014年起在全国范围内对扶贫对象建档立卡，精准识别贫困人口，每年动态调整。在脱贫目标上设置"两不愁三保障"的多维脱贫目标，在扶贫机构上加强扶贫领导小组，在扶贫政策上实施"五个一批"多维度减贫政策"组合拳"，在减贫成效考核评估上紧盯"两不愁三保障"目标建立省级党委政府扶贫工作成效考核机制。坚持"绿水青山就是金山银山"的绿色发展理念，提出"生态扶持脱贫"先进理念，加大易地扶贫搬迁的力度，把脱贫攻坚与可持续发展有机结合起来，并出台一系列政策以践行绿色发展、

共享发展等新发展理念。

（二）中国贫困治理的根本经验

在中国共产党的领导下，新中国自1949年成立以来，历经70多年的探索和实践，创造了14亿人口大国消除绝对贫困的全球奇迹。回顾70多年的减贫历程，中国贫困治理的根本经验可以总结为以下几个方面。

1.形成了贫困治理三大支柱制度及其框架

经过70多年的探索和实践，中国贫困治理的理论框架在学术思想上可以凝练为益贫性经济增长、包容性社会发展和多维度精准扶贫的贫困治理三支柱制度框架。第一支柱是益贫性经济增长。如前所述，结合国情和发展阶段，中国从土地制度、农产品市场、劳动力非农就业、对农业的支持和保护等各个方面，形成了一套益贫性经济增长制度和政策体系。第二支柱是包容性社会发展。中国在教育、卫生、社会保障等基本公共服务领域，不断推进均等化，并在扶贫开发纲要中作为明确的制度安排，以提升贫困人口的人力资本，阻断贫困代际传递。第三支柱是多维度精准扶贫。涵盖了基础设施、公共服务、产业发展、就业扶持、生态保护等多个维度的减贫制度和政策，通过跨政府部门的扶贫开发领导小组以及行业扶贫制度和全社会动员体系而落地生根。

2.建构了贫困的垂直治理和水平治理结构

以扶贫责任制为核心的贫困垂直治理，是中国消除绝对贫困的一条基本经验，它包括"自上而下"和"自下而上"的垂直治理。"自上而下"的垂直治理即"中央统筹、省负总责、市县抓落实"的扶贫责任制，包括"五级书记一起抓扶贫""第一书记""驻村工作队""帮扶责任人"等垂直体系，以及中央对省级党委政府开展扶贫成效考核等把扶贫工作落到实处的理念和做法。"自下而上"的垂直治理主要包括基层干部群众在摆脱贫困中的制度创新和实践，以及贫困户的脱贫需求和对扶贫工作的评价。这些来自基层的创新、需求和评价，进一步反馈到中央，使得扶贫制度和政策得到进一步完善。

以大扶贫格局为核心的贫困水平治理，也是中国消除绝对贫困的一条基本经验。它包括两个方面：一方面是政府、市场和社会协同治理贫困，另一方面是行业扶贫、专项扶贫和社会扶贫"三位一体大扶贫格局"。印度、孟加拉国等国家由于政府扶贫资源的不足以及政治制度等原因，长期以来依靠社会组织"自下而上"扶贫，撒哈拉以南非洲国家则长期依赖外国援助开展扶贫。中国对贫困的垂直治理和水平治理立足于国情，充分发挥政治制度优势，探索和实践出一条中国特色的扶贫开发道路，并在脱贫攻坚期间得到巩固和提升。

3.开启了全球最大规模的多维度扶贫实践

中国跨部门的政府扶贫机构设置，多维度精准识别贫困人口，制定"两不愁三保障"多维度脱贫目标，实施"五个一批"政策"组合拳"，开启了人类减贫史上从多维度扶贫的最伟大实践。中国多维度扶贫实践超越了福利经济学以收入贫困线定义绝对贫困即满足"人的基本需要"的理论内涵，通过"教育扶贫""健康扶贫"，从人力资本投资和阻断贫困代际传递视角，提升"人的基本能力"。满足"人的基本需要"是世界各国以及世界银行长期采用的福利经济学方法定义"收入/消费贫困线"的方法，而满足"人的基本能力"是阿马蒂亚·森提出的测度贫困的能力方法。中国多维度精准扶贫，不仅在理论上综合了"人的基本需要"和"人的基本能力"两大贫困基础理论，丰富了中国特色扶贫开发道路，在实践中更是超越了目前世界各国几乎所有的扶贫措施，并进一步拓展了贫困治理的内涵。特别是在精准扶贫方略中，通过产业、就业、资产收益、社保等扶贫措施应对"贫"，通过教育、健康、易地扶贫搬迁、生态扶贫等措施应对"困"，形成了增加收入、提升能力、促进可持续发展的综合治理贫困的政策体系，并取得了显著成效。

4.创建了动员全社会参与脱贫攻坚的制度

一是东西扶贫协作和对口支援促进区域协调发展。先富帮后富、实现共同富裕，是我们党坚持的一条发展准则。中国自1979年就开启了东部发达地区对西部贫困地区的对口支援。东西部扶贫协作和对口支援，是推动区域协调发展、协同发展、共同发展的大战略，是加强区域合作、优化产业布局、拓展对内对外开放新空间的大布局，是实现先富帮后富、最终实现共同富裕目标的大举措。东西扶贫协作和对口支援已经超越了单向援助，形成了援助、投资、贸易、人才资源互动的合作共赢机制，既是消除贫困的重要制度安排，也是促进区域协调发展的重要机制。

二是企业参与扶贫重塑企业价值。从最初的国有企业参与扶贫开发，到目前多种所有制特别是民营企业积极参与脱贫攻坚，重塑了企业的社会价值。在脱贫攻坚战中，参与精准扶贫的企业成立了专门的扶贫事业部，把过去追求单一的企业利益（股东利益）最大化的财务价值，转向追求社会价值（消除贫困和缩小发展差距）、环境价值（绿色减贫）和财务价值相结合的可持续发展"综合价值"。

三是依托电商平台的消费扶贫把贫困户与消费者直接对接。数字技术带来的平台力量，低成本地把分散的贫困户与消费者需求迅速连接与匹配。它不仅倡导"购买贫困户的产品就是扶贫"的先进理念，还为消费者提供了便捷地参与脱贫攻坚的途径，让消费者在消费产品的同时，实现其社会价值。

四、山西相对贫困治理面临的机遇与挑战

当前，中国的发展已经进入从全面小康向共同富裕快速迈进的新阶段，但解决发展不平衡不充分问题的形势依然严峻，构建以国内大循环为主体、国内国际双循环相互促进的新发展格局任务依然艰巨。山西治理相对贫困虽然有前期脱贫攻坚的丰富经验和坚实基础，但也亟须应对返贫风险、治理难度升级和农村相对贫困治理机制不完善等现实挑战。

（一）机遇和有利条件

2020年以前，山西贫困地区在国家政策方针的指引下，取得了脱贫攻坚的伟大胜利，并积累了丰富的经验和坚实的现实基础，为相对贫困治理奠定了良好的基础条件。

1.新思想提供贫困治理科学指南

贫困治理需要坚实的理论指导作为支撑。习近平总书记关于扶贫工作重要论述思想深邃、体系完整、逻辑严密、内涵丰富，从价值观上看，根本体现了以人民为中心的发展思想，彰显了让老百姓过上好日子是我们一切工作出发点和落脚点这一根本价值追求；从发展观上看，把"两不愁三保障"作为底线任务和标志性指标，为解决绝对贫困指明了目标和靶向；从治理观上看，2013年习近平总书记在湖南十八洞村首次提出"精准扶贫"的理念，2015年党中央明确为基本方

略。可以说，精准扶贫、精准脱贫基本方略的提出和实践，使得贫困治理体系在政治保障、制度保障上得到显著提升。习近平总书记关于扶贫工作的重要论述，丰富发展了马克思主义反贫困理论，创新发展了中国特色扶贫开发道路，为打赢脱贫攻坚战提供了根本遵循、行动指南，为后脱贫时代相对贫困探索指明了方向。

2.山西脱贫攻坚实践的经验积累

精准扶贫八年，特别是脱贫攻坚这五年，是全省扶贫投入力度最大、贫困群众增收最快、脱贫成效最好、农村面貌变化最显著的时期。通过对治理绝对贫困的长期探索，山西在脱贫攻坚实践中形成了比较系统成熟的理念、原则、方法和思路，其中最大的担当是五级书记抓扶贫，最大的工程是易地扶贫搬迁，最大的政策是生态扶贫，最大的项目是产业就业扶贫，最大的保障是构筑健康教育低保多重防线，最大的优势是党建引领汇聚攻坚合力，对解决相对贫困问题具有较强的指导性。山西在治理绝对贫困实践中所积累起来的有益经验，为新时期继续推进反贫困工作奠定了较好的经验基础，为2020年后解决相对贫困提供了方向和道路上的指引。

3.山西消除绝对贫困的现实基础

党的十八大以来，在省委、省政府的坚强领导下，全省广大扶贫干部、贫困群众共同努力，脱贫攻坚取得决定性胜利，贫困群众收入水平大幅度提高、贫困地区生产生活条件明显改善、贫困地区经济社会发展明显加快，这为全面推动乡村振兴和缓解山西相对贫困打下了坚实的基础。

表2　山西脱贫攻坚的显著成效

项目类别	主要成效
收入	贫困地区农村居民人均可支配收入达到10352元。
基本保障	贫困人口基本医保、大病保险、医疗救助全覆盖；全省农村低保保障标准平均4760元，最低的临县、兴县、石楼县也达到4188元。
医疗	村村都有卫生室和村医。
教育及培训	"一县一案"控辍保学，义务教育阶段学校"全面改薄"7835所；培训贫困村致富带头人3.56万人、贫困人口150余万人次。
住房	易地扶贫搬迁1502个集中安置点全部建成，36.2万贫困人口、11万同步搬迁人口，全部迁入新居。
交通	具备条件的建制村全部铺通硬化路、开通客车。
水、电、通信	全部贫困村实现动力电和宽带全覆盖；水量、水质、方便程度和供水保证率安全有保障。

（二）主要困难和问题

脱贫摘帽不是终点，而是新生活、新奋斗的起点。必须看到，在全面打赢脱贫攻坚战后，我们消除了绝对贫困，但相对贫困仍将长期存在，山西已脱贫地区仍然是欠发达地区，区域发展不充分不平衡问题依然显著，大部分贫困群众仍然是低收入群体，可持续地解决农村相对贫困问题仍然存在诸多困难与挑战。

1.低收入农户脱贫基础不稳，抵御风险能力较弱

2020年后，山西农村绝大多数贫困人口都在国家的扶持下将收入稳定在满足基本生活需求的水准之上，但依然还有少数脆弱人群抵御风险的能力亟须提高。一方面，低收入农户增收不牢靠。脱贫攻坚

的突出成就是贫困人口规模缩小，但整体收入水平不高，主要是因为
"输血式"扶贫多，"造血式"扶贫少，很多农户仍然徘徊在扶贫标
准边缘，极易返贫。大多数已脱贫农户只是刚刚解决温饱，并没有形
成增收"造血"机制，缺乏自我发展能力。另一方面，农村"支出型
贫困"问题日益凸显。有不少收入水平略高于扶贫标准的农户（俗称
"边缘户"），由于家庭资产缺乏和政策支持不足，生活质量并不
高，在大病重病、子女教育、突发灾害等影响下，他们收不抵支，靠
举债维持，处于"隐形贫困"状态，这些农户更容易因病、因学等加
深相对贫困程度。

2.欠发达地区产业基础薄弱，持续发展能力不足

产业发展是促进农村相对贫困人口增收的重要支撑，但是山西
欠发达地区特色产业发展持续性能力较弱，支撑能力不足。一是产业
化发展水平较低。由于山西欠发达地区经济基础薄弱，大多数扶贫产
业处于低端且产业结构、品种结构单一，扶贫企业创新发展的能力
不足，产业竞争力不强。二是产业同质化现象突出。一些脱贫县不
同程度的存在产业项目单一、产业同构的问题。相邻乡镇之间、相邻
县之间由于地缘接近，气候、土壤等生产条件相似，加之传统的种养
习惯，很容易造成产业项目同质缺乏特色。三是产业对政策资源依赖
性较高。政府的信贷、土地、税收等政策支持以及社会扶贫等资金和
技术扶持，是扶贫产业兴起和发展的保障条件。当前多数扶贫产业仍
处于发展起步阶段，未来的发展仍需依赖政策支持。四是产品市场竞
争力较弱。欠发达地区交通、环保等基础配套设施较差，扶贫产业生
产、运输、销售的成本相对较高，也难以形成大规模的产业集聚，部
分企业产品市场主要依靠扶贫干部推销、熟人购买、政府采购等方

式，尚未形成完善的市场体系，产品市场化程度低、竞争力弱。

3.城乡间发展不平衡不充分，公共服务发展滞后

中国经济社会发展的不平衡不充分问题，集中体现在城乡差距过大，以及农村居民收入过低。数据显示，2020年山西城乡居民收入比达到2.51：1，虽呈现不断缩小态势，但仍处较高水平，国际上最高在2倍左右。与此同时，由于长期以来城乡二元体制，农村地区基础设施欠账较多，教育、医疗、文化等公共服务和社会事业发展滞后，成为城乡发展不平衡、农业农村发展不充分问题的突出体现。特别是脱贫地区基础教育和医疗卫生服务质量水平不高尤为突出。在基础教育层面，农村教育观念落后、教育经费投入较少、师资力量薄弱，以及农民工留守子女心理健康问题等教育不公平现象日益加剧。在医疗卫生服务方面，虽然近年来把解决"看病难、看病贵"的问题列入重点改革范围，且基本实现医疗保障全覆盖，但在医疗卫生资源福利供给改革进程中呈现明显的地区差异，不少乡村医疗服务水平低、医保报销比例低，还有些大病药品、手术器具无法报销，难以真正解决脱贫农户因病致贫返贫问题。

4.相对贫困人口素质较低，发展潜力相对偏弱

劳动力素质不高、劳动力受教育程度低在脱贫地区具有普遍性，且人才生产机制上有明显缺陷，这对解决山西相对贫困问题也是极大的挑战。一方面是相对贫困农户的身体素质较差。相对贫困农户多属于老弱病残，就业意愿不强，既难发展产业扶贫项目，又难实现就业增收，仅依靠兜底或其他补贴来维持生活。还有部分农户家中劳动力不足，甚至完全丧失劳动能力。这些农户面临的疾病、意外等风险较大，容易返贫，在缓解相对贫困过程中，仍然需要政府重点关注。另一方面是相对贫困农户的文化程度较低。大部分相对贫困农户只有小

学、初中文化，处于文盲、半文盲状态。这些农户的综合素质不高、法治意识淡薄，对子女的教育和培养也不够重视。他们社会发展能力不足，缺乏敢试、敢闯、敢竞争的市场观念，企业提供的新知识、新技术也不愿意尝试，缺乏农业经营和管理能力，难以适应经济社会的发展需求。

五、国内外相对贫困治理的经验及启示

纵观世界减贫历程，反贫困工作具有非常明显的阶段性，都是从绝对贫困治理向相对贫困治理过渡，都要从满足贫困人口物质需求转向提升贫困人口综合能力。国内外在相对贫困治理工作中探索出很多具有借鉴价值的措施策略，并取得了一定成效。

（一）国外相对贫困治理的经验做法

与发展中国家不同，多数欧美发达国家已经率先消灭了绝对贫困，进入了相对贫困治理阶段，并将重点逐渐从城市转向农村。

1.明确贫困标准

设定相对贫困线是识别贫困人口的前提，因此欧美各国都依据本国国情划定了相对贫困门槛和参考指标。美国的相对贫困线由联邦政府确定，划定标准参考了基本生活必需品的获得以及家庭规模：以绝对收入为基础，在家庭规模上增加1人以0.3511的权重加权。在认定时，政府还要综合考虑教育水平、身体条件、精神状态、是否酗酒、是否吸毒等要素。在农村相对贫困人口认定上，政府在原指标体系中增设了留守情况、种养规模、信息获取、农村治安等内容。根据美国人口普查局统计，美国农村相对贫困人口中绝大多数都是老人、有色人种和伤残人员。欧盟相对贫困线划定是根据贫困风险阈值测算相对

贫困风险率，即将人均可支配收入中值的60%作为基准线。欧盟相对贫困风险率在明确收入水平的同时还要考察导致收入不平等背后的社会排斥、权利剥夺、违法犯罪、人际关系、工作压力等问题。总之，欧美国家相对贫困线的确定都是依据本国国情，同时将指标的绝对值与相对值、量化值和非量化值相结合。

2.引入赋权理念

欧美国家在相对贫困治理过程中，一方面通过福利均等化策略缩小城乡差距，另一方面则依靠参与式策略实现贫困治理扁平化，最终目的都是赋予贫困农民发展权、选择权、决策权和收益权。美国很早就在针对有色人种和移民的培训和扶持项目中应用了参与式方法和工具，如农业部和私人基金会针对移民开展了很多农民田间学校培训（FFS），广泛采用参与式理念和培训模式，目的是维护弱势群体自身发展权利，激发他们自身可持续发展能力。美国农业协会（UFA）、美国家庭农场联盟（NFFC）、美国有机协会联盟（AGOEL）等组织已经在农村广泛应用参与式模式开展培训、服务和农业推广。美国政府在实施农村环境质量改善项目（EQIP）和农村生态保护项目（CRP）时，特别强调对弱势农民群体的赋权，主张让弱势农民成为项目治理的"主人"，通过共同决策、参与式讨论、参与式需求调研等方式获取不同类型农民的发展需求、参与意愿、意见建议，并引导弱势农民将乡土知识和创新技术相结合。欧洲扶贫始终强调以社区为基础，并注重依托组织化、合作化方式将相对贫困农民组织到一起共同决策、行动。例如，法国的"团结农业"建立的互惠互利的社群发展模式、德国"农民联盟"通过协议方式平摊发展风险、比利时的"农场主联盟"依托组织化运营将易受市场冲击的小型农场主联合起来发展生产，这些模式的主要目的就是通过组织化措施确保小生产者获得发展的权利。

3.强化教育培训

为了防止知识贫困和精神贫困，欧美各国都将教育培训作为农村相对贫困治理的主要方式。美国在相对贫困治理过程中始终重视农民就业能力提升，建立了完善的农村教育培训体系。例如，美国农业部下属的农业研究服务中心、合作研究推广中心、经济研究服务中心和国家农业统计服务中心在开展相对贫困研究的同时会针对农村弱势群体开展专题培训和信息服务；农学院、农业试验站、农业合作推广站紧密联系在一起开展农业教育、科研和推广工作，不断提升农民的技能和管理水平，增加农产品附加值；"未来农民协会"、4H农村俱乐部、社区互助会等组织会定期开展培训、指导和交流活动，特别针对移民、女性和老年人给予技术帮扶服务。为了防止农村代际贫困发生，英国政府建立了从学前教育到高等教育的农村教育体系，并主张农村和城市应该拥有同等质量的教育资源，强化农村教育机构的基础设施建设。德国广泛普及"双元制"农民培训，开展校企轮训培训模式，保证每个职业农民都接受过3年以上的正规职业培训。近年来，欧盟强调知识转移、技术创新和人才培养对于相对贫困治理的重要性，号召成员国依据《伊拉斯谟条例》的规定，在农业知识与创新体系领域（AKIS）通过教育培训资源的整合资助青年农民、失业农民进行跨国交流活动，并将其纳入欧盟相对贫困治理教育类子项目每年给予一定经费支持。

4.构建防贫机制

欧美国家农村人口少且分布零散，多数以独家独户为主，很少形成连片的村落，这无形中也加大了相对贫困监测、防返贫机制构建的难度。为了形成防止返贫长效机制，欧美国家主要采取了以下治理方式：一是形成完善的相对贫困监测体系。欧美国家主要以社区为单位开展相对贫困监测，并将社会排斥、弱势人群作为监测重点对象。例如，欧盟就主张各国政府每3~5年针对农村开展一次相对贫困全面调查，每年针对重点监测对象开展相对贫困摸底统计，这些对象主要包括农村的留守女性、残疾人、单亲家庭、独自生活群体、受教育程度低群体、来自欧盟以外群体等；美国主要采取自主申报和入户统计相结合的方式监测农户贫困状态，并根据贫困监测结果完善社区治理规划。二是对有返贫风险的农户进行福利补偿。多数欧美国家实行的是"救济+福利补偿"的防止返贫策略，即在政府开展绝对贫困监测与救济的同时，通过福利补偿策略消除相对贫困隐患。例如，美国政府在农村建立以户为单位的福利制度，对农村无劳动能力的边缘户提供福利救济以满足基本生活需求，同时针对有工作能力的边缘群体建立以工作帮扶为导向的福利救助体系，提供临时生活补贴（TANF）和临时性公益性岗位。三是引导多元主体参与相对贫困治理工作。欧美国家鼓励和引导慈善组织、教会、行业协会等社会组织参与防止返贫工作，积极整合社会和市场资源支持减贫工作的有效、可持续运行。例如，英国通过以农村社区为单位的面对面筹款、会员制筹款、信件筹款、农业企业合作筹款、慈善商店等模式促进民间慈善自助体系的形成；美国早年通过的《救助分配法案》中就强调在相对贫困治理过程中要培育和发展民间力量，引导慈善组织、宗教团体、私人组织等主体通过签订契约的方式来实施福利项目，主张要把贫困监测预防工作逐级下放到农村社区。

（二）国内相对贫困治理的实践探索

当前，部分国内发达地区已经进入缓解相对贫困、实现共同富裕的发展新阶段，逐步构建了符合客观实际的相对贫困治理体系，树立了新的典型、积累了新的经验，值得学习借鉴、推广应用。

1. 依据实际发展水平，科学确定相对贫困标准

脱贫攻坚阶段，部分沿海发达省份如浙江、江苏、广东等地就根据自身经济发展水平和贫困治理情况制定了各自的相对贫困标准。江苏、浙江以绝对贫困线为基础制定相对贫困标准。2016年，江苏以人均年收入6000元为农村相对贫困标准，是当年全国农村贫困标准3000元的2倍。2018年开始，浙江参照低保水平最低县的标准，将农村相对贫困标准设定为7200元，到2020年，增加到8000元。与发达国家类似，2016年，广东将农村人均可支配收入的45%作为有劳动能力的相对贫困人口标准线。此外，江苏、浙江等省还提出，除了人均收入指标外，还要更多考虑基本公共服务、基础设施建设、社会保障等领域的指标水平。

2. 推进城乡融合发展，不断增强内生发展动力

浙江将易地扶贫搬迁作为贫困治理体制机制创新的重要手段，并对城乡融合发展具有明显的推动作用。浙江省政府将城乡一体化理念融入易地搬迁之中，不仅保障农民的权益，还建立就业帮扶机制，为他们融入城市创造便利条件。例如，丽水按照"依城镇建区、依村设点"原则进行易地搬迁安置小区（点）建设，并相应地采取了农民补助、土地优惠和税费减免等配套优惠扶持政策。同时，通过组织各类职业技能培训帮助搬迁农民就近就地就业；允许搬迁农民享有参与原住地经济合作社"股改"资格等方式，对搬迁农户进行妥善安置。

苏州将城乡基础设施和公共服务均等化作为城乡一体化改革的重点。在基础设施建设方面，坚持"城乡共建、城乡联网、城乡共享"的原则，积极推进城镇基础设施向农村延伸，重点推进城乡道路、供水和污水管网等公用设施的城乡一体化"无缝对接"，统筹推进城乡道路、水利、电力、电信、环保、信息化等基础设施建设，促进城乡基础设施共建共享；在社会公共服务方面，着力构建普惠均等、城乡一体的基本公共服务制度。以教育为例，苏州统筹发展学前教育、义务教育、高中段教育，城乡学校做到统一管理体制、统一规划布局、统一办学标准、统一办学经费、统一教师配置、统一办学水平"六个统一"。

3. 探索产业减贫模式，夯实共同富裕经济基础

产业扶贫是缓解相对贫困，促进地区经济发展的最为重要的手段。浙江因地制宜，深入挖掘培育26个欠发达县的特色优势产业项目，并通过在有条件的县创建农业产业园区加快推进农业及关联产业集聚发展。持续加大对欠发达地区农业龙头企业、专业合作社等新型农业经营主体的培育力度，鼓励经营主体为低收入农户创造更多的就业机会，引导农户积极加入经营主体并给予一定的政府补贴，通过培育农业产业组织带动当地农户稳定增收。广东不断完善产业扶贫带贫益贫机制，连片打造区域特色优势扶贫产业，加快现代农业产业园区、一村一品、一镇一业等富民兴村产业的建设，持续增强区域产业的辐射带动能力。"十三五"期间，建设国家、省、市级现代农业产业园184个，基本实现一县（市）一园，带动农民就业123万人；累计实施3.6万个特色产业帮扶项目，带动70.4万有劳动能力的相对贫困人口就业，年人均产业增收2436元。培育创业致富带头人5042名，带动贫困户约3万户增收脱贫。

4.完善政策保障兜底，防止困难群众规模返贫

江苏采取保障性兜底的方式帮助低收入群体快速脱贫。例如，宿迁市为了帮助建档立卡的低收入群体减轻医疗负担，在基本医疗保险、城乡医疗救助和临时救助等方面进一步提高补偿标准，全面推广普及大病补充保险制度；在扶贫助学方面，对低收入人口子女全面推广教育助学政策，对在省属普通高校的本科和专科及普通高中就读的低收入子女免除学杂费，并出台了《关于建立低收入农户子女扶贫助学制度的意见》，对低收入人口子女的教育助学实现全覆盖。广东精准实施社会救助兜底保障政策。健全低收入人口精准识别机制，通过常态化数据比对开展低收入人口重点监测，及时发现并精准救助预警重点人群中符合救助条件的人员；开展规范兜底保障动态管理专项行动，确保符合条件的易返贫致贫人口一个不落地纳入民政救助范围；完善省底线民生信息化核对管理系统建设，加快搭建大救助平台，建立"大救助"分类转办机制；健全完善临时救助制度，保障好因疫因灾遇困群众的基本生活。

（三）相对贫困治理的重要启示

1.要关注"精神贫困"，激发贫困人口的内生动力

解决精神贫困，着力提升贫困人口的内生发展动力是有效缓解相对贫困的重要举措。贫困地区长期形成的落后观念造成了部分贫困户思想上的懒惰，要让他们真正摆脱贫困，除了帮助其解决基本的物质需求之外，最重要的是要了解导致其贫困的真实原因，消除长期错误观念影响下贫穷的固化认知，彻底改变骨子里的懒惰思想，激发脱贫内生动力，树立战胜贫困的信心和勇气。扶贫只是脱贫的手段，想要使贫困户彻底告别贫困，使扶贫中"养懒汉"的情况不再出现，就

要引导贫困户找到正确的人生航向，在脱贫攻坚战中找准自身价值定位。要授其以渔，在帮助贫困户获取脱贫致富新路径、新经验的同时，要让他们懂得唯有靠自身的诚实劳动和辛勤汗水，才能换来丰硕的成果，才能真正脱贫致富。

2.要识别"相对贫困"，建立缓解相对贫困的机制

党的十九届四中全会指出："坚决打赢脱贫攻坚战，巩固脱贫攻坚成果，要建立解决相对贫困的长效机制。"精准识别相对贫困人口是建立解决相对贫困长效机制的出发点。有效识别相对贫困不仅能确定贫困人口规模，也能为制定贫困治理政策提供合理参考。国内外先进国家和地区在贫困治理过程中，都是首先根据不同地区的不同特点，因地制宜地制定了符合自身实际的相对贫困的监测线，通过实地调查与科学研究，在有效识别的基础之上对相对贫困人口数量进行测算，建立起科学的标准评估体系。而后才能对导致相对贫困的原因进行深入分析，对症下药，多渠道探寻缓解相对贫困的办法，建立和完善缓解相对贫困的长效机制。

3.要重视"多维贫困"，构建多渠道贫困治理体系

多维贫困不仅仅是收入贫困，还包括身体健康不达标、生活质量差、工作压力大等新特征。判断个体贫困与否，不仅仅要从物质状况进行评判，还应重视由于生活方式、社会关系、社会文化方面的缺失而导致的多维贫困，要综合考虑文化、社会、自然等影响指标，及早发现、预防潜在的贫困问题。在解决多维贫困的问题上，除了体现减贫目标的多维度，还要构建多渠道贫困治理体系，以打造"造血式"扶贫为依托，通过扶贫开发提高贫困人口的自身脱贫能力，再结合发展生产脱贫、易地扶贫搬迁、生态补偿脱贫、教育脱贫、社会保障兜

底等政策"组合拳"，进一步提高多维贫困治理的精度。

4.要破解"返贫问题"，多举措巩固拓展脱贫攻坚成果

一步脱贫易，稳定脱贫难。要巩固好脱贫攻坚成果，破解脱贫后返贫难题非常重要，这直接关系脱贫质量和脱贫工作任务的完成。在后脱贫时代，贫困治理最关键的是帮助脱贫人口提高抵御外界风险能力，最大限度降低非可控因素的影响，帮助脱贫户实现自身发展，确保其在脱贫后不返贫。现实中还存在部分已脱贫群众由于自身资本积累不够、能力不足、资源缺乏等原因，无法抵御生产生活中各种不可控因素而返贫的问题。国内外先进地区在贫困治理的过程中，都因地制宜地采取了强化教育培训、构建防贫机制、政策性兜底保障、产业扶持等多种措施来缓解相对贫困，并取得了良好的成效。总之。破解"脱贫后返贫"问题是长远之计，不能操之过急，一定要多措并举，巩固好脱贫攻坚成果。

六、山西农村相对贫困治理的路径选择

立足新发展阶段，要完整、准确、全面贯彻新发展理念，鉴于后全面小康时代我国贫困特征和治理任务发生了明显的改变，山西需要从扎实推动全体人民共同富裕的战略高度，抓住全面脱贫与乡村振兴相衔接的战略机遇，把综合治理相对贫困问题作为新发展阶段的重要任务，及时转变贫困的治理战略指向和政策重心。

（一）政策重心：从超常规社会动员转向常规制度化治理

党的十八大以后，国家实施了精准扶贫方略，为确保2020年全面打赢打好脱贫攻坚战，如期完成全面建成小康社会的目标，党中央采取了一系列超常规举措，广泛动员社会力量，集中人力、物力和财

力，实施了精准扶贫方略下的考核机制、退出机制、社会帮扶、驻村帮扶以及"五个一批"等脱贫措施。这种广泛动员式的扶贫措施，在解决绝对贫困阶段容易形成社会共识，容易调动社会资源，集中解决"两不愁三保障"突出问题。而面对相对贫困问题，需要由广泛社会动员向常规制度化贫困治理转变。一方面，要尽快建立一个内嵌式、稳定的新型扶贫机制。要与现代农业发展、民生建设、社会保障和区域经济发展一样，把相对贫困问题纳入国家和各部门的常规性治理工作中。从中央到地方，从省到市县需将相对贫困治理纳入日常工作职责中，构成各级政府的重要日常工作内容。各级政府要通过合理开展统筹规划，形成点面结合、梯度推进的制度化、政策化贫困治理措施。另一方面，要加快构建"两个一体化"的反贫困治理体系。要建立城乡一体化的反贫困治理体系，通过协调政府、企业、社会各方资源，统筹推进农村和城市贫困综合治理；要构建多部门协同一体化反贫困治理体系，加快构建由扶贫、教育、医疗、卫生、民政等多部门参与的大扶贫格局，在养老、医疗、社会救助、社会福利等方面加大保障力度，打破扶贫工作"碎片化"的治理困境。

（二）政策选择：从扶贫为主转向以防贫为主的治理机制

随着农村绝对贫困现象的全面消除，"扶贫开发时代"的扶贫战略和工作体系所导致的政治、经济和社会等方面的负外部效应将会越来越突出。结合当前农村贫困特征的变化，要注重建立以防贫为主的治理机制和政策体系，避免出现"一边扶持穷人，一边生产穷人"的尴尬局面。一是做好脱贫攻坚后部分政策的延续和衔接。由于脱贫人口具有脆弱性、边缘性等特点，他们仍然是社会经济生活中的弱势群体。因此，相对贫困治理要注重部分扶贫政策的延续，形成缓冲期、过渡期，使贫困人口逐步退出，避免出现断崖式终止。二是促进易地搬迁户的社会融入。要结合安置地资源特色，培育扶持主导产业，建设乡村车间以带动产业发展。以政府购买服务的方式，设置一批公益岗位，促进当地贫困人口的就业增收，推进周边城镇公共服务向安置区对接延伸。三是提升贫困地区基础设施和基本福利水平。继续加大对贫困地区，尤其是原深度贫困地区义务教育、基本医疗、住房安全的建设力度，加强贫困村水电设施改造，贫困户住房、厕所、厨房改造等，提升其生活质量。四是建立综合保障性减贫措施。大力推进综合保障性扶贫，不仅要为完全丧失劳动能力或部分丧失劳动能力，且无法通过产业就业的贫困人口提供兜底保障，而且要对有劳动能力者从事农业生产等就业者提供保障支持。要充分发挥保险业（社会保险、商业保险等）在未来贫困治理中的保障功能，开发有针对性的保险产品，满足多元化贫困保障需求。

（三）政策类型：从福利型政策为主转向发展型政策为主

在脱贫攻坚时期，许多贫困群众通过政府帮扶逐步摆脱贫困，但是自主发展能力欠缺，如果没有外部力量和政策的持续支持，他们很难靠自身力量脱贫致富。因此，在巩固拓展脱贫攻坚成果时期，贫困治理政策类型从福利型政策为主转向发展型政策为主的过程中，要特别注重制定和完善以提高人的发展能力为中心的支持政策，要通过培育激发贫困人口的内生脱贫动力和能力，才能实现持续减贫。一是激发贫困人口内生动力。扶贫先扶志，帮助贫困人口摒弃安于现状、不思进取的懒惰思想和消极意识，积极培育激发他们追求美好生活，实现共同富裕的信心和勇气。同时，创新农户参与机制，保障农户的知情权、决策权、参与权、监督权，提高农户参与村庄治理的积极性、主动性。二是加强基层党组织治理能力。认真总结借鉴脱贫攻坚时期创造的宝贵经验和做法，充分发挥基层党组织作用，提高乡村基层党组织战斗力和凝聚力。在推动乡村振兴工作中树立开放意识、创新意识、科技意识、生态意识、市场意识，不断推进农业农村现代化。三是发展壮大村集体经济实力。要以特色产业带动发展，开发乡村优势资源，培育特色主导产业，积极探索产业发展新模式，推动村集体经济特色产业发展壮大，让村集体经济能够更好地为贫困个体搭建平台，提升市场竞争力和抵御市场风险的能力。

（四）政策工具：从政府主导转向更多依赖市场资源配置

山西在脱贫攻坚阶段取得的巨大成就，依托的是发挥政府优势、集中调配扶贫资源。相对贫困治理阶段，要更多依靠市场手段，发挥市场在扶贫资源配置中的决定性作用。一方面，要促进各类资源要素在城乡之间自由流动。持续完善农村承包地"三权分置"制度，建立健全土地流转规范管理制度，鼓励土地经营权入股从事农业产业化经营。积极推进贫困地区农业转移人口市民化进程，健全个人、企业和政府三方对农业转移人口市民化分担机制，健全土地、资本、劳动、技术、管理等生产要素由市场评价贡献、按贡献决定报酬的机制。另一方面，促进发挥市场机制对农业产业的带动作用。在产业选择上，要充分考虑市场消费需求的新变化，考虑当前消费者对农产品个性化、多样化、功能化的需求，挖掘出能够代表本地特色的优势资源。在产业布局上，要注重顶层设计，长短结合，注重扶持建设能长期带来稳定收益的产业。同时考虑产业布局差异化设计，避免过度同质化、盲目恶性竞争。在产业组织经营上，注重培育"龙头企业＋合作社＋农户""合作社＋农户""村'两委'＋农户"等类型的组织经营模式，提高贫困地区产业组织化水平，推动贫困农户与现代农业有机衔接。

七、山西农村相对贫困治理的政策建议

治国之道，富民为始。共同富裕是社会主义的本质要求，是中国式现代化的重要特征。习近平总书记指出，实现共同富裕不仅是经济问题，而且是关系党的执政基础的重大政治问题。要统筹考虑需要和可能，按照经济社会发展规律循序渐进，自觉主动解决地区差距、城乡差距、收入差距等问题，不断增强人民群众获得感、幸福感、安全感。在持续巩固拓展脱贫攻坚成果的基础上，建立解决相对贫困的长效机制是实现农民农村共同富裕的必由之路。未来一个时期，山西要充分借鉴国内沿海发达地区的经验做法，从精准识别、产业振兴、社会兜底等方面着手，持续加强农村相对贫困治理力度，加快推动全省农民农村实现共同富裕。

（一）制定相对贫困治理测算标准，确定相对贫困治理群体范围

建立科学合理的相对贫困识别机制是构建缓解相对贫困长效机制的首要问题。按照社会治理的一般理论来说，按照当地总户籍人口的10%左右这个比例，从低收入人口到中间偏下收入人口这个区间锁定相对贫困监测总人数，取其中的家庭年人均收入高位数为当地相对贫困监测线。并借鉴联合国计划开发署多维贫困指数测算方法，分层次、分类别构建起包括教育、医疗、卫生、住房等在内的多维贫困治理测算标准体系，全面客观地衡量农村地区的相对贫困问题。与此同时，要根据实际情况扩大贫困治理群体范围，把享有基本生活保障但收入还比较低的低收入人口、脱离绝对贫困后依然在贫困边缘徘徊的潜在贫困人口、自主性和能动性有待提高的能力贫困人口和因自然

灾害、意外事故等突发状况导致的返贫致贫人口纳入相对贫困人口范围。要充分运用互联网、大数据等信息技术，对相对贫困和潜在贫困人口进行精准识别和动态监测，及时做好帮扶及救助工作。

（二）完善产业就业扶贫体系，促进相对贫困群体持续增收

产业就业扶贫是稳定脱贫的关键所在。一是进一步加强"特""优"产业的支撑作用。坚持特色兴农，因地制宜地发展杂粮、蔬菜、畜牧、鲜干果、中药材等特色农业产业，培育区域性特色农产品品牌，依托品牌建设推动农业转型升级。推动农产品精深加工十大产业集群建设项目、农产品五大出口（商贸）平台基地建设向欠发达地区倾斜布局。调整优化产业结构，持续推进农村一二三产融合发展，促进农产品加工业、乡村旅游和农村服务业转型升级。二是强化产业主体的带动作用。鼓励有条件、有能力的贫困人群积极加入农业合作社或发展家庭农场，逐步实现小农户与现代农业发展的有机衔接。完善"市场+龙头企业+基地+合作社（村集体）+相对贫困人口"模式，通过务工就业、订单生产、生产托管、产品代销、资产租赁、保护价收购等方式，与龙头企业建立契约型、股权型等更为紧密的利益联结机制，让更多低收入群体在产业链条上受益，促进低收入人群增收。三是加大低收入人群就业扶持力度。依托高标准农田建设、农村人居环境整治、现代农业产业园、特色产业集群等农业重大项目实施，吸纳农民工就近就地就业。按照"政府主导、市场机制、机构运作"的原则，构建"技能培训+劳务派遣+就业服务"一体化的培训就业新模式，进一步提高相对贫困人口技能培训后持证率和就业率。引导农民工、高校毕业生、退役军人、工商业主、新乡贤等返乡留乡下乡创新创业，并给予创业担保贷款及贴息扶持。

（三）持续强化扶志、扶智双轮驱动，有效激发脱贫群众内生动力

激发贫困人口的内生脱贫致富动力和自我发展能力是贫困治理的关键。要形成"以智提志、以志促智、志智双升"的良性循环才能有效缓解农村相对贫困问题。一方面，要注重宣传教育，激发脱贫人口内生动力。要通过广播、网络、视频、宣讲、文艺演出等多样化的方式对脱贫致富先进典型、奋发图强时代楷模宣传报道，充分发挥宣传舆论的强大力量，让贫困群众形成正确的荣辱观，调动贫困群众的脱贫积极性，实现从"要我脱贫"到"我要脱贫"的转变。同时，农村基层党组织要在实际生活中积极引导贫困户参与村庄建设和相对贫困治理，让贫困户从自身劳动实践中不断增强实际获得感和荣誉感，树立起自主脱贫意识。另一方面，要大力发展教育，阻断贫困代际传递。要大力开展贫困地区职业教育，树立"职教一人，就业一人，脱贫一家"的目标，依据产业发展需求开展针对性技能培训，提升贫困人口可持续发展能力。教育经费要主动向脱贫地区的基础教育和职业教育倾斜，建立完善省级统筹乡村教师补充机制，加大对脱贫地区办学条件和教师队伍建设的政策扶持。要培育贫困家庭孩子树立"知识改变命运"的思想意识，通过发展教育，全面提高贫困人口的智力水平和综合素质，阻断贫困代际传递。

（四）推进基本公共服务的均等化，构建普惠性的社会保障体系

加快推进公共服务均等化是治理相对贫困的重要途径。要以乡村振兴为契机，建立健全城乡一体化的公共服务体系，推动缓解相对贫困与完善基本公共服务体系紧密衔接。一是加强公共基础设施建设。要强化欠发达地区路网结构标准化和规范化建设，满足人流物流交通需求；加强欠发达地区互联网基础设施建设，做到村村通网、5G网络

信号全覆盖，拓宽农业经营主体网络销售途径；夯实相对贫困地区水利工程建设，保障人民水源安全及基本农田灌溉。二是完善普惠性社会保障体系建设。要提高欠发达地区教育医疗卫生水平，促进城镇基本公共设施与服务向农村延伸，逐步缩小与城镇地区的差距。要重点普及儿童学前教育、义务教育，加强对高中和职业教育的扶持。要提高农村基本医疗保险报销比例，扩大大病和慢性病救助范围，加强对欠发达地区医疗基金的拨付力度，适当降低居民基本医疗费用。加强农村儿童营养干预，提高农村基础养老金给付水平。三是强化公共服务人才队伍建设和公共资源的共享程度。要大幅提升到欠发达地区服务的医生、教师等各类人才的薪酬待遇水平。要发展数字经济，建立共享服务平台，提供远程教育学习、医疗诊断等服务，通过信息技术弥补欠发达地区公共服务人才数量不足和能力素质较弱的短板，推进欠发达地区与发达地区之间公共资源的共享共用。

（五）健全分层分类社会救助体系，扎实筑牢基本民生保障底线

完善分层分类的社会救助体系是探索解决相对贫困问题长效机制、深化社会救助制度改革的重要举措。一方面，要打造多层次救助体系。要进一步修改和完善低保、特困和低收入家庭认定办法，逐步构建层次分明、结构合理、针对性强、衔接配套的多层次社会兜底保障体制机制。对共同生活的家庭成员人均收入低于当地最低生活保障标准且符合财产状况规定的家庭，给予最低生活保障。对无劳动能力、无生活来源、无法定赡养抚养扶养义务人或者其法定义务人无履行义务能力的城乡老年人、残疾人、未成年人，给予特困人员救助供养。对于支出型贫困家庭，要根据他们的实际困难程度和需要，给予相应的医疗、住房、教育、就业等专项社会救助。对遭遇突发事件、

意外伤害、重大疾病，受传染病疫情等突发公共卫生事件影响或由于其他特殊原因导致基本生活暂时陷入困境的家庭或个人以及临时遇困、生活无着人员，给予急难社会救助。对遭遇自然灾害的，给予受灾人员救助。另一方面，要创新社会救助方式。针对相对贫困人群，要建立除资金、物质帮扶外的情感、心理、文化等社会救助服务。要以困难群众的多种需求为出发点，积极拓展形成"物质+服务"的救助方式。要探索通过政府购买服务的方式，对社会救助家庭中生活无法自理的残疾人、老年人等提供照料服务，进一步完善社会救助服务体系。

分报告九
山西城乡融合发展
政策研究

推进城乡融合发展是实施乡村振兴战略，实现第二个百年奋斗目标的客观需要，是破解城乡二元经济结构和释放乡村活力的迫切要求，是促进经济高质量发展的必然选择。习近平总书记指出，要构建新型城乡关系，建立健全城乡融合发展体制机制和政策体系，促进城乡协调发展、融合发展。2019年出台的《中共中央 国务院关于建立健全城乡融合发展体制机制和政策体系的意见》，明确了城乡融合发展的总体要求、主要目标和重点任务，从顶层设计着手，搭建起乡融合发展体制机制和政策体系的"四梁八柱"。近年来，山西深入贯彻落实习近平总书记关于城乡融合发展的重要指示精神，按照党中央的决策部署，以规划一体化促进城乡空间融合、以产业链重组再造促进城乡产业融合、以基本公共服务普惠共享促进城乡社会融合、以体制机制创新促进城乡要素融合，全面推动乡村振兴和农业农村现代化。

一、习近平总书记关于城乡融合发展的重要论述

党的十八大以来，习近平总书记高度重视城乡融合发展，在不同场合就城乡融合发展提出一系列新思想新理念新观点，站位高远、思想深邃，立足当前、着眼长远，充分体现了"以人民为中心"的发展思想，为推进城乡融合发展和构建新型工农城乡关系提供了根本遵循，指明了前进方向。

2014年3月，习近平总书记在河南省兰考县委常委扩大会议上指出，把城镇和乡村贯通起来。推进新型城镇化，一个重要方面就是要以城带乡、以乡促城，实现城乡一体化发展。要打破城乡分割的规划局面，建立城乡一体化、县域一盘棋的规划管理和实施体制。要推动

城镇基础设施向农村延伸、城镇公共服务向农村覆盖、城镇现代文明向农村辐射,推动人才下乡、资金下乡、技术下乡,推动农村人口有序流动、产业有序集聚,形成城乡互动、良性循环的发展机制。2015年4月,习近平总书记在十八届中央政治局第二十二次集体学习时指出,推进城乡发展一体化要坚持从国情出发,从我国城乡发展不平衡不协调和二元结构的现实出发,从我国的自然禀赋、历史文化传统、制度体制出发,既要遵循普遍规律,又不能墨守成规,既要借鉴国际先进经验,又不能照抄照搬。要把工业和农业、城市和乡村作为一个整体统筹谋划,促进城乡在规划布局、要素配置、产业发展、公共服务、生态保护等方面相互融合和共同发展。着力点是通过建立城乡融合的体制机制,形成以工促农、以城带乡、工农互惠、城乡一体的新型工农城乡关系,目标是逐步实现城乡居民基本权益平等化、城乡公共服务均等化、城乡居民收入均衡化、城乡要素配置合理化,以及城乡产业发展融合化。2017年12月,习近平总书记在中央经济工作会议上指出,健全城乡融合发展体制机制。要顺应城乡融合发展大趋势,坚持新型城镇化和乡村振兴两手抓,清除阻碍要素下乡的各种障碍,吸引资本、技术、人才等要素更多向乡村流动,为乡村振兴注入新动能。要坚持和完善农村承包地"三权分置"制度,探索盘活用好闲置农房和宅基地的办法,激活乡村沉睡的资源。要改进耕地占补平衡办理办法,建立补充耕地指标在国家统筹下跨省调剂机制,把调剂收益用于支持脱贫攻坚和乡村振兴。要实行积极有效的人才政策,打好"乡情牌",念好"引才经",激励各类人才到农村广阔天地大显身手。2018年9月,习近平总书记在十九届中央政治局第八次集体学习时指出,要把乡村振兴战略这篇大文章做好,必须走城乡融合发展之路。我们一开始就没有提城市化，而是提城镇化，目的就是促进城乡融合。要向改革要动力，加快建立健全城乡融合发展体制机制和政策体系。要健全多元投入保障机制，增加对农业农村基础设施建设投入，加快城乡基础设施互联互通，推动人才、土地、资本等要素在城乡间双向流动。要建立健全城乡基本公共服务均等化的体制机制，推动公共服务向农村延伸、社会事业向农村覆盖。要深化户籍制度改革，强化常住人口基本公共服务，维护进城落户农民的土地承包权、宅基地使用权、集体收益分配权，加快农业转移人口市民化。2019年4月，习近平总书记在重庆考察时指出，要加快推动城乡融合发展，建立健全城乡一体融合发展的体制机制和政策体系，推动区域协调发展。

· 专　栏 ·

城乡融合发展的基本原则和主要目标

基本原则

——坚持遵循规律、把握方向。顺应城镇化大趋势，牢牢把握城乡融合发展正确方向，树立城乡一盘棋理念，突出以工促农、以城带乡，构建促进城乡规划布局、要素配置、产业发展、基础设施、公共服务、生态保护等相互融合和协同发展的体制机制。

——坚持整体谋划、重点突破。围绕乡村全面振兴和社会主义现代化国家建设目标，强化统筹谋划和顶层设计，增强改革的系统性、整体性、协同性，着力破除户籍、土地、资本、公共服务等方面的体制机制弊端，为城乡融合发展提供全方位制度供给。

——坚持因地制宜、循序渐进。充分考虑不同地区城乡融合发展阶段和乡村差异性，稳妥把握改革时序、节奏和步骤，尊重基层首创精神，充分发挥地方积极性，分类施策、梯次推进，试点先行、久久为功，形成符合实际、各具特色的改革路径和城乡融合发展模式。

——坚持守住底线、防范风险。正确处理改革发展稳定的关系，在推进体制机制破旧立新过程中，守住土地所有制性质不改变、耕地红线不突破、农民利益不受损底线，守住生态保护红线，守住乡村文化根脉，高度重视和有效防范各类政治经济社会风险。

——坚持农民主体、共享发展。发挥农民在乡村振兴中的主体作用，充分尊重农民意愿，切实保护农民权益，调动亿万农民积极性、主动性、创造性，推动农业全面升级、农村全面进步、农民全面发展，不断提升农民获得感、幸福感、安全感。

主要目标

——到2022年，城乡融合发展体制机制初步建立。城乡要素自由流动制度性通道基本打通，城市落户限制逐步消除，城乡统一建设用地市场基本建成，金融服务乡村振兴的能力明显提升，农村产权保护交易制度框架基本形成，基本公共服务均等化水平稳步提高，乡村治理体系不断健全，经济发达地区、都市圈和城市郊区在体制机制改革上率先取得突破。

——到2035年，城乡融合发展体制机制更加完善。城镇化进入成熟期，城乡发展差距和居民生活水平差距显著缩小。城乡有序流动的人口迁徙制度基本建立，城乡统一建设用地市场全面形成，城乡普惠金融服务体系全面建成，基本公共服务均等化基本实现，乡村治理体系更加完善，农业农村现代化基本实现。

——到21世纪中叶，城乡融合发展体制机制成熟定型。城乡全面融合，乡村全面振兴，全体人民共同富裕基本实现。

资料来源：摘编自《中共中央 国务院关于建立健全城乡融合发展体制机制和政策体系的意见》2019年4月

二、山西城乡融合发展现状及特征

党的十八大以来，山西积极推动以土地为核心的城乡要素市场一体化改革和城乡公共服务均等化等一系列重大改革创新，逐步构建起了"以工促农、以城带乡、工农互补、城乡一体"的新型工农城乡关系，全省的城乡融合发展站上了新的起点。10年间，山西农林牧渔业总产值由1304亿元增加到2134亿元，增长63.6%。第一产业增加值从642亿元增长到1286.9亿元，实现翻番。

（一）农业综合生产力稳步提升

坚持以实施乡村振兴战略为抓手，深化农业供给侧结构性改革，大幅提升农业综合生产能力。10年间，全省粮食年产量从261.8亿斤增加到284.2亿斤。2020年是历史最高年，产量284.8亿斤。亩产突破600斤大关，增加72斤。人均粮食占有量稳定超过400公斤，迈上新台阶。山西作为全国著名的"小杂粮土国"，名副其实，面积稳定在1270万亩，单产、总产均翻一番，在全国品类最全、品质最好。开展"土豆革命"，加工型马铃薯亩产6.5吨，是普通薯的4倍，小杂粮正在形成大产业、大食物，占据大市场，为国家粮食安全提供了"山西方案"。畜牧业领跑现代农业，供给能力大幅提升，肉蛋奶产量分别达到134万吨、112万吨、135万吨，绝对增长都在50%以上。肉产量居全国第17位，蛋奶产量均为第7位，排名大步前移。蔬菜产量从862万吨增加到976万吨，增长13%，单产居全国第7位，日光温室面积居全国第7位。水果产量975万吨，增长42%，产量居全国第8位，苹果、梨产量居全国第3位。红枣、核桃产量居全国前列。各类水果琳琅满目，从7大类500多个品种发展到15大类800多个品种。山西水果、干果不仅成为网红产品，也成为重要的出口农产品，销往美国、日本等75个国家和地区，苹果年均出口20万吨以上，占全国出口总量的1/5。作为全国道地药材之乡，中药材种植面积348万亩，增长1.5倍，居全国第9位，党参、黄芪等十大晋药享誉全国。坚定实施农业"特""优"战略，持续推动城乡融合、一二三产融合、产业就业融合，布局"南果中粮北肉东药材西干果"等三大战略五大平台十大集群，创建国家级产业园8个、产业集群3个、产业强镇30个。实施市场主体倍增计划，培育国家级农业龙头企业45家，比2012年增加12家。紧扣"粮头食尾""农头工尾"，打造高粱、谷子等20条"特""优"农业全产业链。全省绿色有机农产品1770个，居全国前列；地理标志农产品176个，居全国第4位。2021年农产品加工销售收入2620亿元，增长2.2倍。推动数字农业、农村电商、乡村旅游、休闲农业、网红直播等新产业新业态蓬勃发展，2021年全省休闲农业营业收入81.3亿元，带动42.4万人就近就地就业。

（二）农业转移人口市民化促使城镇化水平大幅提升

深入推进全省户籍制度改革，农业转移人口进城落户的门槛不断降低，城乡融合通道进一步拓宽，城镇化率不断提高。2021年末，全省常住人口3480.48万人，其中城镇常住人口2207.48万人，占常住人口比重为63.42%，比上年末提高0.89个百分点。

（三）农村改革激发城乡发展动力

农村土地制度改革开展有力有序。落实承包地"三权分置"制度，坚持土地集体所有权、稳定农户承包权、放活土地经营权，完成了承包地确权登记颁证工作。全省确权承包土地5317.6万亩，颁发承包经营权证书509.2万份，让农民吃上了长效"定心丸"。全省土地流转面积807.5万亩。落实中央保持土地承包关系稳定并长久不变的要求，稳妥开展第二轮土地承包到期后再延长30年试点。制定农村宅基地审批管理办法，选取清徐、平遥、泽州3个县稳慎开展改革试点，在盘活利用闲置宅基地和农房等方面取得积极成效。农村集体产权制度改革任务基本完成。开展集体资产清产核资、成员身份确认、股份合作制改革，基本完成阶段性任务，集体产权归属更加明晰，农民享有更多财产权利。全省清查核实集体土地等资源2.1亿亩、集体资产2983亿元（其中经营性资产624.9亿元），确认集体经济组织成员2322.6万人。出台农村集体资产监管办法，规范集体产权流转交易，开展农村集体经济合同清理、村级债权债务化解和农村集体资产合理收费。实施村级集体经济壮大提质行动，全省农村集体经济收入超过100亿元，所有行政村收入超过5万元。现代农业经营体系构建加快加强。大力培育新型农业经营主体，实施家庭农场培育计划和农民合作社规范提升行动，常态化开展"空壳社"清理，家庭农场、农民合作社数量和质量双提升。全省依法登记注册农民合作社9.7万个，纳入名录系统管理的家庭农场6.1万个，其中县级以上示范社8065个、示范家庭农场2593个。创新推进以农业生产托管为重点的农业社会化服务，在全国率先出台农业生产托管服务条例和地方标准，年托管服务面积近3000

万亩，服务小农户200多万户，走出了小农户与现代农业有机衔接的"山西路径"。农业支持保护体系建立健全完善。以绿色生态为导向的农业补贴政策体系基本建立。设立乡村振兴战略专项资金，年度规模20亿元以上。提高土地出让收入用于支持乡村振兴的比例。建立涉农资金统筹整合长效机制，实施"大专项+任务清单"管理。推出了"果品贷""冷链贷""托管贷"等一系列符合农业生产特点的金融产品。农业保险提标扩面增品，主要农畜产品实现应保尽保，收入保险、完全成本保险等试点稳步推进。财政、金融、保险等支持乡村振兴的多元投入机制初步形成，为全面推进乡村振兴提供了有力支撑。

（四）城乡融合的基本公共服务体制机制逐步建立

统一的城乡义务教育经费保障机制，居民基本养老保险、基本医疗保险、大病保险制度逐步建立，城乡基本公共服务向着制度接轨、质量均衡、水平均等的方向迈出了一大步。社会保障全面提升，覆盖城乡居民的社会保障体系基本建成。按照"兜底线、织密网、建机制"的要求，全面实施全民参保计划，完善企业职工基本养老保险省级统筹，完善统一的城乡居民基本医疗保险制度和大病保险制度，努力建成覆盖全民、城乡统筹、权责清晰、保障适度、可持续的多层次社会保障体系。

（五）城乡融合的基础设施建设扎实推进

城乡基础设施统筹规划和多元投入机制正在探索并逐步完善，城市、小城镇和乡村基础设施的互联互通程度不断提高，农民生产生活条件得到很大改善。10年来，山西累计投入1437亿元，新改建农村公路9.13万公里，改造危桥873座，全省1196个乡镇、26420个具备条件建制村实现了通硬化路、通客车、通邮"三个全覆盖"。较十八大

前，农村公路通车里程增加了7900公里，达到12.6万公里。全省共建
设改造农村供水工程1.8万多处，城乡集中供水工程达到2.66万处，农
村自来水普及率从87%提升到92%，高于全国平均水平4.5个百分点，
现行条件下58个原贫困县农村饮水安全问题全部解决。强化农村住房
安全保障，累计完成农村危房改造73.24万户，解决了220余万农村贫
困人口住房安全问题，"两不愁三保障"的住房安全保障目标全面实
现，连续三年被国家确定为农村危房改造真抓实干成效明显省份。

（六）脱贫攻坚战取得全面胜利

党的十八大以来，山西深入学习贯彻习近平总书记关于扶贫
工作重要论述，强化军令状、交总账意识，始终把脱贫攻坚作为
"十三五"头等大事和第一民生工程，团结带领全省人民，以不获全
胜、决不收兵的坚定意志，以战天斗地、不怕牺牲的拼搏精神，深
入贯彻精准方略，向绝对贫困发起总攻，用责任和担当、汗水和生命
共同书写了决战脱贫攻坚、决胜全面小康的优秀山西答卷。脱贫攻坚
目标任务全面完成，脱贫群众生活实现从温饱不足到全面小康的巨大
变化。全省农村贫困人口收入水平显著提升，全部实现"两不愁三保
障"。全省贫困地区农村居民人均可支配收入从2013年的4875元增长
到2020年的10352元，年均增长11.4%；贫困人口人均纯收入从2013年
的2166元增长到2020年的9729元，年均增长23.9%。329万贫困人口全
部脱贫，7993个贫困村全部出列，58个贫困县全部摘帽，消除了绝对
贫困和区域性整体贫困。

（七）城乡居民可支配收入双增长

2021年，全省居民人均可支配收入27426元，比上年增长8.8%；
按常住地分，城镇居民人均可支配收入37433元，增长7.6%；农村

居民人均可支配收入15308元，增长10.3%，农村居民人均消费支出11410元，增长10.9%。按全省居民五等份收入分组，城镇低收入组人均可支配收入16079元，增长9.4%；农村低收入组人均可支配收入6236元，增长13.5%。

（八）城乡生态环境大为改观

山西下大气力治理环境污染，推进能源资源集约节约利用，加快完善生态文明体制机制，以实际行动践行"绿水青山就是金山银山"的发展理念。有序实施碳达峰碳中和山西行动，优化配置碳排放空间资源，倒逼总量减排、源头减排、结构减排，在全国碳市场第一个履约周期中，山西履约率达99.68%，高于全国平均水平。坚决遏制"两高"项目盲目发展，加强能耗"双控"管理，加速淘汰落后产能、化解过剩产能，将治理腾出的环境容量优先支持传统产业转型升级和战略性新兴产业集群发展。全省煤炭先进产能占比突破75%，新能源和可再生能源装机容量达到3889万千瓦，占比达到34.3%，2021年GDP增长中78%是由非煤产业拉动的，绿色发展的韧性、持续性、竞争力不断增强。坚定不移打好蓝天、碧水、净土保卫战，还百姓更多的蓝天白云、青山绿水。优良天数比例由2017年的65.7%提高到72.1%，重污染天数比例降至0.5%，重污染天数减少了85%，SO_2平均浓度连续四年保持20%以上的改善幅度，降至15微克/立方米，PM2.5年均浓度由55微克/立方米降至39微克/立方米，首次进入"30+"区间；国考断面水质优良比例由55.2%提高到72.3%，三晋母亲河汾河全部提升到Ⅳ类水质以上，沁河、丹河、漳沱河、清漳河等河流出境水质稳定保持Ⅱ类水平；同步开展末端修复治理和源头预防，土壤污染风险得到有效管控，群众吃得放心、住得安心得到充分保障，生态环境多项指标创有监测记录以来最好水平，蓝天常驻、碧水长清、黄土复净的美丽愿景加速实现。全省坚持以"两山七河一流域"为主战场，深入开展大规模国土绿化行动。2013年至2021年，累计完成营造林4164.76万亩、义务植树4.7亿株；完成防沙治沙任务869.1万亩，防沙治沙工作始终保持在全国第一方阵；统筹推进城乡绿化，完成重点乡村园林绿化2000个、森林乡村建设887个，36个村获评"全国生态文化村"，255个行政村获得国家森林乡村认定，城乡生态面貌整体改观。截至2020年底，全省林地面积9143.5万亩，森林面积5542.93万亩，森林覆盖率为23.57%，森林蓄积量1.59亿立方米。全省水土流失面积5.8万平方公里，较2011年的7.03万平方公里减少1.23万平方公里，减幅为17.5%，全省水土保持率达到63%。

（九）农村消费市场日趋繁荣

农村消费不断提质增效，全省累计获批59个全国电子商务进农村综合示范县，实现了对国家级贫困县综合示范全覆盖。积极推进农产品流通基础设施建设，实施大晋中农产品流通示范园、跨区域农产品流通基础设施试点。培育打造100个乡村e镇，在15个县推进县域商业体系试点建设。持续优化农村快递物流体系建设、完善农村电商公共服务体系，农村消费市场蓬勃发展，农产品进城、工业品下乡双向流通渠道不断畅通，农村消费市场稳步发展。截至2022年8月底，全省示范县建设县域电商公共服务中心55个、农产品展示体验中心55个、县级物流配送中心53个，投入使用的村级服务站7868个，累计网络销售额189.6亿元，网购金额513亿元。确定了一批国家级公益性农产品示范市场和省级公益性市场，城乡流通联动发展的格局基本形成。

三、山西城乡融合发展的主要做法

乡村振兴，城乡融合发展是必由之路。近年来，山西坚持以城乡融合发展为主线，以体制机制创新为重点，实施农业农村优先发展战略，同步推进新型城镇化建设，按照"四化同步"、城乡融合、协调发展的要求，在城乡产业发展、基础设施、公共服务、生态环保、文化传承、体制机制等方面实现了新的突破，积累了一些有益的经验和做法。

（一）推动生产要素"上山下乡"

落实和完善融资贷款、配套设施建设补助、税费减免等扶持政策，积极打造"六最"营商环境，稳定政策预期，推动更多工商资本、社会资本投资农业农村。持续加大对返乡下乡双创人员的扶持力度，在用地、信贷、保险和社保等方面给予重点支持，鼓励和支持城镇各类人才到农村去创业创新，着力补齐乡村振兴的"人才短板"。

（二）推动基础设施向农村延伸

持续推进"四好农村路"建设，加快沿黄旅游公路建设。新改建农村公路1万公里，新增通客车建制村200个。集中解决贫困农村饮水问题，重点解决脱贫县特别是深度贫困县的非移民村、非搬迁村贫困人口的饮水安全巩固提升问题。持续推进农村电网改造，建成平定、介休等5个小康用电示范县（市）。继续推进农村地质灾害治理搬迁工程和农村危房改造。加快农村宽带网络建设，基本实现行政村通达光纤网络全覆盖。

（三）推动城乡基本公共服务均等化

城乡融合发展的关键是实现城乡基本公共服务均等化。优先发展农村教育事业。按照"1+X+Y"的思路，扎实推进"八大行动"和"5+N"省级试点，系统推进城乡义务教育一体化发展。统筹推进县域内城乡义务教育一体化改革，通过网络信息技术发展远程教育，鼓励和引导优秀教师到农村任教，推动优质教育资源城乡共享。实施更积极的就业政策。加快建立健全城乡劳动者平等就业制度，完善职业培训、就业服务、劳动维权"三位一体"工作机制，促进农民工多渠道转移就业和多元化增收。健全就业工作体制，省政府成立就业工作领导小组，出台《关于做好当前和今后一个时期促进就业工作的实施意见》和《关于进一步做好失业保险"援企稳岗"工作的通知》等政策，全方位、多领域促进就业政策和保障体系的丰富完善。加快健康乡村建设。推进县乡医疗卫生机构一体化改革，提高农村人均基本公共卫生服务经费，加大农村全科医生配备培养力度，推动中医药服务进乡村、进家庭，扎实做好家庭医生签约服务。深化县域综合医改，争取到国家紧密型县域医共体建设试点省份，在全国率先启动县域综合医改立法工作；开发应用了覆盖省、市、县三级的县域综合医改监管平台。实施县医院能力提升工程，成立省级专科联盟，117个县级医疗集团与57所三级医院全部建立医联体协作关系。建立健全农村社会保障体系。提高农村居民医保财政补助标准，建立基础养老金正常调整机制和刚性约束机制，健全被征地农民基本养老保险制度，做好农民重特大疾病救助工作。提高农村居民低保标准。落实经济困难高龄失能老人和困难重度残疾人"两项补贴"，健全农村留守儿童和妇女、老年人关爱服务体系。

（四）完善农业转移人口市民化促进机制

健全农业转移人口基本公共服务共享机制。扎实推进户籍管理制度改革，鼓励大城市结合实际，进一步放宽市辖区落户条件，合理引导农业人口有序向城镇转移。加大对农业转移人口社会保障和公共服务的扶持力度，全面实施居住证制度，积极推进城镇基本公共服务由主要对本地户籍人口提供向对常住人口提供的转变。不断扩大教育、就业、医疗、社保、住房等城镇基本公共服务的覆盖面，持续提升农村转移人口在流入地平等享受城镇基本公共服务水平。健全农业转移人口市民化成本分摊机制。强化政府、企业、社会、个人共同参与机制，明确各级政府支出责任，全面落实城镇建设用地增加规模与吸纳农业转移劳动力落户数量挂钩政策。强化财政转移支付、城镇建设用地、预算内投资与落户数量挂钩的激励机制，促进农业转移人口市民化成本的合理分摊。继续深化农村土地制度改革。切实维护进城落户农民工的土地承包权、宅基地使用权、集体收益分配权，支持和引导其依法自愿有偿转让上述各类权益。

四、山西城乡融合发展的突出问题

长期的城乡二元格局，导致资金、土地、人才等要素配置在城乡间严重不均衡，农村优质资源向城市单方向集中的趋势没有发生根本逆转，农村地区的农业发展水平仍属于初级阶段，经济效率不高。而城镇地区依靠先进的技术水平和丰富的人力、资金资源，通过发展工业、服务业创造了丰厚的经济效益，尽管这为城镇反哺农村创造了条件，但由于城乡间长期处于一种产业二元分割状态，产业间融合度不高，以城带乡动力不足，成为阻碍城乡融合发展的一颗"绊脚石"。

（一）城乡融合发展规划体系尚未建立

当前，城乡二元经济结构仍然是山西突出的结构性问题。城乡融合发展的顶层设计不完善，涉及户籍制度、土地制度、社保制度、行政管理体制等，各领域协调统一的总体规划体系还没有真正建立。城乡发展规划设计仍然是层级繁杂、名目众多，在实际中存在多部门规划重叠，导致规划期限、规划技术平台、统计口径以及空间管制分区等方面存在不一致的问题，很大程度上降低了规划的权威性和操作性。

（二）城乡间要素流动存在制度性障碍

城乡二元的户籍壁垒没有根本消除。对农村而言，农民进城的门槛仍然较高，城市的住房、子女教育等限制成为农民市民化的重要障碍。特别是城乡统一的建设用地市场尚未建立，城乡金融资源配置严重失衡，导致人才、土地、资金等要素更多地单向流入城市，乡村发展缺乏要素支撑。对城市而言，城市资本适度合理进入农村土地市场的有效机制尚未完全建立。城乡金融市场存在严重的藩篱，工商资本下乡仍然面临诸多问题，资金缺乏有效的双向流动。城乡金融机构分布相对失衡，农村金融机构有效供给不足，农村资金外流严重，对农业农村发展造成负面影响。

（三）城乡间公共资源配置不尽合理

城乡二元结构造成的农村社会事业发展滞后的状况相对突出。城乡公共资源配置呈现明显的两极分化。农村教育普遍落后，相对于城市教育，无论是教师资质素质、经费投入、基础设施，还是学生质量等各个方面，乡村教育都大幅落后于城市教育。乡村医疗卫生发展滞后，突出表现为城乡医疗资源配置不合理、卫生保障体系不健全、公共性服务不配套等一系列问题，直接影响到广大农民群众的生活质量。农村社会保障体系不健全，城乡社会保障房在标准和水平等方面都存在较大差异，农村的社保安全网尚未形成。

（四）农村人居环境改善仍需持续加力

近年来，山西持续推动农村人居环境改善工作，较原先已经有了可喜的变化，但距离美丽乡村的标准和要求仍有较大差距，与广大农民群众的期盼和美好愿望存在一定差距。农村垃圾无害化处理能力不足，缺少专门的垃圾处理的规范化、标准化填埋场。乡镇垃圾中转站覆盖率偏低，垃圾分类减量处理不到位，无害化处理和资源化利用水平不高。农村污水收集和处理能力明显不足，污水综合利用效率偏低。农村厕所革命面临着诸多制约性因素，改厕统筹推进力度不够。

五、国内外城乡融合发展的基本经验

推进城乡融合发展是满足人民日益增长的美好生活需要的必然要求，是重塑城乡关系的必由之路。为推动新时代山西城乡融合发展，我们认真整理和分析了一些发达国家和国内先进地区的基本经验和典型做法，以供学习借鉴。

（一）发达国家

英国：完善法律法规体系建设，推进以"人"为主的城乡改造。陆续制定出台了《城镇和乡村规划法》《新城镇法》《村庄土地法》等一系列有效促进城镇化加速发展的法律法规。同时，重视农民个体，提出"城市发展的最终目的是满足人的需要"的理念，实施以"人"为主的城乡改造，积极推进城乡公共服务均等化，重视农民的医疗问题，主张消除城乡教育差别，给予农村学校大量补贴，不断加强农村学生的职业教育。

法国：支持中等规模家庭农场发展壮大，促进城乡融合。针对小农经济分散、农业生产力相对落后的实际情况，颁布了《农业指导法》，鼓励农场合并，将分散的土地整合，进行重新分配。政府购买大量土地，并经过整治后转让给需要土地的农民，并对中等农场在购买土地、金融信贷等方面给予优惠政策，支持发展中等家庭农场。对于小农户，政府提供给其终生养老金，促使农村劳动力进入城市工业部门。

德国：以完善的社会保障体系和严格的土地产权制度保障城乡均衡发展。在城乡统筹发展中倡导"农村生活与城市生活等值"的发展理念，建立了相对发达的社会保障体系，城乡公民在迁徙、选举、工作、教育等权利方面一视同仁，农民进城务工，只要到市政局登记并按规定纳税，就可成为市民，有效避免了由户籍制度所造成的城乡资源分布不均等问题。同时，德国建立了统一的土地管理和农地产权制度，对农用地产权交易实行较为严格的管制，防止农用地集中到非农民手中用于非农业用途。

日本：健全城乡统筹发展体制机制，消除城乡发展的制度歧视。日本发达的农村土地制度、农村住宅流转制度以及合理的农业合作协作制度，为城乡融合发展奠定了良好基础。此外，在政治权利、房产和户籍等个体普遍关注的领域，政府主张一律平等，从根本上消除了城乡发展隐藏的各类制度和政策歧视，鼓励医疗教育领域的优质资源向农村地区流动，促进了公共资源在城乡之间的平等共享。

（二）国内先进地区

浙江：以"四个融合"推进乡村振兴。浙江坚持农业农村优先发展，深度实施乡村振兴。一是推进农业农村农民"三农"融合。现代农业发展必须与美丽乡村、人民福祉紧密结合在一起。未来一个时期，浙江将组织实施"三农"领域"12188"工程，即着力建设100个现代农业园区、200个农业可持续发展示范园、100个特色农业强镇、80条每条产值10亿元以上的全产业链和800万亩粮食生产功能区。二是推进一二三产业的"三产"融合。要用工业化的理念经营农业，大力发展农产品精深加工业，大力发展现代农业服务业，完善产业链，提高价值链。着力培育现代农业万亿产业经济，包括千亿特色农业全产业链经济、千亿粮食产业经济、千亿美丽农业经济、千亿农业社会化服务经济、千亿农机装备产业经济等五大"千亿农业产业经济"。三是推进创新创业创造"三创"融合。助推"农创客"创业创新，培育新型职业农民走向市场。加快推进"互联网+现代农业"，提高劳动生产力、亩地产出率。继续深化"三权到人（户），权跟人（户）走"改革，稳步推进宅基地制度、集体经营性建设用地入市以及农村土地确权等农村土地制度改革，激活农村资源要素，促进农民转化。

湖北：实施"三乡工程"促进城乡融合。湖北实施"市民下乡""能人回乡""企业兴乡"三大工程，引导市民长期租用农村空闲农房和农地资源，下乡过田园生活；鼓励在外创业有成、热爱家乡的创业能人、社会贤达等，返乡创办实业，反哺家乡建设；支持企业家到农村投资兴业，利用农村资源，推动农村股份合作开发，发展现代农业。为推进"三乡工程"，湖北出台了保障用地政策。一是零星分散设施可使用机动指标。在编制乡（镇）土地利用总体规划、村土地利用规划时，可以预留少量（不超过5%）规划建设用地机动指标，用于零星分散的农业设施、乡村旅游设施等建设，在办理农用地转用建设用地审批手续时直接使用，可不办理土地利用总体规划调整手续。二是创新理念界定土地用途。针对乡村旅游项目，确实需要利用基本农田的，可以在确保农业功能不变前提下实施，例如种植花卉，改善景观。对于农业生产过程中所需各类生产设施和附属设施用地，以及由于农业规模经营必须兴建的配套设施，例如看护类管理用房等，在不占用永久基本农田的前提下，纳入设施农用地管理。宽度不超过8米的建设项目配套场内公路，可按农村道路用地认定。三是复垦耕地和建设用地等量置换。对长期无人居住的、破旧的房屋，其占用宅基地通过复垦成耕地的，面积都可以转化为"三乡工程"的建设用地。四是鼓励将空闲农房改成农业农村体验场所。探索农村集体经济组织以出租、合作等方式盘活利用空闲农房，改造建设民宿民俗、创意办公、休闲农业、乡村旅游、乡村养老院等农业农村体验活动场所。五是最大限度提高审批效率。为缩短用地审批时限，建立省、市、县三级联动机制，开辟"三乡工程"项目用地绿色通道，指派专人负责跟踪督办，完善以县为单位的网上审批流程，确保用地审批时间控制在12个工作日内。

黑龙江：促进农村一二三产业融合发展。大力发展乡村休闲旅游、文化体验、养生养老、农村电商等。加快发展农村金融，高度重视"互联网+"在农产品营销中的应用，推动优势资源与新技术新业态新商业模式相结合。坚持把农民增收摆在突出位置，推动农民合作社由生产型向生产经营型转变，持续推进农民创业，进一步激发农村活力和创造力。推动食品和农副产品加工业成为能源工业下降后的第一支柱产业。加快县域经济发展，推动县（市）与垦区、林区、矿区融合发展。

四川成都："五方联动"加速城乡融合发展。成都作为全国统筹城乡综合配套改革试验区和全国农村改革试验区，从五个着力方向推进城乡融合发展。一是更加注重顺应城乡融合要求，完善现代城乡规划体系。坚持以精准规划引领城乡融合发展，进一步打破城乡规划的行政藩篱，建立健全有机衔接的全域规划体系。规划形成以特色镇（街区）为中心、多个新型社区和林盘聚落环绕分布的"一心多点"网络化组团式布局，构建"多个主体功能区+特色镇（街区）+新型社区（林盘聚落）"三级城镇体系，塑造历史文脉、经济流向、绿色廊道、产业分布交互融合的空间结构。二是更加注重提升宜居宜业品质，优化城乡功能布局。按照"生产空间集约高效、生活空间宜居适度、生态空间山清水秀"的总体要求，全面落实"十字方针"，分区分向确定主体功能定位，强化区域间和城乡间功能统筹，进一步提升城乡基础设施互联互通水平，促进公共服务资源均衡配置，探索城乡生态资源互补共享模式，加快构建均质分布、平等共享的城乡生活网络和景观协调、自然演替的城乡生态系统。三是更加注重推进全域景观化，重塑新型城乡形态。坚持"景区化、景观化、可进入、可参与"理念，做足"水林田"三篇文章，在滨水沿山轴线塑造"山水田园道"的天府水乡格局，在千里沃野营造"田成方、树成簇、水成网"的川西平原美景，在丘陵地区打造"山水相融、田林交错、变幻多彩"的秀美大地景观，构建"产田相融、城田相融、城乡一体"的新型城乡形态。四是更加注重产业协同，构建现代农业生态圈。围绕农业创新链、人才链、供应链、价值链、产业链，坚持改革创新建立科学系统的农业制度体系，坚持开放包容建立区域合作共同发展的开放体系，坚持政策引导建立有序流动的要素供给体系，坚持市场运作建立经济高效的农业价值体系，坚持产业跨界建立融合发展的现代产业体系，推动要素配置更加开放、三次产业深度融合，城乡经济一体发展。五是更加注重自治法治德治相结合，创新城乡社区治理。坚定不移转理念、转职能、转方式、转机制、转形态，引导各级干部深化人民对美好生活的向往内涵的认识，增强解决不均衡不充分主要矛盾的紧迫感。加快构建村（社区）自治组织、社会组织和新型农民等有机统一、协同配合的生活共同体，形成以党建为引领、自治为基础、法治为保证、德治为支撑的乡村治理体系。

六、国内外城乡融合发展的重要启示

从国内外推进城乡融合的实践来看，虽然在具体政策和主要措施上各有特点，但从中可以总结出一些共性的规律和重要的启示。这对于今后一个时期全面推进山西城乡融合发展具有重要的借鉴意义。

（一）统一规划是城乡融合的先导

城乡融合是一项复杂的系统性工程。要统筹考虑农村城镇两个方面的发展和建设，既要推动乡村振兴，又要促进新型城镇化建设。两者不能顾此失彼。要树立城乡发展一盘棋的全局思想。整体看待城乡统筹发展。要坚持城乡一体设计功能互补。统筹城乡产业基础设施、公共服务、资源能源、生态环境等布局，完善城乡布局形态，强化规划空间管控，实现一张蓝图绘到底，一张蓝图干到底。因此，推进城乡融合发展必须规划先行，建立城乡融合发展的战略规划体系，实现规划编制、监督和管理分离。比如，成都紧紧围绕"三个集中"发展战略目标，在规划编制上，建立了市、县（区）和乡（镇）三级规划行政管理机构和规划工作监督机制，制定出台了一系列城乡建设规划技术规范和标准，实现了城乡规划编制、管理、监督工作有效衔接。在具体执行中，对不符合规划要求的项目不予审批，对违反规划的项目坚决查处。通过统一规划管理，明确了城乡各个区域的功能定位，有效整合了城乡资源，一方面使城市的基础设施延伸到农村、社会服务设施配套到农村；另一方面加速了农村人口市民化进程，推动城乡融合向纵深发展。

（二）政府是推动城乡融合的主体

城乡融合发展，政府责无旁贷。要制定和完善鼓励创新的政策制度，要建立和完善公共财政支持农村发展的长效机制，要加强对城乡融合发展的战略目标规划实施和资本运营管理。各地的实践表明，城乡融合发展，政府是行为主体。推动城乡融合发展是政府的重要职能，是政府在新时代促进经济社会和区域协调发展的主要任务。政府缺位或仅仅通过市场机制来配置资源，资本、土地、劳动力、技术等生产要素很难流向效率低的农村地区，很容易落入"市场陷阱"的困境。因此，城乡融合发展的本质是在遵循市场经济发展规律，确保效率优先的同时，充分发挥政府的主观能动性，强化政府行为主导作用，调节收入分配格局，调整城乡利益关系，改革城乡二元体制机制，全力推动融合发展。

（三）产业是城乡融合的物质基础

各地在推进城乡融合发展过程中，几乎都把产业作为发展的基础。只有产业发展，特别是二、三产业融合发展到一定程度，其增加值占到GDP相当比重，才具备城乡融合发展的经济实力。如果没有产业作为发展基础和重要支撑，城乡融合就是一句空话。因此，当前的重要任务不仅是要大力发展劳动密集型产业，还要鼓励资本密集型、技术密集型产业尽量多使用劳动力。要根据城乡产业发展规律和比较优势，增强城乡产业协调发展能力，把现代农业、现代工业和现代服务业有机结合，以产业链重组再造来深化城乡融合发展。

（四）改革是城乡融合的根本动力

从根本上说，推进城乡融合发展是对城乡区域利益格局的调整，是对原有城乡二元经济结构和体制障碍的破除，是一场深刻的社会经济制度的革命。各地实践表明，只有通过改革创新，才能深度推进城乡要素自由流动、平等交换和公共资源的均衡配置，才能深度推进新型工业化、信息化、城镇化、农业现代化同步发展，从而形成功能互促、城乡互补、全面融合、共同繁荣的新型工农城乡关系。城乡融合发展根本动力就在于全面深化改革，要把城市和乡村作为一个整体统筹谋划，特别是在规划布局、要素配置、产业发展、公共服务、生态保护、体制机制等方面持续深化改革，以更大的决心冲破思想观念的障碍，突破利益固化的藩篱，着力推动城乡之间的深度融合。

（五）缩小差距是城乡融合的目标

推进城乡融合发展，最终目的是要大幅度缩小城乡差距和工农差别，全面提高城乡居民特别是农村居民的生活质量，改善农民的生产生活条件，把城市的基础设施和基本公共服务向农村延伸，实现全覆盖。国内外推动城乡融合的具体实践表明，只有乡村和城市农业和工业的发展差距缩小了，农民的生活质量提高了，农民的切身利益得到了切实维护，城乡融合才会取得预期效果。

（六）以人为本是城乡融合的核心

推进城乡融合发展，就是要深入践行"以人民为中心"的发展理念。各国经验表明，特别是在农民市民化的过程中，要逐步清除原先对农民在就业、教育、卫生、医疗、社保等方面的各类歧视性政策，正确引导和促进城市资本更大规模地向农村投资创业，营造良好发展环境。更重要的是，要提高农民的文化教育程度，增强其稳定、持续的就业能力，促进农民在城市生产生活中获得平等的就业机会和广阔发展空间，进而实现从居住环境、工作方式、生活方式、社会保障等全方面的由乡到城的转变。要让农民及其子女住有所居、劳有所得、学有所教、病有所医，真正融入城市生产和生活中，平等共享改革发展成果。

七、山西推进城乡融合发展的思路与建议

当前，山西的乡村振兴战略已经全面展开，新型城镇化已经进入重要发展阶段。今后，全省将统筹推进乡村振兴和新型城镇化建设，坚决破除体制机制障碍，推动城乡要素自由流动、平等交换，加快构建工农互促、城乡互补、全面融合、共同繁荣的新型工农城乡关系。

（一）制定科学系统的城乡融合发展规划

按照城乡发展建设"一张图"的要求，从基础设施建设、产业发展布局、社会事业发展、生态环境保护等方面，科学编制城乡融合发展整体规划，更好发挥规划对经济社会发展的指导约束作用。按照"多规合一"的要求，推进土地利用规划、城乡规划等有机融合，实现在城乡建设用地规模、空间布局、建设时序等方面的全面衔接。进一步优化城乡发展空间布局，对城市和农村不同地区的功能和产业发展重点进行定位，使城乡之间在市场机制的引导下形成合理的产业分工，发展自身特色优势产业，形成产业分工协作，实现产业优势互补。

（二）选取推进城乡融合发展的合理路径

坚持现代特色农业和新型城镇化"两手抓"，统筹推进，协调发

展，着力构建现代农业产业体系、生产体系和经营体系。一是大力发展现代特色农业。要持续深化农业供给侧结构性改革，强化优势杂粮这一区域特色，重点打造小杂粮、水果、蔬菜、马铃薯、中药材、畜牧、农产品加工等优势特色产业，推进特色农产品优势区和产业园建设，做强"山西小米"公共品牌，全新打造"山西高粱""山西马铃薯""山西荞麦"三个省级区域公共品牌，努力擦亮山西"小杂粮王国"的金字招牌。积极发展有机旱作农业、功能农业，特别要注重农村一二三产业融合发展，推进休闲农业、城郊农业和农村电商，实现农业、林业、文化、旅游、康养互通互赢。二是深入推进新型城镇化建设。要以人的城镇化为核心，改革城乡体制，把城市和乡村纳入统一的经济社会发展大系统，完善农业转移人口市民化机制，适当放宽城市落户条件，推进符合条件的农业转移人口落户城镇。同时，针对山西丘陵面积大、自然条件差、农村人口居住分散、贫困人口多等实际情况，在城乡融合发展过程中，要以中心村镇为重点，实施整体搬迁或整合周边村庄，减少乡村数量，加快人口向中心村镇的集聚。同时，要强化农村基础设施提档升级。大力完善农村路水电气等基础设施，推进农村的道路硬化亮化、农村饮水安全工程、电力设施升级改造，加大农村清洁能源推广力度，推动城镇基础设施向农村的延伸，补齐乡村发展短板。

（三）打破制约城乡融合发展的土地瓶颈

土地问题是城乡融合发展难题之一。解决土地问题，既要考虑到保护耕地资源，又要兼顾城乡发展用地。在对耕地进行全面普查的基础上，根据土地质量和综合生产能力，对耕地资源实现分级保护，并从土地有偿使用费和土地出让收益中提取一定比例的资金，用于耕地保护。一是完善农村承包地"三权分置"。积极引导农村土地经营权向种田能手和新型经营主体有序流转，鼓励通过土地股份合作、土地托管、代耕代种等方式，加快发展多种形式的适度规模经营，让农民成为土地流转和规模经营的参与者和受益者。加强农村土地承包信息化管理，完善农村产权流转交易市场功能，建立健全交易规则和运行机制，依法依规开展土地经营权抵押融资。二是推进宅基地"三权分置"。探索宅基地所有权、资格权、使用权"三权分置"，落实宅基地集体所有权，保障宅基地农户资格权和农民房屋财产权，适度放活宅基地和农民房屋使用权。要加大闲置低效宅基地整治盘活利用改革力度，完善闲置凋敝宅基地退出、补偿、安置、收益分配等方面的配套政策。三是深化集体经营性建设用地入市改革。按照国家统一部署，进一步加大农村集体经营性建设用地入市改革的实践探索，争取通过更多的地块入市，不断检验和完善相关制度。尤其要在拓展土地出让方式和入市主体范围方面进行探索，着力推动招、拍、挂方式入市交易，着力推动土地股份合作社、土地专营公司、集体资产管理公司等作为入市主体进行尝试。

（四）引导资源要素向城乡融合领域流动

实施乡村振兴战略、推进城乡融合发展必须打破农村要素向城市单向流动模式，积极鼓励和引导城市资源要素向农村地域流动，促进农村城市协同发展。一是赋予各类返乡人员平等权利。完善现有政策，对农民工、大学生、退伍军人、离退人员等各类返乡人员给予村民待遇，从身份上予以确认，权利上予以保障。二是鼓励城市人才下乡创业。以乡情乡愁为纽带，落实和完善融资贷款、配套设施建筑补助、税费减免等优惠扶持政策，引导和支持党政干部、医生教师、专业技术人员等各类人才，通过投资兴业、包村包项目、行医办学、担任志愿者、提供法律服务等方式投身乡村建设。三是引导社会工商资本下乡。鼓励和引导社会工商资本下乡，为乡村输入技术、资金、理念、管理等各类现代要素，参与农产品加工营销、农业科技服务、乡村休闲旅游等产业，与农民建立契约型、股权型等利益联结机制。同时完善政策措施，设立必要的防火墙，避免出现跑马圈地、排挤农业、侵害农民的现象。四是强化各类要素支撑保障。各级政府要有意识地引导资金、人才、科技等要素向薄弱领域特别是农村流动，持续加大各级财政对农村特别是脱贫地区的投入力度，支持城乡融合发展及相关平台和载体建设。要积极整合各种支农资金，以农业农村发展规划为引领，根据优势农产品区域布局和资源优势，科学规划，因地制宜，以整合资金带动重大项目实施。在本省债务风险可控前提下发行政府债券，集中用于城乡融合发展的各类公益性项目。深化拓展农村"三基建设"，选优配强村"两委"班子和驻村帮扶工作队，向所有脱贫村、软弱涣散村和集体经济薄弱村选派第一书记，引导高校毕业生、机关企事业单位优秀党员干部到村任职，加大在农村优秀青年中发展党员的力度，打造懂农业、爱农村、爱农民的"三农"工作队伍。扎实推进基层农技推广体系改革创新试点县工作，在脱贫地区大力实施农技推广服务特聘计划的基础上，实现全省覆盖。积极实施基层农技推广补助项目，抓好农业科技试验示范基地建设和农业科技示范主体培育。

（五）推进城乡社会公共服务均等化进程

健全城乡融合的社会公共服务体系，促进公共教育、医疗卫生、社会保障等资源向农村倾斜，实现城乡深度融合。一是促进城乡教育均衡化发展。建立统筹规划、统一选拔的乡村教师补充机制，为乡村学校输送优秀高校毕业生。完善城乡统一的中小学教职工编制标准和动态管理机制。加快脱贫地区教育信息化进程，加强课程教学资源整合，推进信息技术与教育教学的融合应用，扩大脱贫地区优质数字教育资源覆盖面。二是健全乡村医疗卫生服务体系。改善乡镇卫生院和村卫生室条件，并继续立项对脱贫地区村卫生室标准化建设予以支持。加强乡村医疗卫生人才队伍建设，提高乡村医生待遇，对脱贫地区村医给予岗位补助。鼓励城市大医院与县医院建立对口帮扶、巡回医疗和远程医疗机制。三是完善城乡统一的社会保险制度。完善统一的城乡居民基本医疗保险、大病保险和基本养老保险制度，完善城乡居民基本养老保险待遇确定和基础养老金正常调整机制，完善农村养老、社会救助等保障体系建设。

分报告十
山西促进农民农村
共同富裕政策研究

　　治国之道，富民为始。共同富裕是社会主义的本质要求，是中国式现代化的重要特征。习近平总书记指出，实现共同富裕不仅是经济问题，而且是关系党的执政基础的重大政治问题。要统筹考虑需要和可能，按照经济社会发展规律循序渐进，自觉主动解决地区差距、城乡差距、收入差距等问题，不断增强人民群众获得感、幸福感、安全感。党的十八大以来，中国特色社会主义进入新时代，党中央统筹把握中华民族伟大复兴战略全局和世界百年未有之大变局，将逐步实现共同富裕摆在更加重要的位置，采取有力措施保障和改善民生，打赢脱贫攻坚战，全面建成小康社会，为促进共同富裕创造了良好条件。

　　农业农村农民问题是关系国计民生的根本性问题，促进农民农村共同富裕是实现全体人民共同富裕的题中应有之义。进入中国特色社会主义新时代以来，我们坚定不移地实施乡村振兴战略，全面打赢脱贫攻坚战，着力补齐全面小康"三农"领域短板，农村面貌显著改善、农民福祉大幅增加。近年来，山西坚持以习近平新时代中国特色社会主义思想为指导，深入学习贯彻习近平总书记关于共同富裕和"三农"工作的重要论述，认真贯彻落实习近平总书记对山西工作的重要讲话重要指示精神，坚持以深化农业供给侧结构性改革为主线，坚持农业农村优先发展，持续完善农业农村政策、改革创新体制机制，不断破解农业发展难题、补齐农村发展短板，千方百计提高农民收入水平，为实现高质量发展提供有力支撑。

一、习近平总书记关于共同富裕的重要论述

　　党的十八大以来，习近平总书记在多个重要场合就扎实推动共同富裕作出一系列重要论述，对共同富裕理论作出新阐释，对共同富裕

战略作出新部署。

2012年11月17日，习近平总书记在十八届中央政治局第一次集体学习时指出，共同富裕是中国特色社会主义的根本原则，所以必须使发展成果更多更公平惠及全体人民，朝着共同富裕方向稳步前进。2012年12月29日至30日，习近平总书记在河北省阜平县考察扶贫开发工作时指出，消除贫困、改善民生、实现共同富裕，是社会主义的本质要求。2015年10月29日，习近平总书记在党的十八届五中全会第二次全体会议上指出，我们必须坚持发展为了人民、发展依靠人民、发展成果由人民共享，作出更有效的制度安排，使全体人民朝着共同富裕方向稳步前进，绝不能出现"富者累巨万，而贫者食糟糠"的现象。2017年10月25日，习近平总书记在同中外记者见面时指出，全面建成小康社会，一个也不能少；共同富裕道路上，一个也不能掉队。2019年4月15日，习近平总书记在重庆考察时指出，发展才是社会主义，发展必须致力于共同富裕。2020年10月29日，习近平总书记在党的十九届五中全会第二次全体会议上指出，中国式现代化是全体人民共同富裕的现代化。共同富裕是中国特色社会主义的本质要求，中国式现代化坚持以人民为中心的发展思想，自觉主动解决地区差距、城乡差距、收入分配差距，促进社会公平正义，逐步实现全体人民共同富裕，坚决防止两极分化。2021年1月11日，习近平总书记在省部级主要领导干部学习贯彻党的十九届五中全会精神专题研讨班上指出，实现共同富裕不仅是经济问题，而且是关系党的执政基础的重大政治问题。我们决不能允许贫富差距越来越大、穷者愈穷富者愈富，决不能在富的人和穷的人之间出现一道不可逾越的鸿沟。2021年1月28日，习近平总书记在十九届中央政治局第二十七次集体学习时指出，共同富裕本身就是社会主义现代化的一个重要目标。我们不能等实现了现代化再来解决共同富裕问题，而是要始终把满足人民对美好生活的新期待作为发展的出发点和落脚点，在实现现代化过程中不断地、逐步地解决好这个问题。促进全体人民共同富裕是一项长期任务，也是一项现实任务，急不得，也等不得，必须摆在更加重要的位置，脚踏实地，久久为功，向着这个目标作出更加积极有为的努力。2021年8月17日，习近平总书记在中央财经委员会第十次会议上指出，共同富裕是社会主义的本质要求，是中国式现代化的重要特征。我们说的共同富裕是全体人民共同富裕，是人民群众物质生活和精神生活都富裕，不是少数人的富裕，也不是整齐划一的平均主义。像全面建成小康社会一样，全体人民共同富裕是一个总体概念，是对全社会而言的，不要分成城市一块、农村一块，或者东部、中部、西部地区各一块，各提各的指标，要从全局上来看。2021年12月8日，习近平总书记在中央经济工作会议上指出，在我国社会主义制度下，既要不断解放和发展社会生产力，不断创造和积累社会财富，又要防止两极分化，切实推动人的全面发展、全体人民共同富裕取得更加明显的实质性进展。共同富裕是中国特色社会主义的本质要求，共同富裕路子应当怎么走，我们正在进行探索。实现共同富裕的目标，首先是要通过全国人民共同奋斗把"蛋糕"做大做好，然后通过合理的制度安排把"蛋糕"切好分好。这是一个长期的历史过程，我们要创造条件、完善制度，稳步朝着这个目标迈进。

习近平总书记关于共同富裕的重要论述，高屋建瓴、思想深刻，闪耀马克思主义的真理光芒，从全局和战略高度回答了一系列重大理论和实践问题，是新时代推进共同富裕的总纲领，为我们指明了前进方向，提供了根本遵循。

共同富裕的内涵

党的十九届五中全会对扎实推动共同富裕作出重大战略部署。实现共同富裕不仅是经济问题，而且是关系党的执政基础的重大政治问题。共同富裕具有鲜明的时代特征和中国特色，是全体人民通过辛勤劳动和相互帮助，普遍达到生活富裕富足、精神自信自强、环境宜居宜业、社会和谐和睦、公共服务普及普惠，实现人的全面发展和社会全面进步，共享改革发展成果和幸福美好生活。随着我国开启全面建设社会主义现代化国家新征程，必须把促进全体人民共同富裕摆在更加重要的位置，向着这个目标更加积极有为地进行努力，让人民群众真真切切感受到共同富裕看得见、摸得着、真实可感。

资料来源：摘编自《中共中央 国务院关于支持浙江高质量发展建设共同富裕示范区的意见》

二、全面建成小康社会给山西农民农村带来巨大变化

党的十八大以来，山西坚持农业农村优先发展总方针，以实施乡村振兴战略为总抓手，以深化农业供给侧结构性改革为主线，聚力补

齐全面"三农"短板，扎实推进农民农村共同富裕，不断增强广大农民群众的获得感和幸福感。

一是"米袋子""菜篮子"丰足充盈。严格落实粮食生产省长负责制、"菜篮子"市长负责制，粮食综合生产能力稳步提升，全省粮食面积稳定在4700万亩，2020年粮食产量达到1424万吨，平均亩产303.4公斤，均创历史新高。"菜篮子"产品稳定增长，2020年全省肉蛋奶产量分别达到101.7万吨、108.8万吨和117万吨，与2012年相比，年均分别增长3.5%、4.8%和4.7%；水果产量858万吨，为历史最高年份；蔬菜产量多数年份稳定在800万吨以上，基本满足城乡居民生活需求。农产品质量安全水平明显提升。

二是供给侧结构性改革深入推进。以三大省级战略、五大平台、十大产业集群为引擎，推动"特""优"农业不断发展。晋中国家农高区累计转化农业科技成果1200余项，雁门关农牧交错带畜牧业增加值占一产增加值的比重达到38%，"南果中粮北肉东药材西干果"五大平台的169个实体工程项目有序落地和推进。2020年全省农产品加工业销售收入完成2186亿元，与2012年相比，年均增长13%。设立12个现代农业产业示范区，创建6个国家级、60个省级现代农业产业园。山西小米、山西陈醋等一批农产品品牌叫响全国。有机旱作农业扎实推进，实施八项工程，实现了县县有示范、区域有标准、片区有品牌，初步形成技术体系。

三是农村人居环境持续改善。学习借鉴浙江"千万工程"经验，实施以拆违治乱、垃圾治理、污水治理、厕所革命、卫生乡村"五大专项"为主要内容的农村人居环境整治三年行动。到2020年底，全省农村生活垃圾收运处置体系覆盖行政村比例达到95.3%；农村生活污水实现有效治理的村2225个；2013年以来累计改造农村户厕162万户，农村卫生厕所普及率达到63%。持续开展村庄清洁行动，村容村貌发生明显变化，基本实现干净整洁有序。全省创建1005个具有晋风晋韵特色的美丽宜居示范村。

四是改革红利惠及广大农民。落实承包地"三权分置"，高标准完成承包地确权登记颁证工作，全省511.4万农户领到承包经营权证书，让农民吃上了长效"定心丸"。基本完成农村集体产权制度改革，集体经济组织成员累计实现股金分红8.35亿元，集体经济年收入超过5万元的行政村占到90%以上。政策惠农、金融支农、保险助农逐步拓展，农业支持保护体系不断建立完善。

五是农民技能素质持续提升。深入推进"人人持证，技能社会"建设，制定20个高素质农民生产技能评价地方标准，完善23个高素质农民技能评价规范。2014年以来，累计培育新型农业经营主体带头人等各类高素质农民54万人次，10.2万人取得高素质农民技能证书。

三、山西农民收入水平的现状及主要特点

收入水平是衡量共同富裕的重要指标。习近平总书记指出，增加农民收入是"三农"工作的中心任务。近年来，山西出台了一系列支农惠农富农的新政策，促进了农民收入的持续快速增长，推动了农村经济的稳步健康发展，为推进农民农村共同富裕奠定了坚实基础。

（一）从绝对数额看，农民人均可支配收入持续增长，但与中部以及全国平均水平相比，差距呈现出逐年扩大的趋势

2021年上半年，山西农村居民收入延续了恢复性增长态势，农民人均可支配收入达到6690元，比上年同期增加893元，增长15.4%。与

全国水平相比，山西的农民人均可支配收入与全国水平相差2558元，但增幅高于全国水平0.8个百分点。

图1　2017—2020年农民人均可支配收入对比图　（单位：元）

数据来源：历年《中国统计年鉴》和《山西统计年鉴》

　　2017年至2020年间，山西农民人均可支配收入依次为10787.5元、11750元、12902.4元和13878元，分别比上年增加了705.1元、962.5元、1152.4元和975.6元，增幅分别为7%、8.9%、9.8%和7.6%，总体上呈现出稳步上升的态势。

　　但是，与同期中部地区和全国平均水平相比仍有不小的差距。从绝对数额上看，2017年至2020年间，与中部相比，绝对数额分别相差2018.3元、2204.1元、2388.1元和2335.2元，收入差距在逐步拉大；与全国水平相比，绝对数额相差更大。从相对位次上看，在中部地区内，山西一直位于末位；在全国的排位由2017年的第24位后移至2020年的第26位。

表1　2017—2020年农民人均可支配收入对比表

单位：元，位

	2017	2018	2019	2020
山西	10787.5	11750	12902.4	13878
安徽	12758.2	13996	15416	16620.2
江西	13241.8	14459.9	15796.3	16980.8
河南	12719.2	13830.7	15163.7	16107.9
湖北	13812.1	14977.8	16390.9	16305.9
湖南	12935.8	14092.6	15394.8	16584.6
中部地区	12805.8	13954.1	15290.5	16213.2
全国	13432.4	14617	16020.7	17131.5
山西在中部地区的排名	6	6	6	6
山西在全国的排名	24	24	25	26

数据来源：历年《中国统计年鉴》和《山西统计年鉴》

（二）从收入构成看，工资性和转移净收入占比上升，家庭经营和财产净收入占比下降，随着农村改革的深入推进，财产净收入将会大幅增加

从2020年山西农民可支配收入构成看，总体呈现出工资性收入平稳增长、经营净收入较快增长、财产净收入小幅下降、转移净收入快速增长的特征。

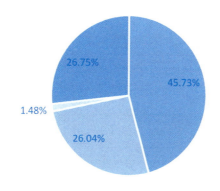

■ *工资性收入* ■ *经营净收入* ■ *财产净收入* ■ *转移净收入*

图2　2020年山西农民可支配收入构成图

数据来源：《山西统计年鉴》2020

　　工资性收入是农民收入的最主要来源，达到6347元，比上年同期增加248.9元，增长4.1%，占可支配收入比重为45.73%，对可支配收入增长的贡献率为25.5%，拉动可支配收入增长1.9个百分点；经营净收入为3614元，比上年同期增加218元，增长6.4%，占可支配收入比重为26.04%，对可支配收入增长的贡献率为22.4%，拉动可支配收入增长1.7个百分点；财产净收入为205元，比上年减少5.3元，下降2.6%，占可支配收入比重为1.48%，对可支配收入增长的贡献率为 0.5%；转移净收入快速增长，达到3712元，比上年增加514元，增长16.1%，占可支配收入比重为26.75%，对可支配收入增长的贡献率为52.6%，拉动可支配收入增长4个百分点。

表2　2017—2020年山西农民人均收入构成

单位：元，%

	农民可支配收入	工资性收入		经营净收入		财产净收入		转移净收入	
		绝对额	比例	绝对额	比例	绝对额	比例	绝对额	比例
2017	10787.5	5462.4	50.64	2824	26.18	163.9	1.51	2337.2	21.67
2018	11750	5735.8	48.82	3075.2	26.17	192.9	1.64	2746.1	23.37
2019	12902.4	6098.1	47.26	3396.0	26.32	210.3	1.63	3197.9	24.79
2020	13878	6347	45.73	3614	26.04	205	1.48	3712	26.75

数据来源：历年《山西统计年鉴》

　　2017年至2020年间，山西农民的工资性收入由5462.4元增加到6347元，增加884.6元，增幅为16.19%，但所占农民可支配收入的比例却持续下降，由50.64%下降为45.73%。经营净收入的数额有所增长，所占农民可支配收入的比例基本稳定在26%左右。财产净收入的数额呈现出先增后减的态势，所占农民可支配收入的比例逐年递减。转移净收入的数额不断增加，所占农民可支配收入的比例逐年提升。

　　转移净收入的数额持续增长，在收入构成中的比例持续上升，这主要得益于近年来实施的稳投资、促就业、保民生的发展策略；家庭经营净收入所占比例有所下降，随着一二三产融合以及新型城镇化的推进，此类收入占比还会下降；财产净收入的绝对额较低，但随着农村承包地"三权分置"改革、农村"三块地"改革和农村集体产权制度改革的有序开展，此类收入将会有显著提高，所占份额也会大幅提升。

（三）从内部收入看，不同组别的农民人均可支配收入存在明显差距，与全国平均水平的差距有所增大

2020年，山西农民人均可支配收入从五等份分组来看，20%的低收入户人均收入为5494.21元，与中等收入户相差7296元，仅占到高收入户人均收入的20.46%。高收入组与低收入组的人均收入比为4.89∶1。与2017年对比，各组的收入水平均有了较大幅度的增长。但是与国家同类型指标对比，除低收入组收入水平略高于全国水平外，从中低收入组到高收入组的收入与全国平均水平仍有较大差距。

表3　2017—2020年山西农民人均可支配收入五等份分组对比

单位：元

	低收入户（20%）	中低收入户（20%）	中等收入户（20%）	中高收入户（20%）	高收入户（20%）
2017	3873.43	7464.63	9982.92	12896.64	21735.73
2018	4383.36	8190.61	10844.56	14019.04	23617.95
2019	4985.62	9167.61	11894.58	15298.83	25396.85
2020	5494.21	10038.61	12790.21	16376.35	26850.03

数据来源：历年《山西统计年鉴》

图3　2020年农民人均可支配收入五等份分组对比图　（单位：元）

数据来源：《中国统计年鉴》2020和《山西统计年鉴》2020

（四）从城乡收入看，农民收入增速高于城镇居民收入增速，城乡收入差距在逐步缩小

2016年至2020年间，山西农民人均可支配收入由10082.5元增长到13878元，增加了3795.5元，平均增幅为8%；城镇居民可支配收入由27352.3元增长到34792.7元，增加了7440.4元，平均增幅为6.1%，低于农民收入增幅1.9个百分点。五年间，全省的城乡收入比也从2.71∶1逐步下降到2.51∶1，城乡收入差距得到进一步缩小。

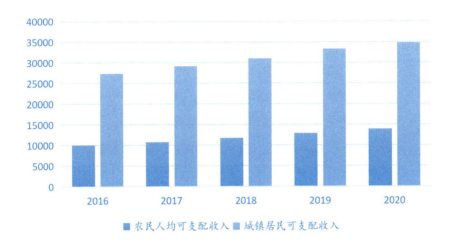

图4　2016—2020年山西城乡居民收入对比图　（单位：元）

数据来源：历年《山西统计年鉴》

（五）从区域发展看，贫困地区和贫困人口增收效果较为显著

山西实施精准扶贫、集中攻坚，脱贫攻坚战取得全面胜利。全省贫困地区农村居民人均可支配收入从2013年的4875元增长到2020年的10352元，年均增长11.4%；建档立卡贫困人口人均纯收入从2013年的2166元增长到2020年的9729元，年均增长23.9%。58个贫困县全部摘帽，7993个贫困村全部出列，现行标准下329万贫困人口全部脱贫，历史性解决了绝对贫困和区域性整体贫困问题。

四、山西促进农民农村共同富裕面临的困难问题

近年来，山西农民生活质量得到全方位、大幅度提升，农民人均可支配收入呈现稳步增长的态势，但与全国平均水平相比，仍然面临

不少问题困难，制约农民农村共同富裕的因素依然存在，农民收入水平相对较低和农村面貌相对落后的基本格局尚未得到根本性改变。

（一）基础设施相对薄弱，农机应用水平不高

山西在农业基础设施方面的投入逐年增加，农业基础设施建设逐渐改善，但是建设水平仍然未能适应农业高质量发展的迫切需求。农业水利灌溉设施覆盖率较低，2019年末山西有效灌溉面积1519.34千公顷，约占耕地总面积的37.45%，低于全国平均水平13.45个百分点，农作物种植仍以旱地耕作为主。农业机械化程度不高，2019年山西实际机耕面积2630千公顷，占耕地总面积的64.83%；当年机械播种面积2583千公顷，占总播种面积的73.3%；当年机械收获面积1911千公顷，占总收获面积的54.2%。

（二）农业生产规模偏小，产品加工发展滞后

农业生产仍以小农经营为主，规模偏小、整体素质偏低，农产品加工转化率不高，难以有效适应大市场竞争要求。农业产业链条短，农产品主要以初级加工为主，精加工企业较少，缺乏大型龙头加工企业。山西是著名的"小杂粮王国"，但是仅有大约15%的杂粮经过以分拣、包装为主的初级加工阶段，其余都是以原粮的形式进入市场；果品商品化处理能力仅占总产量的5%，产后加工环节发展严重滞后。

（三）农业科技信息不畅，农技推广服务不足

目前，制约山西农民增收的一个突出问题是农业生产信息相对闭塞，农业科技服务缺失。特别是一些偏远山区，农民缺乏种植、养殖的新技术以及相关配套服务，很少接受农业新技术培训，很少有机会得到农业专家的现场指导。每年的种植计划、购买种子、播撒农药和化肥完全靠经验或模仿他人，缺乏实用信息和技术的支持。

（四）农民文化素质偏低，务工就业渠道收窄

农民的文化素质直接影响着家庭经营和外出就业，很大程度上决定了自身的收入水平。通常而言，农民的文化素质与收入水平呈现明显正相关。文化素质高的农民，接受先进技术快，经营管理能力强，选择就业范围广，增加收入的机会多。第三次农业普查显示，初中文化程度的农业生产经营人员最多，占农业生产经营人员的比重为58.6%；高中或中专文化程度的比重为9.5%；大专及以上文化程度的比重为1.2%；未上过学和小学文化程度的比重为30.7%。由此可以看出，绝大多数农村劳动力只有初中文化水平，并且以传统的家庭经营和从事服务业为主，由于缺乏适应高层次技术和管理的能力，即使进入非农产业就业，也只能从事较为低端的工种，无法获得较高的劳动报酬。

（五）城镇化未达平均线，城乡融合有待深化

山西的城镇常住人口由2016年的2012.92万人增加到2020年的2182.78万人，常住人口城镇化率由2016年的57.28%增至2020年的62.53%，但仍然分别低于全国平均水平1.56个百分点和1.36个百分点。城镇化发展滞后，直接减少了农村剩余劳动力就近从事非农产业的机会，只能外出创业增收，增加了就业成本，减少了家庭经营性收入。

五、国内促进农民农村共同富裕的先进经验

促进农民农村共同富裕事关农民生活福祉、事关农村和谐稳定、事关发展全局。近年来，国内农业先进地区和农业发达省份，紧紧扭住"提高农民收入水平"这一关键，通过推进农业供给侧结构性改革、发展特色产业、强化金融保险支持等方式方法促进农民增收，积累了有益经验，值得借鉴。

福建：发展农产品加工业，支持农业龙头企业。坚持以市场需求为导向，以农业产业化经营为依托，着力优化农产品加工业结构，促进农产品加工业向低能耗、技术密集型、高附加值转化。大力发展农产品初加工，推进农产品产后商品化处理。实施农产品初加工补助政策，扶持烘干设施、冷链物流体系等建设，改善特色农产品贮藏、保鲜、烘干、包装等设施装备条件。发挥农业产业化龙头企业的示范带动作用，支持农产品精深加工技术及装备改造升级，重点发展罐头饮料制造、粮油加工、肉制品加工、水产加工、蔬菜水果加工、饲料加工等行业。

重庆：推动农业科技创新，促进农业安全生产。深入推进农业科技创新，持续加强农业新品种繁育，强化新技术研发、集成和推广。加快农机化发展，大力推行以农机为重点的全程社会化服务，推广代耕代种、土地托管等模式，降低耕地作业成本。加强农业有害生物和重大动物疫病综合防控，完善防汛抗旱，农村防火，疫情防控，气象、地震及地质灾害等重大事件应急预案体系。

江苏：拓展农民就业渠道，扶持生活困难群体。引导和支持劳动密集型产业转移，推进农村劳动力就地就近转移就业。充分发挥小微企业吸纳就业的主渠道作用，着力发展家政、养老、护理等生活性服务业，大力发展特许经营、金融租赁、电子商务、现代物流、旅游休闲、健康养老等现代服务业，扩大农民就业机会。将就业困难人员认定范围扩大到低收入农户、农村低保家庭和"零转移"家庭劳动力，实施"一对一"就业援助，按规定给予岗位或社会补贴，采取政府购岗托底安置和企业吸纳相结合的方式，帮扶其实现就业。

安徽：丰富金融助农方式，提升金融惠农水平。创新村镇银行设立模式，强化农村商业银行支农作用，规范发展农村资金互助组织，稳妥开展农民合作社内部信用合作试点。鼓励金融机构利用互联网技术，为农业经营主体提供小额存贷款、支付结算和保险等金融服务。支持金融机构开展订单、仓单、保单和应收账款质押融资业务。开展信用户、信用村、信用乡镇创建和金融生态环境评价活动。开展农村承包土地经营权和农民住房财产权抵押贷款试点，为大型农机具、农业生产设施抵押贷款。完善农村各类资源资产权属认定，推动部门确权信息与银行业金融机构联网共享。综合运用财政税收、货币信贷、金融监管等政策措施，推动金融资源向"三农"倾斜，确保农业信贷规模持续增加、贷款比重不降低。

江西：统筹城乡公共服务，推动新型城镇化建设。落实户籍制度改革政策，全面实施居住证制度，放宽农业转移人口落户条件。以县级行政区为基础，以建制镇为支点，深入推进农村产业融合发展试点示范工程，引导农村二、三产业向县城、重点乡镇及产业园区等集中，发挥产业集聚优势。积极探索农村新型社区和产业园区同建等模式，统筹城乡基础设施布局，大力推进公共交通、供水、垃圾处理、消防等基础设施向农村延伸。完善城乡土地利用机制，全面推行城镇建设用地增加与农村建设用地减少相挂钩的政策，持续推进工矿废弃土地复垦与利用。

· 专 栏 ·

浙江扎实推动农民农村共同富裕

大力推进农业转移人口市民化集成改革。以农业转移人口为重点，以公平为基石，开展户籍、农村土地、公共服务、收入分配等体制机制综合集成改革。持续深化户籍制度改革，推动杭州调整完善以居住和社保缴纳年限为主要指标体系的积分落户政策，全面落实杭州市区以外城市租赁房屋落户政策。深化新型居住证制度，推进基本公共服务向常住人口全覆盖，完善积分入学政策，逐步实现农民工随迁子女入学待遇同城化，探索积分入住保障房制度。深化"三权到人（户）、权随人（户）走"改革，探索试行以经常居住地登记户口制度，全面推行农村集体经济组织成员登记备案制度。坚持稳慎原则，探索推进进城落户农民依法自愿有偿退出土地承包权、宅基地使用权、集体收益分配权。全面推行人地钱挂钩、以人定地、钱随人走制度，优化城乡建设用地增减挂钩分类管理政策，完善财政转移支付和新增城镇建设用地规模与农业转移人口市民化挂钩政策，适时推进山区县乡镇撤扩并工作。

率先探索以土地为重点的乡村集成改革。率先探索农民权益价值实现机制，建立健全农民利益联结机制，完善承包地"三权分置"制度，系统探索宅基地"三权分置"有效实现形式。深入实施国家农村宅基地制度改革试点，积极稳妥探索农房财产权更丰富的权能实现形式。鼓励农村集体经济组织及其成员通过自营、出租、入股、合作等方式，盘活农村闲置宅基地和闲置农房，发展乡村产业。推进农村集体经营性建设用地入市，建立健全集体经营性建设用地入市增值收益分配机制，探索村集体在农民自愿前提下依法合规地把有偿收回的闲置宅基地、废弃的集体公益性建设用地转变为集体经营性建设用地入市。构建新型"农业经营主体+'三位一体'"合作经济组织的现代农业经营体系，建立小农户与现代农业有效衔接机制。实施农民持股计划，探索农村集体资产股权流转、抵押等实现形式，建立全省一体化的农村产权交易体系、推动长三角互联互通。

大力实施强村惠民行动。统筹推进高效生态农业、现代乡村产业、村级集体经济等协同发展，梯次创建农业现代化示范区，健全农业价值拓展实现机制。实施稳粮保供综合能力提升工程，推动优质粮食工程建设，加快打造现代种业强省，加强农业科技创新，大力发展智慧农业，实施适用农机具研发推广行动，全面推进"肥药两制"和现代农资经营服务体系建设，做大做强农业龙头企业，加快渔业、畜牧业转型升级，农业劳动生产率提高到5.5万元/人。推进"农业+"行动，发展农产品精深加工，打造一二三产融合的农业全产业链，丰富乡村经济业态，推进乡村产业"一县一平台"建设。健全"两进两回"长效机制，实施新乡贤带富工程，培养一批乡土人才。统筹整合涉农资金，推进农业农村投资集成示范改革试点。健全涉农金融机构和涉农金融产品体系，推广实施"整村授信"模式。健全村级集体经济收入增长长效机制，实施村级集体经济巩固提升三年行动计划，组建强村公司，完善"飞地"抱团机制，投入集体经济发展项目的财政资金所形成的资产产权按相应比例划归村集体所有，实现集体经济年收入20万元以上且经营性收入10万元以上的行政村全覆盖，年经营性收入50万元以上的行政村占比达到50%以上。强化村集体经济富民惠民功能，积极发挥支持带动低收入农户增收和推动养老、救助等公共服务普及普惠的作用。

创新实施先富带后富"三同步"行动。紧盯缩小地区、城乡、收入差距，制定实施"三同步"行动方案，系统化建立先富带后富的帮促政策制度，集成建设省域帮促数字化系统，建设新型帮共体。实施绿色发展重点县同步基本实现现代化行动，对国家级重点生态功能区范围内的11个县（市），推行"GEP论英雄"改革，实现生态质量、绿色发展、幸福宜居全国领先，与全省居民收入倍差缩小到1.5左右。实施乡村振兴重点帮促村同步基本实现现代化行动，建立县村户一体帮促机制，派强用好第一书记、农村工作指导员和驻村工作组，省市县联动每年向全省乡镇派遣各类科技特派员1万人，开展千个单位扶千村、千个企业结千村、千个侨团（企）帮千村帮扶行动，健全社会资本、公益组织开放式共同帮促的激励机制。以全面推进全域党建联盟为牵引，推广"大下姜"乡村联合体共富模式，推进乡村片区化、组团式发展，探索党建统领先富带后富实现共同富裕的机制和路径。实施低收入群体同步基本实现现代化行动，开发覆盖城乡、多跨协同、政策集成的低收入群体持续增收数字化重大应用场景，建立标准化清单化帮促制度，建立分类改善城乡低收入群体生活的精准政策体系。对有劳动能力的，强化开发式帮促，提高自我发展能力；对劳动增收能力较弱的，强化"帮扶+保障"，探索建立低收入人群个人发展账户，逐步改善生活；对丧失劳动能力的，强化兜底保障，提高生活幸福感。

资料来源：摘编自《浙江高质量发展建设共同富裕示范区实施方案（2021—2025年）》

六、山西促进农民农村共同富裕的有利形势

共同富裕作为社会主义的本质要求，昭示了人类文明新形态的价值追求，彰显了中国式现代化的显著特征。对于高质量发展中的山西而言，推动农民农村共同富裕有着自身的战略机遇和发展优势。

从国际环境看，当今世界正处于百年未有之大变局，世界经济格局发生变动，全球供应链重新构建，产业分工持续深化，对国家和山西的乡村产业链带来重大影响。随着新科技革命的深入推进，尤其是以5G、人工智能、云计算、区块链等为代表的数据信息技术日益完善，与农业生产、农村生活的融合程度不断加深，智慧农业、数字农业等新兴业态不断创新，给农业农村发展带来新机遇和新空间，为实现农民农村共同富裕提供了有力支撑。

从国内形势看，"十四五"时期是我国全面开启现代化强国建设新征程的起步期，加快构建以国内大循环为主体、国内国际双循环相互促进的新发展格局成为经济发展的主线。农业是朝阳产业，是发展潜力巨大的基础产业。我国的农业发展已由高速度增长向高质量发展转化，伴随着工业化、城镇化、信息化的深度推进，农业现代化的步伐持续加快，提高农民生活质量、推进农民农村共同富裕成为当务之急。

从省内情况看，山西正处于大有可为的重要战略机遇期，良好的政策基础和社会氛围为农业农村经济发展提供了有力支撑。近年来，省委、省政府把"三农"工作摆上更加重要的战略位置，把实施乡村振兴战略作为重中之重，连续推出强农惠农富农政策，为农业农村经济持续发展提供了坚实保障。国家批复设立山西资源型经济转型综改试验区和推动中部地区崛起、黄河流域生态保护和高质量发展、晋中国家农高区（山西农谷）等重大政策为全省农业高质量转型发展提供了历史机遇，为实现农民农村共同富裕创造了良好的政策环境。

七、山西促进农民农村共同富裕的政策建议

促进农民农村共同富裕，说一千、道一万，千方百计增加农民收

入是根本所在。习近平总书记指出，要加快构建促进农民持续较快增收的长效政策机制，让广大农民都尽快富裕起来。未来一个时期，山西要深入学习贯彻习近平总书记关于共同富裕和"三农"工作的重要论述，发展特色优质农业、推进农业农村融合、扩大农民就业岗位、增加转移支付力度，多措并举提高农民收入水平，加快推动农民农村实现共同富裕。

（一）发展高质量农业，推进三产融合，挖掘经营性收入增长潜力

当前，农业农村发展已进入新的历史阶段，农业的主要矛盾由总量不足转变为结构性矛盾，突出表现为结构性供过于求和供给不足并存。山西要坚持以农业供给侧结构性改革为主线，走质量兴农之路，不断提高农业创新力、竞争力和全要素生产率，扎实推动农业绿色化、优质化、特色化、品牌化，促进农业由增产导向转向提质导向，切实提高农业发展效益和产业竞争力，深入挖掘农民经营性收入的增长潜力。

一是激发农业内部增长动力。山西要立足区域实际，把深化农业供给侧结构性改革作为实现农业高质量发展、推进乡村振兴的重要抓手。落实"藏粮于地、藏粮于技"战略要求，守住耕地红线，落实耕地地力保护、农机购置、农业保险等各项补贴政策，坚决遏制"非农化"，防止"非粮化"，稳定粮食播种面积，抓好粮食、生猪等重要农产品供应，持续推进奶业大省建设。以三大省级战略、五大平台、十大产业集群为引擎，推动山西"特""优"农业发展。深化山西农谷、雁门关农牧交错带示范区、运城农产品出口平台建设三大省级战略和"南果中粮北肉"出口平台、"东药材西干果"商贸平台等五大平台建设；持续壮大农产品精深加工十大产业集群；加快黄花、药茶

产业提质升级，打造食用菌全产业链；建设杂粮、中药材、干鲜果、设施蔬菜、马铃薯、花卉、淡水鱼等特优种养基地；大力发展有机旱作农业。立足各地实际，优化产业布局，实现差异化发展，着力打造转型发展的支柱产业、富民产业。推进农业绿色发展是农业高质量发展的主攻方向，要以"绿水青山就是金山银山"理念为引领，加快转变思想观念与发展方式。扎实推进农业用水总量控制，化肥、农药使用量逐步减少，畜禽粪便、秸秆、农膜基本资源化利用的"一控两减三基本"目标的实现。继续实施有机肥替代化肥试点，创建一批病虫害绿色防控示范县；继续实施农膜回收及利用试点项目；持续推进畜禽粪污资源化利用及规模养殖场设施配套建设。积极促进农业资源合理利用和生态保护，在主要水库湖泊发展生态养殖，促进水生态修复，组织开展增殖放流活动，保护黄河及湖库水域生物多样性。促进农业资源节约高效利用，实现用地与养地有机结合，强化农业灌溉用水总量控制与用水方式管理，提升农业生物资源保护与利用水平，加快建设资源节约型农业。

二是强化经营服务体系建设。坚持以农户家庭经营为基础，以合作与联合为纽带，以社会化服务为支撑的立体式复合型现代农业经营服务体系。要培育一批机制灵活的龙头企业、家庭农场、农村合作社、产销大户等新型经营主体，支持适度规模经营，发挥好辐射带动农户的作用。对多元化的农业经营主体进行分类指导和典型示范，因地制宜地发展一批符合当地特点的经营主体。采取先建后补、以奖代补等方式，重点支持家庭农场、农民（农机）合作社、农业企业三类经营主体。鼓励农业产业化龙头企业牵头组建农业产业化联合体。继续执行扶持农业产业化龙头企业发展有关政策，支持龙头企业创新发展，落实龙头企业技改政策，开展科技成果转移转化、技术改造升级。深化供销合作社综合改革。充分发挥各类新型经营主体优势特点，创新经营组织形式，促进各类主体融合发展，提高经营主体的生产效率。可以通过土地入股、资金入股、资产入股和技术入股等方式，创新经营主体的联合形式；通过"园区农业"、专业合作社和社会化服务超市等方式，创新农业生产和服务组织形式；通过"农超对接"、农业品牌建设和质量认证等方式，创新农产品的销售组织形式，最终提升各类经营主体的市场竞争力。激励返乡人员创业创新，鼓励和支持农民工、中高等院校毕业生、退役士兵和科技人员等返乡下乡人员到农村创业创新，引导返乡下乡人员创办或领办农业企业、农民合作社、家庭农场、农业生产托管服务组织等，开展农业适度规模经营。对返乡留乡人员开展创业创新培训和指导。对返乡留乡农民工利用撂荒地发展粮食规模经营和特色种养的，优先给予一次性创业补贴和创业担保贷款支持。要加强对家庭农场主、新型经营主体带头人、职业经理人以及小农户的精准培训，变过去单纯的生产技能培训为"生产+管理+营销+政策"的综合性培训，着力提升生产能力、管理能力、融资能力、资本运作能力、产品营销能力以及政策应用能力。要积极拓展农产品流通渠道，强化信息进村入户，推广连锁经营、物流配送、电子商务等现代流通模式，支持发展农村电商。

三是完善产品价格形成机制。要充分发挥市场的决定性作用，根据农业生产资料价格、劳动力成本等变动情况，及时调整和提升农产品价格，降低成本门槛，适度提高农产品价格"天花板"，让农民获得合理的劳动报酬，调动和激发农民群众的生产积极性。

四是推进农村三产融合发展。加快培育现代农业新产业、新业态、新模式。加快发展农产品精深加工、乡村旅游、休闲康养、农耕体验、农村电商等新产业新业态，促进农业功能由生产向生活、生态功能拓展，通过农产品加工业实现农业"接二连三"，通过乡村旅游等实现农业"隔二连三"，促进农村一二三产业深度融合；大力发展农业服务业尤其是现代农业服务业，扩大农业服务业规模，提高农业服务业水平，为农业高质量发展提供有力支撑。要整合资源优势，将"旅游+""智能+""数字+"等理念融入乡村振兴的各领域各环节，为农业高质量发展和农民持续增收注入新动能。要大力发展休闲农业、城郊农业和乡村旅游，推进农业与教育、康养、文化等产业深度融合，实现农业功能的拓展与延伸。要引导农产品加工龙头企业与上下游各类市场主体组建产业联盟，与农民建立稳定的订单、契约等利益联结机制，实现产业链条的延伸融合。

（二）加强综合培训，扩大就业创业，保持工资性收入增长势头

务工收入是农民的主要收入来源。山西要下大气力挖掘农村吸纳就业潜力，开发农民就业岗位，优化外部发展环境，为农民务工增收创造良好条件。

一是拓展农民务工就业岗位。要做强做大农产品精深加工产业，发展壮大农产品流通行业，着力建设培育一批具有地方特色的家庭工厂、手工作坊、乡村车间等劳动密集型企业，支持发展批发零售、养老幼托等农村生活性服务业，千方百计增加农民就业机会。要逐步增加保洁、护林、治安巡逻等公益性岗位的设置，对有就业愿望、就业能力的农村低收入群体实行托底安置。

二是鼓励农民创业带动就业。坚持就业优先的发展战略，支持有技能、会经营的农民工就地就近开展自主创业，有效带动本地经济发

展。要对农民工开展针对性培训，包括转变思想观念教育、专业技能培训、提高管理能力培训等，切实提高其务工就业能力。要积极扶持农民创业就业，对首次创业、正常经营1年以上的返乡留乡创业农民给予一次性创业补贴，并按照普惠金融发展专项资金管理办法对符合条件的返乡留乡农民创业担保贷款予以贴息，落实好税费减免、场地安排等政策。

三是持续组织劳务对外输出。继续稳住农民外出就业，加强农民工输出地与输入地的协同配合，完善信息服务和用工对接，积极开展有组织的劳务输出。借鉴推广"天镇保姆"和"吕梁护工"的典型经验，在充分了解和掌握劳动力市场需求信息的基础上，及时动员和组织当地满足用工条件的农民集体外出务工，实施农村劳动力"走出去"战略，着力打造劳务输出的专业化品牌队伍。

（三）盘活资产资源，提高理财能力，释放财产性收入增长红利

深化农村体制机制改革，激发创新活力，挖掘各类资源和资产的开发潜力，拓展农民财产性收入的增收空间。

一是深化农村改革。要有序推进经营性资产股份合作制改革，持续深化农村集体产权制度改革，将农村集体经营性资产以股份或份额形式量化到村集体成员，以股份制形式盘活农村资源资产，完善利益联结机制，实现资源变资产、资金变股金、农民变股东。要稳步推进农村集体经营性建设用地入市改革，加大对农村集体经营性建设用地入市法律法规以及相关政策的宣传普及，结合实际制定和完善配套制度以及政策法规，让农民获得改革红利。要有效盘活利用好农村闲置宅基地和闲置住宅，发展乡村旅游、餐饮民宿、文化体验、创意办公等新产业新业态。扎实推进农村宅基地改革，允许农村集体组织内部

成员自愿有偿转让闲置宅基地，增加农民财产性收入。

二是创新农业保险。继续扩大农业保险范围，积极开展天气指数保险、农产品价格和收入保险、农田水利设施保险、贷款保证保险等业务，探索支持"基本险+附加险"的农业保险发展模式，加快推动农业保险创新发展转型升级，提高农民抗御自然风险、市场风险、疫病风险的能力，实现农民财产的保值和增值。

三是提高理财意识。组织农民开展理财知识培训，引导农民树立正确科学的理财观念，帮助农民掌握和运用包括储蓄、债券、保险等在内的多元化理财手段，促进资产和资金的保值增值，争取最大的收益空间。

（四）加大补贴力度，强化社会保障，拓展转移性收入增长空间

政府要继续加大财政转移支付力度，完善补贴政策，提高社会保障水平，增加农民转移性收入。

一是扩大补贴范围，提高补贴标准。要结合山西实际，扩大农产品补贴范围，提高农业支持保护补贴、农机购置补贴等各项农业补贴标准和额度，降低农民生产成本。通过农业信贷担保、帮扶周转金、贷款贴息、政策性保险等方式，有序、高效引导撬动金融资本支持农业高质量高速度发展。深化与银行、保险等金融机构合作，充分发挥省农业信贷融资担保有限公司作用，强化对农业产业的金融支持。创新金融产品和服务，拓宽抵质押物范围，全面推行温室人棚、养殖圈舍、大型农机、土地经营权依法合规抵押融资。鼓励支持社会资本投资现代农业。鼓励社会资本到乡村投资兴办农民参与度高、受益面广的乡村产业，支持发展适合规模化集约化经营的种养业等产业。加快推进"放管服效"改革，优化项目审批程序，建立政企常态化沟通机

制和投资需求信息发布机制，健全以畅通社会资本进入退出渠道等为主要内容的配套服务体系，营造良好的投资环境，防范社会资本投资风险，有效保护投资主体合法权益。

二是健全社会保障，发挥兜底作用。要适时提高农民基本养老保险基础养老金标准，提升农村低保补助标准，并形成动态调整机制。要健全农民参保缴费激励机制，引导参保农民选择较高档次缴费，提高养老保障水平。要合理确定农村特困人员救助供养标准，完善农村特困人员救助供养制度。要建立和完善对农村高龄老年人、失能老年人的补贴制度。

三是拓展公共服务，减少消费支出。要加快农村公共服务体系建设，加大对农村教育、文化等公益事业的支持力度，千方百计减少农民对公共服务的消费支出，达到以"节约"促"增收"的效果。

（五）加强基础建设，完善运管机制，加快城乡设施互联互通

城乡基础设施互联互通，是城乡融合发展的基础工程，要坚持城乡一盘棋的发展理念，促进城乡基础设施一体化规划、建设与管护，加快补齐农村基础设施短板，推进城乡基础设施一体发展。

一是加强城乡基础设施一体化建设。推进水、电、气、路、信息、网络等基础设施向农村延伸，健全城乡基础设施分级分类投入机制，构建事权清晰、权责一致的城乡基础设施一体化建设机制。探索以项目为载体的建设模式，充分利用土地、特许经营权等资源构建项目自身收益平衡的商业模式，畅通专项债券、中长期金融资源、股权投入等进入城乡基础设施重大项目的渠道。

二是强化城乡基础设施一体化运营。建立健全城乡公共基础设施一体化管护机制，推进城市公共基础设施管护资源、模式和方法逐

步向农村延伸，合理确定城乡基础设施统一管护运行模式。对城乡道路、农村客运等公益性设施和项目，管护和运行投入逐步纳入一般公共财政预算。鼓励经济实力较强的村集体对村属基础设施实行统一管护，村委会出资设立公益管护岗，建立管护员制度，负责村属公共基础设施的日常管护工作。探索"合作社+个人管护"、购买服务等多种模式开展管护和运营。

（六）强化民生保障，提升服务水平，推进城乡公共服务均等化

城乡公共服务均等共享，是城乡融合发展的基本要求，要以增强公平性和适应流动性为重点，推动公共基本服务的城乡统筹并轨，共享现代文明，建立城乡基本公共服务均等化发展体制机制，让城乡居民享有同等水平的生活条件、社会福利和生活质量。

一是促进城乡教育一体化发展。要健全城乡基础教育平衡机制。推进义务教育优质均衡发展，有序推进小学向乡镇以上集中、中学向县城集聚。有序增加城镇学位供给，消除大班额，保障农业转移人口随迁子女平等享有基本公共教育服务。建设"小而美""小而优"的乡村小规模学校和环境优美、安全舒适的乡镇寄宿制学校。统筹城乡普惠学前教育学校布局和建设规模，每个乡镇原则上至少办好一所公办中心园。深化"互联网+义务教育"，全面开展城乡同步课堂、远程专递课堂、名师网络课堂、教师网络研修等形式的城乡教育共同体建设。要加强义务教育师资队伍建设。全面推行义务教育阶段教师"县管校聘"管理改革，实行编制统筹管理，岗位设置动态管理，鼓励招募优秀教师到乡村和基层学校支教讲学。支持专业技术职称评审和特级教师名额分配适度向农村薄弱学校倾斜。推动城市优质学校和农村薄弱学校结对帮扶，支持探索以"名校+"方式建立城乡教育

联合体。完善城乡一体协同发展机制，深入推进学区制改革、城乡联盟、名校托管、集团化办学等模式，推动优质学校向薄弱学校输出优秀管理团队、优质教师资源和先进办学理念。

二是推进医疗资源城乡共享。要促进基本医疗服务均衡发展。深化医疗集团改革，推动与三甲医院、专科联盟、远程会诊医疗业务对接，推进紧密型县域医共体试点省建设。依托县医疗集团，构建县乡村三级医疗机构标准化服务体系。优化"1+X"家庭医生服务团队，以社区为中心为居民提供基本医疗卫生服务。推进分级诊疗制度升级定型，推动优质医疗资源合理配置和纵向流动。要有序扩大普惠性医疗卫生服务供给。引导和规范社会办医通过收购兼并、改制重组、联合办医等形式参与公立医院、企业医院改制。鼓励县域内社会办医加入县级医疗集团统一管理，支持公立医院与社会办医共享医学影像、医学检验、病理诊断、消毒供应等服务。支持将更多符合条件的社会办医纳入定点医疗机构管理。

三是完善城乡统一的社会保障制度。要提高城乡社会保障水平。落实城乡居民基本养老保险待遇确定和基础养老金正常调整机制。强化社保公共服务体系建设，推动社保公共服务跨地区、跨部门、跨层级业务协同与数据共享，逐步实现社会保险参保登记"一窗通办"，提升社保公共服务城乡一体化水平。要推进社会救助制度城乡统筹。加快实现城乡救助服务均等化，强化主动发现、家庭经济状况核对、个案会商"救急难""一门受理、协同办理"等工作机制，充分发挥县级困难群众基本生活保障工作协调机制作用。建立特殊困难老人定期探访制度、农村留守老年人关爱服务制度。强化残疾人社会救助保障，为符合条件的残疾人和残疾人家庭提供特困人员救助供养和最低生活保障。

四是健全城乡养老服务体系。积极应对人口老龄化，加快推进以区域养老、社区养老、互助养老为主体的县乡村三级养老服务体系建设。加强农村养老服务体系建设，推进农村失能特困人员集中照护、敬老院提档升级改造工程，探索推广农村互助养老可持续发展模式。打造"15分钟"城乡养老服务圈，建立"一院（养老院）一中心（镇、街道养老服务中心）多站点（村、社区照料中心）"的城乡养老服务格局。

五是建立城乡统一就业服务体系。要实施就业优先战略。完善与就业容量挂钩的产业政策，支持吸纳就业能力强的服务业、中小微企业和劳动密集型企业发展，稳定拓展社区超市、便利店和社区服务岗位。支持和规范发展新就业形态，积极拓展新经济、新业态就业空间，多渠道支持灵活就业。合理加大促进就业相关资金筹集力度，提高重点地区、困难地区和城镇就业承载力。要实现创业带动高质量就业。加大对中小企业的金融支持，降低小微企业创业担保贷款申请条件，完善"创业担保贷款+政策性小额贷款"扶持模式。加强创业孵化示范基地和创业示范园区等创业载体建设，促进创新创业平台服务升级，发挥创业带动就业倍增效应。要统筹做好重点群体就业创业。提高农村劳动力转移就业的组织化程度，引导农民工就地就近就业。落实农民工在常住地进行失业登记，提供全方位公共就业服务和创业服务，支持农民工和农民企业家返乡创业。实行就业困难人员实名制动态管理和分类帮扶，确保零就业家庭至少一人就业。完善农民工欠薪维权"绿色通道"机制，提供法律援助和社会支持服务。

参考文献

[1] 中共中央党史和文献研究院. 习近平扶贫论述摘编[F]. 北京: 中央文献出版社, 2018.

[2] 韩长赋. 新中国农业发展70年[M]. 北京: 中国农业出版社, 2019.

[3] 陈锡文, 罗丹, 张征. 中国农村改革40年[M]. 北京: 人民出版社, 2018.

[4] 魏后凯, 杜志雄. 中国农村发展报告[F]. 北京: 中国社会科学出版社, 2020.

[5] 雷勋平, 张静. 2020后中国贫困的特征、治理困境与破解路径[J]. 现代经济探讨, 2020（08）: 24—28.

[6] 胡多, 梁小军. 机遇与挑战: 乡村振兴背景下相对贫困治理[J]. 河北科技师范学院学报（社会科学版）, 2021, 20（04）: 33—38.

[7] 左停, 贺莉, 刘文婧. 相对贫困治理理论与中国地方实践经验[J]. 河海大学学报（哲学社会科学版）, 2019, 21（06）: 1—9.

[8] 吴苗苗. 西安市农村相对贫困治理研究[D]. 西安理工大学, 2021.

[9] 乔会珠, 周云波. 乡村振兴背景下农村相对贫困治理的长效机制研究[J]. 理论与现代化, 2022（03）: 92—103.

[10] 魏月皎, 葛深渭. 相对贫困理论及其治理对策的研究进展[J]. 贵州师范大学学报（社会科学版）, 2020（03）: 76—86.

[11] 罗贵榕, 刘俊显. 乡村相对贫困治理的长效机制探索[J]. 学术交

流, 2020（11）: 108—115.

[12] 张克俊, 杜婵. 后全面小康社会我国贫困治理的任务变化与政策转型[J]. 中州学刊, 2020, No. 286（10）: 40—47.

[13] 王小林. 新中国成立70年减贫经验及其对2020年后缓解相对贫困的价值[J]. 劳动经济研究, 2019, 7（06）: 3—10.

[14] 张林, 邹迎香. 中国农村相对贫困及其治理问题研究进展[J]. 华南农业大学学报（社会科学版）, 2021, 20（06）: 1—14.

[15] 向德平, 向凯. 多元与发展: 相对贫困的内涵及治理[J]. 华中科技大学学报（社会科学版）, 2020, 34（02）: 31—38.

[16] 黄承伟. 脱贫攻坚与乡村振兴衔接概论[F]. 北京: 人民出版社, 2020.

[17] 高强. 脱贫攻坚与乡村振兴的统筹衔接: 形势任务与战略转型[J]. 中国人民大学学报, 2020, 34（06）: 29—39.

[18] 姜正君. 脱贫攻坚与乡村振兴的衔接贯通: 逻辑、难题与路径[J]. 西南民族大学学报（人文社会科学版）, 2020, 41（12）: 107—113.

[19] 牛广玉. 乡村振兴与脱贫攻坚的有机衔接及其机制构建[J]. 农村经济与科技, 2020, 31（10）: 271—272.

[20] 豆书龙, 叶敬忠. 乡村振兴与脱贫攻坚的有机衔接及其机制构建[J]. 改革, 2019（01）: 19—29.

[21] 徐晓军, 张楠楠. 乡村振兴与脱贫攻坚的对接: 逻辑转换与实践路径[J]. 湖北民族学院学报（哲学社会科学版）, 2019, 37（06）: 101—108.

[22] 陈明星. 脱贫攻坚与乡村振兴有效衔接的基本逻辑与实现路径[J]. 贵州社会科学, 2020（05）: 149—155.

[23] 张明皓, 叶敬忠. 脱贫攻坚与乡村振兴有效衔接的机制构建和政策体系研究[J]. 经济学家, 2021（10）: 110—118.

[24] 岳国芳. 脱贫攻坚与乡村振兴的衔接机制构建[J]. 经济问题, 2020（08）: 107—113.

[25] 汪三贵, 冯紫曦. 脱贫攻坚与乡村振兴有机衔接: 逻辑关系、内涵与重点内容[J]. 南京农业大学学报（社会科学版）, 2019, 19（05）: 8—14.

[26] 杨世伟. 脱贫攻坚与乡村振兴有机衔接: 重要意义、内在逻辑与实现路径[J]. 未来与发展, 2019, 43（12）: 12—15.

后 记

贫困是一直困扰人类社会发展进步的难题，是世界面临的共同挑战。反贫困始终是古今中外治国安邦的大事，战胜贫困是中华民族的千年夙愿。习近平总书记深刻指出，消除贫困、改善民生、实现共同富裕，是社会主义的本质要求。这一重要指示精神，为我们精准扶贫、精准脱贫指明了前进方向，提供了根本遵循。

党的十八大以来，中国发展进入新时代。以习近平同志为核心的党中央把人民对美好生活的向往作为奋斗目标，提出实现中华民族伟大复兴的中国梦，推进决胜全面建成小康社会，把贫困人口全部脱贫作为全面建成小康社会、实现第一个百年奋斗目标的底线任务和标志性指标，将脱贫攻坚纳入"五位一体"总体布局和"四个全面"战略布局，明确到2020年现行标准下农村贫困人口实现脱贫、贫困县全部摘帽、解决区域性整体贫困的目标任务，汇聚全党全国全社会之力打响脱贫攻坚战。经过8年持续奋斗，到2020年底，中国如期完成新时代脱贫攻坚目标任务，现行标准下9899万农村贫困人口全部脱贫，832个贫困县全部摘帽，12.8万个贫困村全部出列，区域性整体贫困得到解决，完成消除绝对贫困的艰巨任务，创造了人类减贫史上的中国奇迹。

山西是全国扶贫开发重点省份、著名革命老区，是全国脱贫攻坚的重要战场。全国14个集中连片特困地区中，山西有2个；全省117个县（市、区）中，有36个国定贫困县、22个省定贫困县。党的十八大以来，山西坚决贯彻落实习近平总书记关于扶贫工作的重要论述和对山西工作的重要讲话重要指示精神，高位推动、持续发力、合力攻坚，2020年实现了现行标准下329万农村建档立卡贫困户全部脱贫，58个国定、省定贫困县全部摘帽，7993个贫困村全部出列，书写了减贫奇迹的精彩山西篇章。

党的二十大报告明确提出，巩固拓展脱贫攻坚成果，增强脱贫地区和脱贫群众内生发展动力。这就要求我们牢牢守住不发生规模性返贫的底线，通过产业振兴、易地搬迁、生态脱贫等一系列政策措施来巩固拓展脱贫攻坚成果，促进脱贫地区经济社会健康发展，提升脱贫群众生活质量。本书通过对山西脱贫攻坚的系统梳理，总结发展成效，指出困难问题，在充分吸收借鉴发达省份或先进地区经验做法的基础上，结合山西实际，进一步提出巩固拓展脱贫攻坚成果的政策建议。在研究框架上，本书以巩固拓展脱贫攻坚成果为提领，按章节谋篇布局，除序言外，共分两大板块。第一板块是总报告，从理论和实践层面研究巩固拓展脱贫攻坚成果的总体框架，提出山西巩固拓展脱贫攻坚成果的指导思想、基本原则、总体思路以及相关政策建议。第二板块是分报告，从产业脱贫、易地搬迁、生态脱贫、教育脱贫、健康脱贫、金融脱贫、脱贫攻坚与乡村振兴有效衔接、相对贫困治理、城乡融合发展、农民农村共同富裕等方面对巩固拓展脱贫攻坚成果、增强脱贫地区和脱贫群众内生发展动力进行深入细致研究，提出相关政策建议。在研究方法上，本书主要通过综合运用理论分析法、调查研究法、比较研究法等进行分析研究。理论研究主要是运用发展经济学、区域经济学、制度经济学等基本理论进行分析，为政策研究提供理论支撑。调查研究主要是获取典型地区脱贫攻坚工作的典型数据，归纳总结巩固拓展脱贫攻坚成果中存在的共性问题，突出问题导向。比较研究主要是对比国内外、省内外脱贫攻坚典型经验和做法，并结合省情实际，提出山西巩固拓展脱贫攻坚成果的政策建议。

在本书付梓之际，首先衷心感谢中共山西省委宣传部、山西省社会科学院（山西省政府发展研究中心）领导和同事们的大力支持；感谢山西出版传媒集团、山西人民出版社的鼎力相助；感谢父母、妻子和孩子们的理解配合！此外，在书稿撰写过程中参阅了大量相关机构和研究人员的文献资料，这里一并表示诚挚谢意！最后，囿于个人能力和水平所限，本书尚存不足之处，敬请读者指正！

贾步云

2024年6月